本书获山东师范大学教育学省级一流学科建设基金支持。

教育视野中的传统民俗文化传承

孙宽宁 著

Inheritance of Traditional
Folk Culture via Education

中国社会科学出版社

图书在版编目（CIP）数据

教育视野中的传统民俗文化传承/孙宽宁著.—北京：
中国社会科学出版社，2022.12
ISBN 978-7-5227-1122-5

Ⅰ.①教… Ⅱ.①孙… Ⅲ.①风俗习惯—研究—中国
Ⅳ.①K892

中国版本图书馆 CIP 数据核字（2022）第 230809 号

出 版 人	赵剑英
责任编辑	王　衡
责任校对	王　森
责任印制	王　超

出　　版	中国社会科学出版社
社　　址	北京鼓楼西大街甲 158 号
邮　　编	100720
网　　址	http://www.csspw.cn
发 行 部	010-84083685
门 市 部	010-84029450
经　　销	新华书店及其他书店
印　　刷	北京明恒达印务有限公司
装　　订	廊坊市广阳区广增装订厂
版　　次	2022 年 12 月第 1 版
印　　次	2022 年 12 月第 1 次印刷
开　　本	710×1000　1/16
印　　张	15.25
插　　页	2
字　　数	205 千字
定　　价	79.00 元

凡购买中国社会科学出版社图书，如有质量问题请与本社营销中心联系调换
电话：010-84083683
版权所有　侵权必究

前　言

　　中华民族是一个有五千年文明史的民族，其连续而悠久的发展历史蕴育生发了丰富深厚的民俗文化。这些民俗文化一方面显性地展现在广大民众日常生活的风俗和仪式之中，另一方面也隐性地存在于广大民众的思维惯习和精神信仰之中。这些民俗文化是我国民族精神文化的重要载体，对群体乃至国家、民族的凝聚力的形成具有无可替代的重要作用。然而，自近现代以来，中国社会历经数次重大转型，尤其是近几十年来，快速的城镇化进程和现代化发展，使中国从"乡土中国"跃升为"城乡中国"，广大乡村不断萎缩和凋敝，很多优秀民俗文化逐渐丧失了赖以存在的传统乡村的熟人社会场域。在这一过程中，受"文化大革命"期间"破四旧"运动的打击，乡村人口大规模流动的冲击，"离农"性乡村学校教育的引导，现代传播媒介带来的多元文化的稀释等影响，民众对传统民俗文化的主观需求也发生了诸多变化。客观存在场域的逐渐丧失和民众需求在主观上的不断游离，使传统民俗文化在当下社会难以为继。

　　在传统民俗文化式微与消解的同时，我国广大民众的精神文化生活也没有随着社会经济和人们物质生活水平的快速跨越式发展而改善和提升，相反，因为剥夺了文化浸润在时间延续性和空间稳定性方面的条件，当前很多经济的、流行的文化活动，反而走向了文化的反面，并最

教育视野中的传统民俗文化传承

终造成民众精神文化内涵的空乏。综观民俗文化的发展历史和当下民众精神文化的困局，人们越来越意识到精选优秀传统民俗文化并使之有效传承对于我国民族精神振兴的价值和意义。

在此背景下，本书尝试把传统民俗文化的传承与教育结合起来，探讨在新型城镇化进程背景下，教育如何利用其自身特点，充分发挥对传统民俗文化的筛选、再生功能。在研究过程中，项目组采用社会实证调查、口述史等方法，选择具有中国传统民俗文化典型性的山东省曲阜市、潍坊市和安徽省安庆市、黟县、凤阳县等地区，深入调查传统民俗文化在城镇化进程中不断变迁的实际状况、学校教育机构开展民俗文化传承的状况、其他社会文化机构在传承民俗文化方面所开展的工作情况等，获得尽可能全面、系统、真实的第一手资料。在调查研究的基础上，结合国内外已有民俗文化研究的理论成果，结合我国当前教育改革的实际，探讨在教育系统中，发挥优秀民俗文化的教育价值并传承与发展优秀民俗文化的基本方式和具体策略。然后采用实证研究的方法，在曲阜、济南、淄博、青岛等地市的部分学校对传统民俗文化在学校教育中发挥教育价值的基本途径和通过教育有效传承与发展优秀民俗文化的方式与策略进行实践和实验，检验其可行性、有效性，并进一步修正完善。

研究发现，虽然民俗文化经常被学者们作为一个抽象的符号概念使用，但真正可以考察和认识的民俗，总是存在于广大民众的日常行为和实际生活中。现实中的民俗从来都不是平面的、单维的，而是立体的、丰满的。认识一种民俗，至少应该从其所属的特定层次、类型、时间、空间四个维度进行把握。在人类群体生活的整体视野中，民俗文化往往是一个民族精神意蕴的表征形式，是在长期的实践过程中约定俗成的社会群体生产生活的习惯法，对个体的精神信仰、心理归属、行为道德等具有全方位的熏陶和影响作用。参与所处社会群体的民俗文化活动，是

民众了解历史、培养性情的方式，是其社会化发展的主要途径，也是最广泛有效的接受教育的方式。

传承优秀民俗文化的途径有很多，而教育，尤其学校教育是最重要、最有效的途径之一，因为民俗文化传承与学校教育之间存在天然的逻辑共通性。民俗文化从起源之初，便蕴含着教化育人的内涵与功能，随着时代的变迁，民俗文化中不断积淀的丰富的生产生活智慧影响着一代代人。而学校作为社会影响力最广泛的组织机构，其有别于其他教育方式的优势使其必然要承担起民俗文化的传承责任。可以说，民俗文化的传承与学校教育之间存在着诸多共通性。在价值取向上，二者都以育人为本质目标；在核心属性上，其现实意义都是为了借传统之意化当代之人，承过往开未来；在实践方式上，都强调关注现实，以人为本，塑造个体精神。

近年来，学校教育机构已经在传承民俗文化方面开展了诸多的探索工作，取得了一些成效。但同时，学校民俗文化实践在相对狭隘和片面的民俗观指导下，机械强调传承性，造成了师生角色与民俗文化的主客错位，物化活动与精神体悟的本末倒置，以及实施形式脱离生活等问题，在一定程度上背离了学校的育人本质，导致了民俗文化传承与学生身心发展的双重低效。要克服以上问题，一方面，要树立正确的民俗文化传承观，澄清传承民俗文化不是把所有的传统民俗文化都机械照搬到今天的民众生活中，而是需要精心评判和选择那些具有维度清晰的结构性内容、切合当今民众生活的实际需求，而且具有存在与传承的特定场域的民俗，因为只有这样的传统民俗，才有在今天传承复兴的必要性和可行性。另一方面，要明确学校传承民俗文化的教育立场。只有从教育视角精心选择和挖掘民俗文化的教育价值，为学生创设一种蕴含丰富意义的民俗文化生活情境，让学生在践行民俗文化的过程中实现自我成长，才能使优秀民俗文化在促进学生成长的过程中获得自然而有生命力

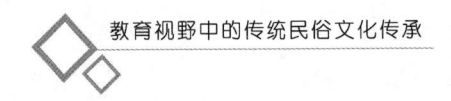

的传承。

针对当前学校在民俗文化传承过程中存在的民俗课程系统性不足、传承方式形式化明显和不同传承路径之间缺乏配合呼应等问题，学校有必要在一体化设计、层次化实施、多元化评价和多样化路径等方面做更多思考和尝试。尤其在学校民俗教育课程开设方面，应在充分论证特定民俗文化的教育价值的基础上，灵活开设以民俗为内容的课程、以民俗为形式的课程和民俗既为内容又为形式的课程等不同课程类型，并通过有效的管理和评价切实促进学校各种民俗文化教育活动形成一个协调配合的有机整体。

鉴于民俗文化课程的融合性和实践性特点，在开展具体教学活动时，往往不以专门的知识内容为核心，而是根据特定民俗的文化主题，综合选择和组织其内容以及开展方式。从当前民俗文化课程的教学设计实践和成功经验来看，民俗文化课程适合采用主题式教学设计，即以特定民俗文化主题为线索，综合考察这一民俗的历史变迁、现实意义，挖掘其内含的知识与技能、观念与思想，明确其实践中的行为表现，并把这些内容有机组合起来，让学生全面感受和体验。以主题的方式对民俗文化课程进行教学设计，更符合民俗文化自身的特点和学生学习传承的需要，可以有效实现民俗文化教育从行为、认知、情感、观念等多方面和多层次熏陶和教化学生的效果。

学校教育是优秀传统民俗文化有效传承的重要途径。但同时，诸如家庭、民俗博物馆、传统古村落等机构也可以与学校教育衔接配合，积极推动民俗文化的保护和传承。

传统民俗文化的传承，既是一个历久弥新的理性认识问题，又是一项具有极强时代性的实践工程。对传统民俗文化传承的研究，既要从理论上剖析传统民俗文化形成发展的根本属性和演变规律，明确民俗文化传承的基本观念和立场；又要立足特定社会背景，探讨满足具体时代发展需求的民俗文化内容及形式，并寻求行之有效的实践路径与策略。不论采用哪种途径或策略，传承优秀民俗文化，都需要明确三点基本认识。首先，传承传统民俗文化需要把握其时代发展性。任何民俗，都是既在历史长河中萌芽、发展、形成和延续，也随着时代变迁而不断被评判、选择、调整和扬弃的。要在当今时代传承优秀的传统民俗文化，就要以当今时代的标准去评判和选择传统民俗文化，根据当今时代的需要去调整和创新传统民俗文化。其次，传承民俗文化的根本是传承特定价值观念。传承民俗，核心是传承民俗文化中蕴含的价值和精神，这是民俗文化真正的丰富内涵和活力之源。因为，物质可以消亡，而精神则可以世代流传。最后，服务当今生活是传承传统民俗文化的根本。过去的事件不能和活生生的现实隔离而保存其意义，民俗的真正起点总是某种现实的情境和它的问题。只有抓住服务当今民众生活这一根本，民俗传承的内容选择和路径把握才具有真正的现实意义，民俗文化才具有生命力。

目 录

导 论 ……………………………………………………………… 1
 一 研究缘起 …………………………………………………… 1
 二 研究内容与意义 …………………………………………… 13
 三 研究思路和调研纪实 ……………………………………… 18

第一章 传统民俗文化研究的回顾与反思 ……………………… 28
 一 国内外民俗文化研究的基本脉络 ………………………… 28
 二 关于民俗文化价值的研究 ………………………………… 36
 三 关于城镇化背景下传统民俗文化变迁的研究 …………… 43
 四 关于民俗文化保护与传承的研究 ………………………… 46

第二章 我国传统民俗文化的式微 ……………………………… 56
 一 "破四旧"运动对民俗文化的冲击 ……………………… 56
 二 改革开放后新生代知识分子精英思想导向的影响 ……… 58
 三 20世纪90年代后乡村学校教育与乡村民俗生活的
   脱离 …………………………………………………………… 60
 四 人口大规模流动造成的民俗传承的代际断裂 …………… 63

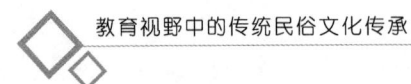

五　现代多元文化对传统民俗文化的冲击 …………… 66
　　六　城镇化进程带来的传统民俗文化的失范与失传 …… 70

第三章　传统民俗文化的传承向度 ……………………… 73
　　一　传统民俗文化的多维立体存在 …………………… 73
　　二　传统民俗文化传承内容的时代契合性 …………… 80
　　三　传统民俗文化传承策略的系统整体性 …………… 85

第四章　学校传承民俗文化的逻辑与立场 ……………… 91
　　一　传统民俗文化的教育性 …………………………… 91
　　二　民俗文化传承与学校教育逻辑共通 …………… 100
　　三　学校的民俗文化传承使命 ……………………… 103
　　四　学校传承民俗文化的教育立场 ………………… 106

第五章　民俗文化从生活域到教育场的转换 …………… 118
　　一　民俗文化入校的场域壁垒 ……………………… 118
　　二　民俗文化的学校场域重塑 ……………………… 122
　　三　学校民俗文化场域的营造 ……………………… 126
　　四　学校开展民俗文化教育的基本框架 …………… 128
　　五　学校传承民俗文化的典型做法 ………………… 133

第六章　学校民俗文化课程的建设 ……………………… 141
　　一　学校民俗文化课程建设中的认识偏差与实践误区 … 141
　　二　民俗文化进学校课程的主要途径 ……………… 145
　　三　学校民俗文化课程选择的关系定位 …………… 148
　　四　学校民俗文化课程的设计与开发 ……………… 151

  五　学校民俗文化课程的实践优化……………………… 161

第七章　学校民俗文化课程的教学设计………………… 169
  一　融合民俗文化内容的学科课程教学设计…………… 169
  二　民俗文化专题课程的主题活动教学设计…………… 177

第八章　民俗文化传承的主要社会教育途径考察……… 185
  一　民俗文化教育的家校合作…………………………… 185
  二　民俗博物馆对传统民俗文化的传承………………… 195
  三　传统村落对民俗文化的传承………………………… 203

结语　让优秀传统民俗文化成为现实生活……………… 214
  一　传承传统民俗文化需要把握其时代发展性………… 214
  二　传承民俗文化的核心是传承特定价值观念………… 216
  三　服务当今生活是传承传统民俗文化的根本………… 218

参考文献…………………………………………………… 220

后　记……………………………………………………… 230

导　论

一　研究缘起

近几十年来，我国的社会转型和城镇化进程带来了社会结构和人们意识观念的巨大变化，传统乡村社会中相对稳定、封闭的农业生产结构和熟人生活场域受到严重冲击，大量在乡村社会流传久远的传统民俗文化在这一过程中逐渐丧失了原有的存在场域。而集风俗、仪式、习惯、信仰、艺术为一体的民俗是我国历经几千年沉淀形成的民族精神文化的重要载体，优秀传统民俗文化的式微与消解在很大程度上造成了民众精神文化内涵的空泛。在此背景下，通过理性分析传统民俗文化的当代式微境遇以及其所蕴含的教育教化价值，使之与现代教育系统有机结合，在合力育人的过程中实现互促共赢，是新时代社会文化建设和教育发展的重要方向。

（一）城镇化进程中传统文化秩序的凋敝

城镇化从一般意义上说，是指一个国家或地区社会由以农业为主的传统乡村型社会向以工业和服务业等非农产业为主的现代城市型社会逐渐转变的过程。在这一过程中，伴随着人口空间分布格局的明显变化，或者人口从农村不断向城镇地区聚集，或者大片松散分布的乡村地区人口开始在某个乡村特定区域密集化聚居，从而使这一特定区域逐渐转变为城镇。从世界范围内来看，城镇化发展主要是从19世纪开始的，并以科技发展带来的产业革命和机器大工业生产为主要背景和条件。所以，经济发达的工业化国家在城镇化程度上要远远高于经济落后的农业国家。由此，城镇化程度也被视为衡量一个国家工业发展水平或者现代化水平的重要依据。除了更好地适应和促进科技和产业发展，优化区域的经济结构和提升经济水平，城镇化还可以通过集约高效的方式提高土地利用率，通过技术手段为人类创造更加舒适和便利的生活，同时降低人类活动对自然环境的过度消耗与破坏。

自20世纪50年代以来，世界范围内许多国家都经历了一个城镇化的过程。我国的城镇化，从晚清时期就已起步，而真正大规模的城镇化进程则是从1978年开始推进，2000年以后发展非常迅速，到2012年年底，我国的城镇化水平已经达到52.6%。2011年12月，中国社会蓝皮书调查数据显示，中国城镇人口占总人口的比重首次超过50%，中国城镇化率达51.27%。[①] 而受早期的城镇化发展实际状况的影响，人们对城镇化的理解更多局限于人口的城镇化、经济的城镇化和产业结构的城镇化。在这种传统城镇化过程中，受多种社会因素的变化影响，在城镇建设和尚未城镇化的广大乡村发展方面都出现了很多过程性问题。

在城镇建设方面，经济发展是第一要务的观念长期主导着城镇建设的思路和方向，能带来经济效益的各种工业、能体现繁华和潮流的现代建筑以日新月异的速度不断刷新着城镇的面貌，但同时，城镇中混乱、拥挤、生态恶化的情况也日益突出。身处表面繁华的建筑群中，行走在拥挤甚至堵塞的人流中，人与人之间的关怀和温暖却越来越少；在物质生活水平不断提高的同时，自然生态环境却被严重破坏，并开始反噬每一个人；虽然经济收入在不断上涨，人们的幸福感却不升反降。这些城

[①] 汝信、陆学艺、李培林：《社会蓝皮书：2012年中国社会形势分析与预测》，社会科学文献出版社2012年版，第10页。

镇化过程中的种种问题和危机,折射出的是文化的衰退与断裂和功利主义的盛行。

对于广大乡村来说,城镇化进程带来的问题更加严重和普遍。优质劳动力过度流失、农村人口老化和弱质化、土地抛荒、农村凋敝的现象非常严重。① 千百年来世代传承沿袭的乡村聚落开始没落,很多村庄只有少数老人和部分留守儿童在生态环境恶化、乡村管理无序的状态下生活,空心村现象突出。在这种情况下,乡村中人人都长期生活于熟人社会,在血缘和地缘限定下遵从长老、族长等主持维护的礼治秩序,信守具有私人意义的社会道德的传统已经难以为继。绝大部分优质劳动力进入城市务工,大批的学龄儿童也为了获得更优质的教育资源而进入城市求学,他们深受城市社会文化的影响,与乡村社会文化逐渐疏离。少数乡村留守者,受到经济、能力、体力、人员数量等多方面的限制,也无力维持原有的乡村社会文化秩序。而且受到现代电视、网络等多种现代化媒介在广大农村全面渗透的影响,很多在城市社会背景下产生的流行文化形态,虽然在生活方式和价值观念等方面与乡村实际并不契合,却依然被很多缺少明确人生观和价值观的乡村青少年所推崇和模仿。在这些以城市为主要取向的文化的冲击下,乡村社会原有的文化秩序逐渐土崩瓦解。

综观世界范围的城镇化进程不难发现,城镇化不仅是一个人口流动转移的问题,也不是一个只涉及科技和工业发展的话题,而是生产力发展、科技进步、产业结构转型、地域空间布局调整等多方面因素综合作用的结果。在城镇化过程中,社会生产生活的多方面都会发生相应的变化。这些变化不仅包括土地使用功能的变化、产业结构调整带来的生产方式的变化、人口职业的变化、人们居住的地域空间分布和群体关系形

---

① 段学慧:《城镇化进程中的"农村病"——一个值得重视的研究课题》,《经济学动态》2015 年第 9 期。

态的变化，也包括人们在这些外在显性变化过程中逐渐改变的内隐的生产生活观念、价值追求和思维方式。在城镇化进程的早期，人们重经济轻文化的观念和实践在很大程度上造成了社会物质发展与传统精神文化之间的脱节，甚至出现严重的冲突，导致城镇化推进的过程，同时也成为忽视和消解传统文化的过程。有些人把传统文化视为城镇化发展的阻碍，有些人虽然不否定传统文化，但在城镇化规划和建设中，缺乏保护和传承传统文化的意识与统筹把握的能力，使千百年来积淀形成的传统文化秩序在城镇化过程中遭到严重冲击，在很大程度上出现整体凋敝。

（二）乡村嬗变中传统民俗文化的式微

民俗文化是民众的风俗生活文化的统称，是普通人民群众生产生活过程的积淀。民俗作为一种独特的生活文化，是人们在长期的生产和生活历史中所创造、传承和享用的风俗、仪式、习惯、信仰、谚语、故事、艺术等的集合体。民俗起源于人类社会群体生活的需要，内含民众世代传承下来，已经形成习惯的生活模式。民俗一旦形成，就成为特定社会群体文化的重要内容，甚至是这一社会群体生活的独特标志。具有悠久历史、地方或民族特色的乡村民俗，作为一种文化形式，体现、蕴含和凝结了普通劳动人民的智慧与情感。

我国各地域、各民族人民在长期历史发展过程中创造的民俗，丰富多彩，源远流长，是承载人民精神与情感的重要载体，也是中华文化的根基和重要组成部分。在两千多年前"礼崩乐坏"的春秋时期，孔子曾提出"礼失求诸野"，其中的"野"指的就是民间乡野，"求诸野"就是采集在普通民众当中所流传的乡规乡约、民风民俗、民间艺术等。这些看似平淡、日常的民俗内容，恰恰承载着一个社会群体的文化基因，对于一个民族或国家来说具有十分重要的意义，可以为其整体文化的发展提供源源不断的滋养。

然而，城镇化带来了传统乡村社会在人口、土地、资源、环境等人类社会整体聚居方式方面的巨大变化，"乡村陷入被工业文明、城市文化和精英文化等强势文化形态所殖民和改造的境地。城市文化通过各种方式和途径不断向乡村社会灌输自己的文化理念和精神，改变着乡村文化的价值理念与存在状况"[①]。这使本身具有突出的地域性、人员的稳定性等特点的民俗文化受到很大冲击，传统民俗文化赖以形成与存在的条件在短期内遭受很大的破坏，从而造成了传统民俗的存在危机，也使乡村文化进一步陷入凋敝虚无境地。

首先，社会人员结构的完整性丧失，造成诸多人际关系民俗文化难以维系。在很多农村，几乎所有的青壮年农民都外出打工，村庄中只剩下老人、儿童和少数妇女。不同的工作和生活方式导致人们利益需求的多元分化，老年人注重传统，但大部分青年人比较排斥传统的生活方式和节日仪式；而大部分老年人因为在家庭中丧失了经济地位，往往也同时丧失了在家庭中的话语权，不得不放任青年人选择自己喜好的方式。其次，乡村生产方式变化，一些生产民俗不再具有实践需求。农业现代化程度的提升使很多传统的农村劳作方式发生了根本性改变，一些表达对农具、牲口等的重视、感恩、崇敬等的仪式被逐渐抛弃。最后，乡村生活方式变化，一些休闲民俗被更具技术性和简便性的娱乐休闲方式取代。过去在农闲时间开展的一些集体性的闲暇娱乐活动受人员减少和求简求快的现代生活诉求影响而难以组织，电视、手机成为农村民众最普遍的娱乐消遣方式。而乡村民俗的不断式微，使得本来就贫瘠无序的乡村文化更加匮乏甚至劣化，黄赌毒等不良社会现象又开始露头，一些邪教力量也趁机侵入。

（三）传统文化式微下的民众精神空乏

中国在百余年的时间内经历了由封建社会到半封建半资本主义社

[①] 赵霞：《传统乡村文化的秩序危机与价值重建》，《中国农村观察》2011年第3期。

教育视野中的传统民俗文化传承

会，再到社会主义社会的快速转变。而在近几十年来，我国社会又从计划经济体制转变为市场经济体制。这些不同的转变，关联着不同的社会运作机制和社会文化内涵。正如"文化"一词经常被作为考古学、人类学、民族学探讨历史遗迹时的核心词语一样，文化总是具有突出的延续性和内隐性特征。文化的形成需要一个长期浸润的过程，而我国社会的不断快速跨越式发展和城镇化进程带来的生产生活方式的巨大变化，剥夺了文化浸润的时间条件。在社会转型和城镇化发展的进程中，我国历经几千年沉淀的民族精神文化受到严重的冲击，而新的精神文化很难在短时间内深刻稳固地在民众中扎根生长。旧的精神文化难以维系，新的精神文化又没能发扬光大，这一现实造成了中国民族精神文化内涵的匮乏和缺失。于是，文化成为形式的、经济的、流行的，最终成为非文化的。

在我国广大乡村地区，受经济体制变革、城镇化发展、现代性进村等多方面因素的直接影响，优秀传统精神文化的断层与消解状况比城市里更加严重。虽然现代性和城镇化在技术、观念等方面确实具有传统乡村所不具备的优越性和进步性，但社会的现代化和城镇化发展也同时伴随着一些具有负面影响的急功近利、重利轻义、享乐至上等不良风气。这些导向在很大程度上影响或者改变了乡村民众的价值观念和生活追求。乡村民众原本生活在熟人社会中，遵照乡村社会公认合适的传统来规范自己的行为。这种规范秩序不靠外在的权利来维护，而是从日常的教化中养成，它们可以使身处乡村社会的每一个成员有效地适应乡村社会生活，并获得心理上的确定感和安全感。但在社会现代性转向和全面城镇化推进的过程中，农民生产生活的认识和运行逻辑以及相应的精神追求在不知不觉中发生了变化。个人的忠厚、善良、仁爱、诚信、尊严等在人们的心目中逐渐变得无足轻重，物质利益成为衡量人、物、事的最主要标准。乡村民众对物质生活和现实利益的关注与追求成为他们行动的最大动力。他们沉溺于对物质与利益的追逐，把富裕作为压倒一切的生活目标，而这种对物质利益的疯狂追求行为，几乎冲垮了所有曾经维持传统乡村社会有序运转的精神和文化价值。

在这种极端功利主义价值观的影响下，很多乡村民众逐渐丧失信仰，自私自利的观念和金钱至上的心态开始在乡村社会迅速蔓延。同时，因为很多人目光短浅，只贪图近期利益，不愿意也无能力对未来发展做可持续的长期规划，于是，一些只满足于眼前利益的行为，诸如开山毁林、滥砍树木造成水土流失，滥用农药化肥破坏生态环境，制假造假、偷盗抢劫扰乱社会秩序，贪图享乐、啃老虐老丧失伦理道德等不良现象屡见不鲜。

在传统乡村社会中，特定区域内的人们在生产中合作互助，遵循着同样的是非观念、善恶标准，因而能够结成比较稳固的社群关系。而城镇化进程在凸显每个人的主体性的同时，也在很大程度上使传统的社群形态分解为成员彼此孤立的原子化社会格局。每个人以自我为中心，根据个人的利益诉求和主观喜好对其他人和事进行评价，传统乡村社会中相对一致的道德评价标准系统不复存在，在缺乏统一规范和监管的情况下，人们的行为陷入混乱无序的困局。

面对广大乡村社会出现的道德碎片化、精神虚无化的无序状态，国家开始积极提倡和强调传统文化、经典国学的重要性，强调新的乡村文化建设的重要性。然而，"通俗国学热和传统文化热已经热了几年，但并未能承担起重塑民族魂的历史使命，而只是变成媒体流行现象。一些传统节日受到重视，成为法定假日，但同时也流于片段形式：端午节变成划船节，中秋节变成月饼节，除夕团圆饭变成酒楼宴。这些现象说明，中国民众现在缺乏由深层文化精神构成的民族魂"[①]。从乡村社会

---

① 张铭远：《从大视野看中国民俗学未来30年的挑战与机遇》，《山东社会科学》2011年第1期。

教育视野中的传统民俗文化传承

发展的历史进程中不难看出,当前出现的众多乡村社会问题,固然受到经济发展不利造成的物质文化水平不高的影响,但更关键的还在于乡村民众的精神文化缺失。超越于感官物质享受,建立一个能够赋予广大民众世俗关怀和人生意义的精神家园,是我国社会发展亟须关注的问题。

(四) 新型城镇化对优秀民俗文化价值的关切与弘扬

城镇化和社会转型一方面对传统民俗文化造成巨大冲击,使之不断式微和消解;另一方面又承受着精神文化匮乏的饥渴和焦虑。在此背景下,党的第十八次代表大会提出了推进新型城镇化的基本理念。针对过去城镇化所采用的依靠劳动力廉价供给、依靠粗放式消耗土地等资源、依靠公共服务非均等化压低成本等方式推动城镇化发展的短期化、局部性发展模式所存在的问题,国务院于2014年印发《国家新型城镇化规划(2014—2020年)》,强调落实经济建设、政治建设、文化建设、社会建设、生态文明建设"五位一体"的城镇化。其中,文化建设是城镇化建设中的灵魂。文化作为一个复杂的概念,涉及从物质到精神、从外观到内蕴、从个体到整体的方方面面,在城镇化发展过程中,文化发展与城镇化推进密切关联。一方面,城镇化在改变人们的生产、生活方式和环境的过程中,不断冲击和改变着传统的文化载体和文化观念,形塑着人们的新的文化生活;另一方面,积极的文化意识和精神也通过自身的产业化实践和精神熏陶推动着城镇化的发展与提升。在世界范围内的城镇化进程中,以文化驱动新型城镇化发展的典型案例不断涌现,它们或者以文化战略或文化产业推动旧工业城市的再造和升级,使之焕发出时代特征和创新活力,或者以文化产业项目或文化遗产保护项目为立项要素进行城市近郊地区的区域建设,或者依托文化资源或自然风光为开发基础进行新农村文化产业园区建设。① 这些成功的实践经验和人们

---

① 杨晓东、刘锋、李昂:《文化驱动新型城镇化:北京定福庄发展模式研究》,中国工业出版社2014年版,"总序"第6页。

在文化发展和社会发展方面的理论研究成果共同作用，有效提升了人们对文化在城镇化过程中的重要作用的认识。

鉴于文化所具有的突出的历史积淀性，要建设和发展文化事业，就不得不关注和重视传统文化，并基于对传统文化的时代解读和阐释，在传承优秀传统文化的过程中弘扬和创新文化。21世纪以来，世界范围内对传统文化的关注和重视程度都不断增强。联合国和各国政府都出台了一系列政策文件，号召人们充分重视传统文化遗产，并积极开展对传统文化的保护和传承工作。2003年，联合国教科文组织第32届大会通过《保护非物质文化遗产公约》，充分肯定了非物质文化遗产的价值，强调非物质文化遗产在世代相传的过程中，能够为特定区域的社会群体提供共时性的认同感和历时性的持续感，同时也能够增强人们对文化多样性的认可和对人类无限创造力的尊重。之后，我国迅速跟进。2004年和2005年，我国相关部门先后发布《关于实施中国民族民间文化保护工程的通知》和《关于加强我国非物质文化遗产保护工作的意见》，两份文件均强调非物质文化遗产既是历史发展的见证，又是珍贵的、具有重要价值的文化资源，非物质文化遗产承载着人类社会的文明，是世界文化多样性的体现，而加强我国非物质文化遗产的保护已经刻不容缓。

而具体到民俗文化领域，我们会发现，不论哪个民族或国家，在其丰富多彩的传统文化体系中，民俗文化都占有重要的地位，是传统文化的重要组成部分，其分布广泛，内容丰富，影响深远。也正因如此，在我国当下社会发展背景下，新型城镇化建设所带来的社会全方位的变化，不是仅仅涉及少部分乡村民众，而是关乎每一位国民的生活和发展。只有正视和加强对优秀传统民俗文化的研究、保护和弘扬，才能重建我国广大民众的精神世界，进而壮大推动社会发展的实践力量。

（五）教育在优秀传统民俗文化传承中的独特优势

在保护和传承传统民俗文化途径方面，教育尤其是学校教育被公认是重要的、不可或缺的选择。联合国《保护非物质文化遗产公约》指出，制定向公众开展宣传和培训的教育计划并认真落实，是使非物质文化遗产在社会中被认可、尊重和弘扬的重要途径。我国《关于实施中国民族民间文化保护工程的通知》《中国民族民间文化保护工程实施方案》等政策文件也反复强调开展传统文化教育培训的重要性。《国务院办公厅关于加强我国非物质文化遗产保护工作的意见》明确指出，通过社会教育和学校教育，使非物质文化遗产代表作的传承后继有人。而《中华人民共和国非物质文化遗产法》第三十四条规定，学校应当按照国务院教育主管部门的规定，开展相关的非物质文化遗产教育。可以说，学校传承民俗文化既是因为其自身应该承担的责任，也是考虑其具有得天独厚的条件。因为，在大众化教育背景下，学校教育是绝大多数社会个体成长发展的主要途径，也是一个国家将主流文化传递给所有民众的核心中介。在民俗文化的教育教化价值越来越凸显和受到重视的当下，充分利用优秀民俗文化助推社会主流价值观念的树立，培育新时期的社会新人，既是学校教育必须思考的问题和无可推卸的责任，也是学校教育应充分发挥的自身优势。

　　首先，学校教育应具有文化传承功能。综观学校教育的发展历史，学校自创建之日起，就是国家公共事业的重要组成部分，是维系社会的重要文化场域，"在我们创造并生活于其中的社会世界，学校教育享有正式、正统的文化地位，被赋予广泛的社会合法性和强大的社会公信力。从学校教育同整个社会文化的互动来看，学校教育不仅具有教育功能，还发挥着重要的文化续构、文化形塑、文化分配和文化感通功能"[①]。可以说，学校是一个文化融合再生的社会有机体，是容纳传统并结合现实从而推动社会文化发展的重要社会机制。然而，随着科学技术的迅猛发展及其对社会发展影响的不断扩展，现代学校教育越来越关

[①] 李令永：《学校的文化功能》，《教育理论与实践》2010年第4期。

注专门化的知识技能的传授，追求通过高效的过程和方法把学生培养成专业型人才。在这一过程中，学校教育逐渐把学生的教育学习与其日常社会生活割裂开来，学校成为封闭性的培养"专业的知识人"的工厂，学校教育应有的文化功能被严重窄化和弱化。而这些"专业的知识人"进入社会后，不仅存在个体的社会适应不良问题，还造成社会精神文化的涣散和国家核心价值观念的空虚。正因如此，我国政府高度重视学校教育的文化传承与价值塑造，制定立德树人的基本方针，强调传统文化进校园，以中华优秀传统文化涵养社会主义核心价值观。在这种社会文化建设的大背景下，学校应该进一步明确自身的文化价值立场，并积极"引导全校师生不断认同学校的价值追求和发展愿景，形成教育合力，提升教育境界，并通过对核心价值观念的传播和践行引领来推动社会文化的发展"①。

其次，学校教育的文化影响具有广泛性和系统性。学校生活作为个体社会化的重要场域，以一种社会秩序和社会结构制约着个体的行动。换句话说，个体的行为甚至情感在很大程度上是通过学校教育这样一种干预培养出来并逐渐形成固定模式的。学校对儿童的教育不是针对单个人的需求来制定的，而是根据社会趋势对如何使儿童更好地融入社会做出的理性判断，这种判断不是一个人或者一个群体就可以决定的，它是一种社会组织形态，是由当前的社会结构所左右的。因而学校教育带给个体的是一种全方位的适应社会的引领，学校作为一种类似于传播媒介意义的存在，其所传递出来的文化与社会价值观念会成为绝大多数人的范型，影响意义深远。此外，学校不仅是影响个体的社会机构，其对社会整体的推动作用也不容忽视。"设想学校成为变革社会秩序所需要的理智的和道德的主要机构是不现实的，而因此否定学校的社会作用和功

---

① 徐继存：《学校的社会责任与使命》，《西北师大学报》（社会科学版）2012年第6期。

能也就等于推卸了学校应担负的社会责任。"① 学校对于社会而言的确有着影响变革的作用，否则从古至今的国家政府也不会将教育作为传递意识、教化民众的主要手段。学校教育通过所倡导的文化向大众渗透社会主流价值观，其影响深度及广度是其他社会机构无法比拟的。

最后，学校教育的育人方式具有专业性和高效性。作为教育的主体，学校在整个基础教育过程中起着非常关键的作用，因为对学生的发展最直接、最真实的教育行为主要发生在学校。学校教育是一种家庭教育和社会教育无法取代的教育模式，其在专业人员以及专业知识层面的优势是家庭教育无法企及的，在关注儿童差异性，以育人为主要目标层面，复杂多样的社会教育同样无法做到。社会活动多种多样，教育方式也层出不穷，但对于专业性的理解，香港学者曾荣光将其核心特质归纳为两个层面，即专业知识上有着被认可的社会地位并有着不可或缺的社会功能，专业服务上参与人员的公正忘我性。学校教育作为承担传播社会主流知识技能和价值观念的机构，其教育内容与方式在长时间的探索与经验中已经形成了较为完善的模块，是被大众广泛接受和认可的。不仅如此，学校教育为了培养适应未来社会的人，在教育目的上有着长远的设计安排，并对个体的学校生活有着严格的管理与高度的规划，依据每个个体的人格特质提供给他们适合自身的培养方式。"学校教育的职责、目的就是'成人''育人''完善人'。所以，学校的着眼点就在探究如何更有效地'成人''育人''完善人'。"② 在这样的培养模式下，学校教育的高效性是其他教育方式所不能及的。

当前民俗文化传承存在比较突出的代际断层，社会生活层面的民俗文化活动的参与者和实践者主要是中老年人。青壮年人群忙于工作，多缺少时间和精力来专门学习和研究民俗文化。学校恰恰可以通过专业化

---

① 徐继存：《学校的社会责任与使命》，《西北师大学报》（社会科学版）2012 年第 6 期。
② 刘丙元：《文化重建：有效学校的改革取向》，《教育学术月刊》2009 年第 3 期。

的民俗文化教育教学活动，有效接续民俗文化的代际断层，在通过优秀传统民俗文化形塑年青一代的文化底蕴的同时，也赋予优秀传统民俗文化在当今社会的时代活力。

二 研究内容与意义

城镇化发展是世界发展的共同趋势，新型城镇化发展则是我国在当前形势下的理性选择。城镇化过程虽然首先表现为一种社会生产结构、社会治理方法等方面的变化，但同时城镇化也是一种整体性的社会变迁，并深刻体现为一种文化现象的嬗变过程。在这一过程中，社会价值观念也伴随着生产、生活方式的变化而不断演变，而传统民俗文化作为广大社会民众社会价值取向的重要表现，也在其中经历着多元价值的冲击，其中一些陈风陋俗被摒弃或革除，而一些优秀的传统民俗也因为原有产生和存在场域的变化而受到了很大损害，甚至正在消失。这些正在消失的优秀的传统民俗虽然形成于过去，但在当今社会仍然具有重要的教育教化作用，可以在很大程度上丰富甚至引领广大民众的精神生活。基于当今时代的需求和特点，深入挖掘优秀传统民俗文化的时代价值，具有重要意义。而因为民俗文化是一种生活文化，只有培养出过某种文化生活的人，才能真正实现某种特定民俗文化的传承。或者说，文化传承实质上是一种对人的教育，而传承民俗本身也是一种实施教育的途径和方式。为了更好地实现国家科学有效地传承优秀民俗文化的战略规划，有必要探讨优秀民俗文化的教育传承问题。通过学校之外的社会教育和学校之内的专业教育的有机配合，教育可以在优秀民俗的传承与发展方面发挥重要而且高效的作用。

（一）研究内容

基于对城镇化背景下民俗文化传承的以上认识，本书结合我国新型城镇化发展的特点，在梳理我国当前传统民俗文化存在现状的基础上，

教育视野中的传统民俗文化传承

深入挖掘传统民俗文化的教育价值，系统研究在教育系统中传承和发展传统民俗文化的有效机制和具体策略。本书的研究主要分四个部分。

第一，城镇化进程中我国传统民俗文化的式微状况及原因分析。民俗是人们在长期的生产和生活历史中所创造、传承和享用的风俗、仪式、习惯、信仰、谚语、故事、艺术等的集合体，它具有很强的地域性和形成的长期性特点。很多具有悠久历史、地方或民族特色的传统民俗是传统文化的主要载体和集中体现，它们就像历史文物、名胜古迹一样是人类宝贵的文化遗产，需要精心维护和发扬光大。然而，自20世纪50年代以来，世界范围内许多国家都经历的城镇化过程，带来了传统乡村社会在人口、土地、资源、环境等人类社会聚居方式方面的巨大变化，这在很大程度上冲击着传统民俗文化赖以形成与存在的条件，造成了传统民俗的存在危机。了解城镇化进程中我国传统民俗文化不断被冲击、式微的过程、方式和现实状况，分析其产生的主要原因，有助于掌握传统民俗文化的形成和传播机制，从而更好地探索传承优秀传统民俗文化的基本路径和具体策略。

第二，中国传统民俗文化与教育的价值关联研究。民俗文化是在普通人民群众（相对于官方）的生产生活过程中所形成的一系列非物质的东西。古代社会中有条件去官学、私学学习文化知识的人很少，广大民众的学习途径主要是参与以民俗文化为主要形式的活动。这是他们了解历史、培养性情的方式，也是最广泛有效地接受教育的方式。在当今社会，优秀的传统民俗文化仍然对民众的思想观念、行为方式等具有重要而深入的教育教化价值，尤其对处于身心快速发展阶段的学龄儿童来说，优秀民俗文化通过丰富多样的内容和方式能够对其发挥积极的教育和熏陶作用，有助于培养他们良好的价值观念和行为规范。同时不同地域范围内的学校教育和社会教育机构，可以借助本土而多元的民俗文化活动，有效地丰富青少年教育的内容和方式，增加青少年的学习兴趣和

实践机会，从而提升教育的整体成效。

第三，学校教育传承与发展优秀民俗文化的机制与策略研究。在国家积极提倡和大力推动下，全国各地的学校教育系统，尤其是基础教育阶段的中小学校，在传承和发展优秀民俗文化方面开展了广泛的实践探索。但目前学校教育中的民俗文化传承活动在很大程度上存在着以感性经验为主，相对零散孤立，注重外部形式而对文化内涵挖掘不足等问题。对此，本书从探讨学校教育的民俗文化使命入手，详细分析学校传承民俗文化的应然立场、民俗文化入校园面临场域转换带来的问题及解决方式，尝试对校园民俗文化教育从目标制定，到课程开发，再到教学实施进行系统规划和设计。在具体研究中，根据不同民俗类型的功能和价值，有针对性地选择合适的优秀民俗文化，纳入教育系统，研究其发挥教育教化作用的可行性、基本机制，有效传承和发展的具体途径、策略方法，以及相应的评价管理机制等内容。

第四，传统民俗文化的社会教育传承研究。虽然学校教育在优秀传统民俗文化的传承中发挥着非常重要的作用，但民俗文化最终是要在广大民众的日常社会生活中生根发芽的，把优秀民俗文化的传承局限于学校教育这条单一途径，不仅会降低民俗文化传承的效率，还会在很大程度上影响民俗文化传承的效果。就如人们经常诟病学生在学校中接受五天教育后，周末在家庭和社会环境中生活两天，结果五天学校教育的效果被全部遗忘和取代的现象，在民俗文化传承过程中，如果只在校园范围内开展相关的传承教育活动，校外的家庭和社会环境没有倡导和开展民俗文化活动的氛围与环境，那么学校教育的结果也不可能真正延伸到学生的校外日常生活，更不可能真正改变当前社会中民众精神空乏、道德滑坡的现实问题。基于以上考虑，本书在重点研究学校教育传承民俗文化的价值、机制和措施的同时，也对当前社会中诸如传统文化古村落、民俗博物馆、家庭教育等同样可以发挥积极的民俗文化传承和教育功能的途径进行考察、调研和理性分析，以期与学校教育相互配合，形成合力，从而扩展民俗文化的教育传承路径，提升民俗文化的传承效果。

（二）研究意义

本书基于对我国城镇化进程中传统民俗文化传承现状的考察，分析在新型城镇化过程中，传统民俗的现代教育价值，研究通过教育传承民俗文化的机制和方法，以期通过教育系统的多层次多方位配合，有效发挥民俗的教育价值和教育对民俗文化的传承与弘扬作用。

第一，分析传统民俗的存在状况，促进民俗文化的生态保护。近些年来，我国的城镇化进程速度加快，原有的传统乡村不论是外在形式还是乡村民众的精神面貌都与以往的传统形象有了很大的变化。离乡多年的人，偶尔返乡，已经很难找到记忆中乡村的模样。村民的生活也越来越淡化了曾经的乡村生活的特色，而逐渐与城市生活趋同。传统乡村中那些让生活其中的人在无意识之中就获得了生活、生产技能，能够使人产生安全感与归属感的风俗习惯越来越少见。在经过了一段时间的经济优先发展，并达到了较高的物质生活水平以后，人们对精神生活的关注增强，不论是学者还是乡村民众，都深刻感受和意识到了乡村民俗迅速消失的现状及其导致的人们精神生活的匮乏。本研究认为，优秀的乡村民俗是我国传统民俗文化的主要载体和集中体现，它们就像历史文物、名胜古迹一样是人类宝贵的文化遗产，需要精心维护和发扬光大。在现代城市中，由于人员的复杂性、流动性和现代技术理性观念的影响，已经难以找到相对完整的、典型的民俗内容和形式。在我国的大部分乡村，随着乡村现代化进程的不断推进和社会主义新农村建设的全面展开，乡村社会中一些传统成型的民风习俗也开始发生变化。一方面，一些陈风陋习逐渐被修正或抛弃；另一方面，一些具有较高教育教化功能的民俗文化活动也受到了严重的冲击，面临着式微和消解的危险。本书

导 论

通过对当前乡村传统民俗存在现状进行考察，客观分析传统民俗文化的目前存在状态，以期唤起社会民众的广泛关注，促进对民俗文化的生态保护和有效传承。

第二，挖掘传统民俗的现代教育价值，充分发挥其育人化民的作用。从历史的角度来看，传统民俗发源于久远的过去，是人们在对自然、社会、自我等认识的基础上形成的基本观念、行为习惯，以及这些观念与行为的物质表现产品。在近百年的社会变迁过程中，很多民众原本具有的观念和行为习惯已经发生了很大的变化，当下我们能够看到的民俗形式，更多是原有民俗遗留下来的物化产品。这些物化产品，不代表一个生动的过去的生活世界，实际上，它们只是一些符号。研究民俗，并不是还原过去曾经存在的那种生活世界，这是根本不可能做到的，而是要以这些物化的符号产品或者文本符号材料为媒介或中介，从现在的视角去理解过去，赋予这些符号精神的内涵和意义。因为"人类生活乃是一个有机体，在它之中所有的成分都是互相包含互相解释的。因此对过去的新的理解同时也就给予我们对未来的新的展望，而这种展望反过来成了推动理智生活和社会生活的一种动力"[①]。正因如此，在国家现代化的图景中，优秀的传统民俗文化不应是将要消失的存在，而应在今天发挥其独特的继往开来的价值和意义。要在新型城镇化背景下促进社会的全面健康发展，除了关注经济发展外，还应提高民众的思想、文化、道德水平，形成家庭和睦、民风淳朴、稳定和谐的良好社会氛围。"建国君民，教化为先"，化民成俗是推动社会发展的根本途径，尤其传统民俗在其中发挥着举足轻重的作用。民俗作为人类社会生活与文化系统的有机组成部分，它对生活于其中的个体具有整体教育教化、行为规范约束、心理宣泄补偿等重要的社会作用。无论是在日常社会生活中创建和谐稳定的良好社会氛围，还是在学校中对青少年进行精神熏

---

① [德] 恩斯特·卡西尔：《人伦》，甘阳译，上海译文出版社2004年版，第280页。

陶和习惯培养，民俗都可以发挥重要的作用。本书对传统民俗现代教育价值及其实现策略的研究，将有效促进优秀传统民俗的教育教化价值的实现，进而通过优秀民俗文化的传承和弘扬，推动当今社会的健康和谐发展。

第三，提升教育对传统民俗的传承功能，实现优秀民俗文化的传承与发展。相比社会的政治、经济等领域，教育具有更强的独立性和抗干扰能力。教育本身是文化的组成部分，也是传递和更新社会文化的重要手段。把优秀的民俗文化纳入教育体系，通过对其具体内容和实施方式的精心设计，使新生一代经济高效地获得民俗文化，并反作用于社会其他成员和实践领域，可以实现优秀传统民俗文化的良好传承与发展。

同时，从广大青少年的成长发展来看，民风习俗对青少年的人生观、世界观和日常行为习惯的养成具有潜移默化的作用，对他们未来的成人和成才具有重要影响。因此，有必要从学校教育的视角关注民俗文化，一方面把民俗文化引入学校课程，让学生接受民俗文化教育，带动民俗文化的传承和发展；另一方面借助民俗的内容与形式，推动学生接受传统民俗文化的滋养，促进学生健康发展。传统民俗与学校教育的联结，能够拓展教育研究的视域，丰富学校教育的内容和方法，有助于二者的共同发展。

三　研究思路和调研纪实

基于本书的基本内容，在选择和采用研究方法时，注重坚持三条原则。首先，问题导向的研究定位。本书立足我国新型城镇化发展的时代背景，以我国新型城镇化对文化发展的重视以及优秀民俗文化保护传承的偏颇与误区为切入点，重新审视优秀民俗文化传承的重要价值、现实问题及其有效途径，虽然也开展了多方面的理论研究，但落脚点始终放在教育系统对优秀民俗文化的有效传承落实上。其次，理论建构与行动研究的交互促进。理论脱离实践容易虚泛，实践脱离理论容易肤浅。本书在研究过程中，始终保持理论建构与行动研究的交互并进，针对实践问题开展理论研究，从成功的实践案例中提炼初步的理论假设，然后用理论构想成果指导一线教师的行动研究，并根据行动研究结果及时修正和完善理论观点。最后，多元方法的有机结合。民俗文化是一种生活文化，每一位研究者同时也是特定民俗文化的承载主体。所以本书注重研究者"局内人"和"局外人"身份的相互配合与彼此确证，并在具体研究过程中，遵循主观性的理论思考和客观性的实地调查相结合的研究思路，灵活采用叙事研究、行动研究、案例研究、实地观察、访谈、口述史等方法，增强了研究的现实感和说服力。

（一）研究思路

本书首先采用社会实证调查、口述史等方法，选择具有中国传统民俗文化典型性的山东省孔孟故里和安徽省安庆地区，深入调查传统民俗文化在城镇化进程中不断变迁的实际状况，获得尽可能全面、系统、真实的第一手资料。在调查研究的基础上，结合国内外已有民俗文化研究的理论成果，系统研究传统民俗文化的具体内容、类型及其教育教化价值，挖掘优秀的传统民俗文化。然后，结合我国当前教育改革的实际，研究在教育系统中，发挥优秀民俗文化的教育价值并实现对优秀民俗文化的传承与发展的基本方式和具体策略。

（二）调研纪实

本研究于2014年立项为国家社科基金项目。课题组于2014年12月24日召开了开题论证会。论证会邀请了山东省社科规划办、山东省教科院和山东师范大学的相关专家对课题的整体研究思路、研究内容与方法、人员构成及分工、研究的具体实施、研究成果的形式等进行了详细的分析、论证，提出了有针对性的优化建议。论证会后，课题组成员召开内部会议，就课题研究的开展进行了充分的沟通与讨论，并对项目的实施进行了具体分工。之后，课题组成员各司其职，按照计划开展各项研究工作。首先在中国知网查阅已有民俗及民俗教育的研究文献，在山东省多所高校图书馆和山东省图书馆查阅地方志，进行文献资料的整理和分析，在此基础上进一步征询相关专家的意见和建议，细化本项目的研究思路，完善研究方案。然后采用实地观察、访谈和口述史等方法，分多次对山东省潍坊市、曲阜市、济南市、淄博市、滨州市，安徽省黟县、蚌埠市、凤阳县等典型地区的代表性民俗文化进行了实地调查研究，同时调研了这些地区中小学传承民俗文化、开展民俗文化教育的情况。

1. 山东省潍坊市民俗文化及学校民俗教育调研

2015年6月，调研组在潍坊市开展调研活动。调研组首先参观考察了黄家庄的泥塑与剪纸、高密的扑灰年画等特色民俗，然后深入学校了解其民俗文化教育传承的具体情况。在潍城区，重点走访调查了西园小学、向阳路小学和开发区中学。西园小学的经典诵读与剪纸、开发区中学的泥塑和向阳路小学的面塑课程等已经成为这些学校各自的特色课程，他们每年会挑选在剪纸、泥塑、面塑等方面表现优秀的学生带着他们的作品参加山东省潍坊市的文化艺术展览会。

在潍坊黄家庄泥塑濒临失传的情况下，经济开发区中学挖掘、传承黄家庄泥塑传统工艺，编辑《泥塑》校本教材，实施本地泥塑传承与现代泥塑创新相结合的开放式教学。向阳路小学以面塑为主要特色，以社团的形式组织学生活动。在面塑活动课上，一方面，教师会在每学期给出部分规定的创作主题，如百花齐放、感恩母亲、文明礼貌等，学生会根据不同的主题设计一系列作品；另一方面，学校也积极鼓励学生根据自己喜欢的形象自由创作面塑作品，如一些同学根据当时电视热播的动画片《喜羊羊与灰太狼》《小黄人》中的角色来进行精心创作。

西园小学的剪纸课程，从内容设计到实施方式的选择都比较系统和

深入。学校灵活邀请校外的剪纸艺人或专业研究者入校教学或指导。调研组在该校调研当天，潍坊市潍城区教科研培训中心美术教研员范云老师正在该校指导。范云老师在剪纸艺术方面造诣深厚，被南京大学聘为高级剪纸艺术家，作品多次获得全国剪纸展的金奖和特等奖，作品被美国、澳大利亚、英国、法国、德国、韩国、丹麦、瑞士、西班牙及中国国家博物馆、中国农业博物馆、中国妇女儿童博物馆、南京大学等单位收藏。范云老师在民间传统剪纸艺术在现代生活中的创新性理解与应用、中小学剪纸课程中技能与艺术的结合、中小学生剪纸兴趣的激发等方面见解独到，给人启发。她一方面对中小学开展剪纸校本课程给予积极肯定；另一方面也对部分学校把剪纸课程窄化为剪纸技法传授的现象深表担忧。

2. 山东省曲阜市民俗文化及其教育调研

2015年8月11—14日调研组在曲阜市开展调研活动。调研组首先实地考察调研了曲阜地区的典型民俗文化样态。作为中国历代纪念孔子、推崇儒学的核心，孔府、孔庙、孔林是世界文化遗产和全国爱国主义教育示范基地，统称曲阜"三孔"。"千年礼乐归东鲁，万古衣冠拜素王"，进入"三孔"，宏大的建筑彰显着历史的久远，从其中的门匾楹联和以多种形式渗透其中的孔子为人、为学、为师的故事中，人们可以近距离地感受和触摸他那"仁者爱人、乐礼善学"的智慧。在"三孔"络绎不绝的游客中，不乏开展传统文化调研的大学生团队和进行研学旅行的中小学生。

曲阜作为孔子故里，是驰名中外的礼仪之邦。在积极弘扬优秀传统文化的社会大背景下，曲阜市充分利用儒家文化发源地的独特优势，把儒家重视教育的学习之风、弘扬传统的读经之风、崇尚道德的仁爱之风、大行礼仪的和谐之风、积极向上的奋发有为之风、海纳百川的包容之风发扬光大。在社区开展多种形式的仁孝善行评选活动，创设了良好的社会文化氛围。不论是在曲阜市的城区还是在周边的村庄，静心漫步其中，细心观察和体味，传统民俗文化的韵味渗透在人们衣食住行和生产生活的方方面面。

围绕民俗文化的传承情况，调研组实地考察了儒家文化的物化形式，与教育局相关负责人、当地居民以及部分游客进行访谈交流，较为详细地了解了当地民间游戏和传统手工艺制作等民俗。然后调研组成员深入王庄镇岳村村民家中和岳村小学进行了走访和考察。岳村小学充分利用当地的传统游戏资源开发出具有民间特色的游戏课程，校园内专门开辟出了民间传统游戏区，并把传统民俗文化与现代生活相融合，创新开发出以交通安全教育、自救自护教育、古诗文诵读、习惯养成等德育内容为主题的多格跳棋游戏。校园里到处摆放着学生的作品，地面上绘制了民间游戏图，具有浓厚的民俗文化氛围。这种做法也与当地村民的文化意识与文化行为一脉相承。

3. 安徽省安庆市民俗文化及其教育调研

2016年7月20—23日调研组到安徽安庆市调研。调研组成员通过走访博物馆、黄梅戏艺术中心、菱湖公园，在与民间艺人、当地居民的交流过程中从多方面了解了安庆黄梅戏、徽绣、民歌、剪纸等特色民俗文化。

在较为全面地了解安庆民俗的基础上，调研组走进了安庆市第四中学和安庆市怀宁县小市镇中心学校。在安庆四中，了解了体现该校特色的黄梅戏和徽绣的课程开设情况。在安庆市怀宁县小市镇中心学校，参观了充满浓厚民俗文化氛围的校园、剪纸展室，观看了由该校主办、师生共演的"诗乡文化、薪火相传——怀宁县小市镇中心学校创建安庆市诗乡文化特色学校专题汇报演出"的视频。在对校长和相关老师的访谈中了解到，该校除了开设民歌、剪纸课程，编写校本教材，还开展了"孔雀东南飞"讲坛，编写了《孔雀东南飞》校报，评选了"十佳义务

小导游"，组织师生开展了赛诗、诗乡兴趣剪纸、诗乡腰鼓队等特色活动。

4. 安徽省黟县宏村民俗文化调研

2016年7月25日调研组在安徽历史文化名村宏村调研，了解徽文化中的传统民居和木雕、竹雕、砖雕和石雕等传统工艺，采访了当地的村民和徽派非遗传人，访谈非遗传人对自我身份的理解以及为了更好地传承雕刻工艺而开展的一系列具体工作。非遗传承人汪辉老师，自豪地为我们介绍徽州文化。他认为徽州文化有两大特点：第一个特点是徽派建筑，徽派建筑是中国传统民居的典型代表。徽派建筑有三绝：一绝是明清时期宏村的古民居；二绝是歙县的牌坊，建造牌坊是对徽州人的最高奖赏。在古代，对国家做出突出贡献，受皇帝恩赐，回家才能建造牌坊。牌坊的含义归纳起来包括四个方面，分别是忠、孝、节、义。如果把徽州的牌坊文化了解透了，对封建社会的道德准则就基本掌握了。徽派建筑的第三绝就是祠堂，祠堂是纪念先祖、祭祀的地方。徽州文化的第二个特点是徽州人文景观——手工艺，徽州主要有四雕，分为砖雕、木雕、石雕、竹雕。

宏村是被列入世界文化遗产名录的历史文化名村，也是国家级重点文物保护单位。但从目前的定位和管理来看，宏村作为有"画里乡村"之称的中国特色村庄，更多侧重了对宏村明、清民居建筑群的静态保护和以此为基础的旅游资源的开发与利用。在优秀传统民俗文化的挖掘、宣传和传承推广方面，仍然比较欠缺。这种状况不利于保持和彰显徽州优秀民俗文化的生命活力。

5. 安徽省蚌埠市博物馆民俗文化调研

2016年7月26日调研组考察了蚌埠市博物馆。蚌埠市博物馆设有专门的民俗展厅，具体介绍当地代表性民俗艺术泗州戏、黄梅戏等国家非物质文化遗产的起源、兴盛及其现状，同时也介绍从事这些民间艺术的艺术家，如吴之兴、霍桂霞、石金礼等人对这些民俗文化做出的贡献。蚌埠市博物馆在民俗文化展示、宣传方面采用了多种形式。一是以传统静态陈列的形式展出丰富的民俗文化器物和产品；二是采用视频、音频点播的形式为参观者提供动态内容，能较好地满足参观者的不同需求；三是根据特定的民俗文化特点设计了互动式的民俗游戏，引导参观者更深入地参与和体验民俗文化的乐趣和魅力。这些做法，对民俗文化保护与传承发挥了积极的作用。

6. 安徽省凤阳县民俗文化及其教育调研

2016年7月27—28日，调研组调研走访了凤阳县文化馆、博物馆、鼓楼广场，初步接触了凤阳花鼓、凤阳花鼓戏、凤阳花鼓灯、凤阳凤画、钱杆子、权拉机等民俗文化。

在凤阳县文化馆，调研组整体了解了文化馆的工作内容与机制，并重点对中国戏曲协会会员、凤阳县非遗保护中心特聘专家于家乐老师和凤阳县文化馆官员、省级凤画代表性传承人王金生老师进行了深入访谈。于老师介绍，当前，民俗文化已经被作为非物质文化遗产的保护内容，但整体所占比例较小。凤阳县关注的重点是凤阳花鼓和当地民歌。凤阳县文化馆通过田野调查已经收集了11类29项非物质文化遗产项目。但作为专业工作者，他们对非物质文化遗产保护心存焦虑和担忧。因为很多传统的文化内容和形式随着社会发展的变化和人们需求的变化而不可避免地面临着存续困境。王老师详细介绍了凤画的五种传承方式——师徒传承、办培训班、进高校课程、高校的社团组织和传承人的报告讲座。在这些传承方式中，师徒方式最有效和深入，其他则主要是了解相关知识，或初步掌握相关技艺。

之后，调研组分头对凤阳县燃灯小学、东陵小学、小岗小学的学校领导和相关教师进行了访谈，并对东陵小学进行了实地考察。在凤阳县大庙镇东陵小学，东陵学校乡村少年宫辅导员胡老师介绍了东陵小学和

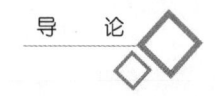

当地村民对当地传统戏曲文化的学习和传承情况。胡老师原是凤阳县泗州戏剧团演员，现任凤阳县老年大学泗州戏表演班指导老师、泗州戏第四代传承人、凤阳县泗州戏市级传承人。她同时担任东陵学校乡村少年宫的辅导员，主要辅导学生学习"三花"（凤阳花鼓、花鼓戏和花鼓灯）及泗州戏。通过在凤阳县学校的访谈调研发现，当前大部分学校开设了与民俗文化相关的课程或活动，具体实施以民俗技法的介绍与实践练习为主要内容和形式。学生在学校中学习的这些民俗内容与学生的校外日常生活关联性不大，学生在日常生活中也很少应用。

7. 山东省民俗古村落调研

2017年7—8月，调研组先后对山东省济南市、淄博市的一些民俗村、历史文化名村进行了集中走访调查，包括济南市章丘区的朱家峪村、三德范村、博平村、梭庄村，济南市仲宫镇的稻池村，淄博市淄川区太河镇的永泉村、土泉村、西石村、罗圈村，博山区域城镇黄连峪村、蝴蝶峪村、龙堂村等。在调研中发现，乡村民俗文化特色鲜明的地区，往往社区和学校也都比较重视乡村民俗，并能够有意识地主动开展乡村民俗文化的保护与传承工作。而这种对民俗文化的重视和相应的实践，在很大程度上提升了当地乡村文化建设的成效。

8. 山东省民俗博物馆、民俗庙会等民俗文化机构与展演活动调研

2017年12月21—25日，调研组围绕民俗文化的社会保护和传承这一主题，在山东省滨州市惠民县、淄博市、潍坊市、济宁市、济南市等地进行了调研和考察，走访了当地具有代表性的民俗古村落，参观了博物馆、文化馆等社会文化机构。

第一站：滨州惠民。调研组走访了具有代表性的魏集古村落，其内汇聚了鲁北乃至齐鲁地区内的民俗。在了解当地民俗类型的同时，对景区内的工作人员和手艺人进行了采访。参观了位于武圣园内的鲁北民俗文化博物馆，调查了馆内相关鲁北乡村民俗的一些老物件、非遗工艺

品，并与博物馆管理人员进行了交流。从管理人员的介绍中了解了博物馆内陈设藏品的选择原则以及他所理解的博物馆设立的意义等。通过参观和访谈相关人员，调研组对惠民的乡村民俗文化传承现状有了大致的了解。实地调研近距离地感受到了鲁北乡村民俗的独特魅力。

第二站：淄博周村。在周村，调研组考察了丝市街、银子市街等具有明清原貌的古建筑；同时重点参观了周村民俗展览馆，详细了解了周村的发展历程、历史名人以及周村地区的一些非物质文化遗产，如周村芯子、周村丝绸织染技艺、桐乡乐器以及周村当地的节庆民俗活动等；在烧饼博物馆内了解了周村烧饼的发展历史、传说以及现代工艺的改良，并与参观的游客和学校组织的活动团体进行了交流。

第三站：潍坊杨家埠。潍坊杨家埠民间艺术大观园是潍坊地区民俗文化的集中展现地。调研组考察了其中的风筝博物馆、年画博物馆、民俗馆和年画作坊等，与制作年画的民间艺人就年画制作、传承等进行了交流。在与景区工作人员的交谈中了解到每年会有大量的中小学生前来参观和学习，调研组与正在参观学习的潍坊渤海学校组织研学旅行的假日雏鹰小队的成员、潍坊中心双语小学的学生进行了交流，获取了学校对于传承民俗文化的相关要求的信息。在潍坊市民俗博物馆，调研组了解了潍坊当地的民俗活动如刻纸、根雕、祭海节、潍坊刺绣等的具体发展情况。博物馆工作人员介绍了博物馆与学校合作开展民俗文化教育的基本机制和成效。

第四站：济南百花洲。在春节期间，济南百花洲作为民俗文化展示和体验基地，开展了丰富多彩的民俗表演和非遗作品展览。调研组考察了汉字记忆空间、民艺生活馆、敬书房、泉水人家民俗馆等十几个展馆。调查发现，少年儿童对木版年画、泥塑的制作过程很感兴趣，亲自动手制作体验的人数很多，工作人员同时也注意讲解相关民俗的背景和意义；而老年人对吕剧等戏曲类民俗文化更喜爱。在百花洲历史文化街

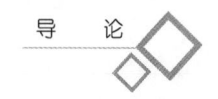

区，调研组成员也亲身领略了雕版印刷、木版年画、根雕、鲁绣、泥塑、吕剧等民间艺术的独特魅力。

第五站：济宁上九山。上九山是济宁市邹城市石墙镇的一个古村落。这是一个具有上千年历史的中国传统村落，同时也是山东省历史文化名村，是山东省重点文物保护单位之一。调研组全面感受了上九山村庄大片古老的石头房子、石头路的历史感；考察了主要的民俗文化坊馆，诸如老酒坊、婚俗院、柳编坊、粗布坊、老油坊、泥人院、老石匠、打响场与老茶馆等。我们在老酒坊中就该地区的酒文化与粮食酿造技术的引进等历史同当地村民交谈，在柳编坊欣赏了民间大师的精湛柳编手艺，等等。村落占地面积很大，其间，村落在专门区域划分了以各主题命名的文化休闲小院供外来人员感受村落民俗文化。调研组成员参观了民乐小院、陶艺小院、泥塑小院、根艺小院等。在民乐小院中欣赏了乡土民乐大师的表演，表演结束后，小组成员与其就弹唱内容和传承问题进行了交流。

第一章　传统民俗文化研究的回顾与反思

民俗，从通俗意义上讲，就是社会群体的生活模式，是其成员在漫长的生产、生活过程中逐渐累积、延续的集体习惯。民俗在社会群体中具有弥散性和渗透性特点，往往全方位地融合于社会个体的言行举止及群体生活的精神与物质的方方面面。"民俗一旦形成，就成为规范人们的行为、语言和心理的一种基本力量，同时也是民众习得、传承和积累文化创造成果的一种重要方式。"[1]正因为民俗与社会个体、群体生活具有不可分性，诸多研究社会发展和人的发展问题的学术研究领域，诸如哲学、政治学、社会学、文化学、人类学、教育学等，都从各自不同的视角对民俗主题进行涉猎和研究。

一　国内外民俗文化研究的基本脉络

（一）国外民俗文化研究历程概览

人们专门研究民俗文化并使之逐渐发展成为一门学科是19世纪以后。但在成为一门专门的学科之前，世界各国，尤其是欧美国家的一些学者，已经对民俗文化进行了诸多思考和研究。尤其是16世纪的地理大发现，极大地推动了欧美学者对新大陆的风俗、制度等民俗内容的关

---

[1] 钟敬文：《民俗学概论》，上海文艺出版社1998年版，第2页。

注。他们比较新大陆与欧洲在风俗习惯上的差异,并从文化视角对所谓的"文明人"与"野蛮人"文化进行价值和观念的阐发。之后,西方的思想家把与原始人、东方民族相关的问题与社会、宗教、政治观念的起源等联系起来,强调人类风俗的多样性,而正是这些不同的风俗和自然地理因素导致了不同的制度、信仰和行为,由此得出结论,人类的价值具有相对性。这样,文化相对主义的观念逐渐形成。如意大利思想家维柯(Giambattista Vico,1668-1744)认为,神话、史诗及各种今天称之为民间文学的类型,都是一个民族的集体创造,从这些神话史诗作品,可以发掘一个民族的精神面貌、一个民族的历史文化及社会习俗。寓言、谚语、逸事等本身就是历史的一部分,它们具有历史的真实性。

到了18世纪末、19世纪初,欧洲大陆知识界形成了颂扬民间文化,发掘民族精神的思潮。"如同文艺复兴时期人本主义笔下的'高尚的野蛮人'一样,当时的农民被浪漫主义者赞美为健康朴素的古代文化的传承人,而流传于乡村社会的神话传说、风俗习惯、仪式信仰则被当作幸存的古代文明。"[①] 在此立场上,欧洲各国学者对民间文化进行了丰富多元的研究,并逐步影响和扩展到美国等其他国家。

德国是民俗研究的摇篮。德国浪漫主义民俗学者赫德尔(Johann Herder,1744-1803)认为,古代农民的文化就是德国文化,拯救德国民族文化的关键在于发掘和重建德国的民间文化。德国传播理论学者本菲(Theodor Benfey,1809-1881)通过详细描述印度故事经由阿拉伯流传到欧洲的过程,揭示了古代欧洲文化与印度文化的内在联系,形成了欧洲古代文化的印度起源论的观点。另一位德国学者诺曼(Hans Naumann,1885-1951)认为,民间文化起源于上层社会,之后流传到民间,在逐渐丧失其贵族特征的同时,演化形成了民间文化。这些学者的研究走在世界民俗研究的前列。

---

① 阎云翔:《欧美民俗学略说》,《北京师范大学学报》(社会科学版)1997年第6期。

教育视野中的传统民俗文化传承

英国的民俗学研究在一定程度上受到德国学者的影响。英国关注民俗研究的主要是一批古物学者。1846年，英国古物学者汤姆斯（William Thoms，1803－1885）提议用"民众"（folk）和"知识"（lore）合在一起的"folklore"（民俗学）来指代过去关于民俗文化的种种不同的表述方法，被大批学者接受和认可。这样民俗文化研究有了"民俗学"这个正式的学科名称。但英国早期的古物学者对民俗的关注更多停留在对民俗文化的收集收藏上，在系统地分析阐释这些收藏方面严重不足。直到1871年，"英国人类学之父"泰勒（Edward Tylor，1832－1917）出版《原始文化》一书，从进化论人类学的视角，探讨人类社会由低级向高级进化的历史，提出了民俗文化的"遗留物说"，认为传统民俗在人类社会发展的历史进程中，并不具有特殊的现代意义，反而是需要改革的对象。

法国的民俗学研究在很大程度上受德国和英国的影响，在研究立场和观点上存在从民族主义到进化论人类学分析，再到通过文本分析强调民俗文化的美学意义的转变历程。在这一过程中，法国学者吉纳普（Arnold van Gennep，1873－1957）提出民俗学是一种研究民间习俗与民俗生活方式的科学，其研究必须建立在实地调查的基础上。

欧洲的芬兰、瑞典、挪威、丹麦等国家的民俗学研究普遍具有比较突出的民族主义倾向，注重通过发掘传统民俗文化，尤其是民歌、民间故事等，激发和弘扬民族精神。①

美国的民俗文化研究就如其国家发展一样，起步相比于欧洲诸国要晚一些，但在规范化和系统的学科建设方面属于后起之秀。美国较早的民俗文化研究主要关注欧洲移民的口头文化，20世纪后开始转向美国本土化的印第安人文化。美国学者纽厄尔（William Newell，1839－1906）于1888年建立美国民俗学会。汤普逊（Stith Thompson，1885－

---

① 阎云翔：《欧美民俗学略说》，《北京师范大学学报》（社会科学版）1997年第6期。

第一章　传统民俗文化研究的回顾与反思

1976）于1949年在印第安纳大学建立了美国第一个可授博士学位的民俗学专业，并建成独立的民俗学图书馆。道尔逊（Richard Dorson，1916－1981）在印第安纳大学把民俗学专业扩建成独立的系，并出版发行《民俗学研究所季刊》，使美国的民俗学学科建设进一步完善。在学科建设的过程中，一批民俗学研究者成长发展起来，并形成了一些独特的民俗学研究思想和方法，诸如故事程式理论和情景研究理论等，对世界范围内的民俗学研究产生了重要影响。

整体来看，欧美等西方国家在民俗文化研究方面起步较早，在研究发展过程中，提出的理论和采用的研究方法有一个变化、扩展、丰富的过程。学者们对民俗文化的关注点经历了作为"他者的民俗""本地的民俗"和"作为交流事件的民俗"等不同的定位。① 研究所采用的方法，从较早的古物收集、文献考据，到历史地理方法、田野作业方法，再到文化的方法论（文化模式、功能主义）、文本的模式（形态学研究）、结构主义（象征学、解释学），以及再后来的精神分析法、民族志诗学（海默斯）、演述理论（鲍曼）、女权主义、本真性（本迪克斯），等等，呈现出多元化倾向。② 在研究立场上，或者基于民族主义立场强调民族文化的振兴，或者从文学视角强调民俗文化的美学价值和创作，或者从人类发展的视角探讨人类的进化特点，具体的立场和视角虽然各异，但无不在充分发掘传统民俗文化这一人类重要演进成果的当代价值。这些研究中所涉及的具体民俗文化事项，虽然更多是基于研究者所处的地域或国家，与我国的具体民俗文化存在很多差异，但其采用的研究方法和形成的民俗学研究理论对我国的民俗学研究具有重要的启

---

① Abrahams Roger, "The Past in the Presence: An Overview of Folkloristics in the late 20th Century", In *Folklore Processed: Essays in Honnr of Lauri Honko*, ed. Reimund Kvideland, Helsinki: Suomalaisen Kirjallisuuden, 1992.

② ［美］罗斯玛丽·列维·朱姆沃尔特、尹虎彬：《口头传承研究方法纵谈》，《民族文学研究》2000年第1期（增刊）。

发和借鉴意义。从我国民俗文化研究的发展历程中，我们也可以看到我国相关研究与国外研究的诸多关联。

（二）我国民俗文化研究的基本历程

在中国，关于民俗的记录历史悠久。在《易经》《诗经》《礼记》《山海经》《离骚》等先秦的经典作品中，广泛散布着我国古代神话传说、民歌风俗等民俗事项内容。而且在那时，人们已经在考虑和重视民俗的社会功能及其发挥，如在中国古代教育著作《学记》中就有"君子如欲化民成俗，其必由学乎"的内容，强调风俗的重要教化价值。《诗经·周南·关雎序》中有"美教化，移风俗"的表述。在李斯的《谏逐客书》中，也有关于"移风易俗"的论述。

到了汉代，不仅《史记》《汉书》这样的史书中记载了当时的诸多民俗内容，东汉的应劭还著书《风俗通义》（亦有称《风俗通》），用比较通俗的语言，专门阐述事物的种类名号，分析解释当时的风俗，成为我国现有资料可考的第一本以民风民俗为主要内容的民俗著作。此书序文中说："风者，天气有寒暖，地形有险易，水泉有美恶，草木有刚柔也。俗者，含血之类，像之而生。故言语歌讴异声，鼓舞动作殊形，或直或邪，或善或淫也。圣人作而均齐之，咸归于正，圣人废，则还其本俗。《尚书》：'天子巡守，至于岱宗，觐诸侯，见百年，名大师陈诗，以观民风俗。'《孝经》曰：'移风易俗，莫善于乐'。传曰：'百里不同风，千里不同俗，户异政，人殊服。'由此言之，为政之要，辨风正俗最其上也。"[①] 这段话，清楚地表达了作者对风俗内涵和功能的认识。

汉代以后，随着社会经济文化水平的不断发展，民风民俗更加丰富多元，相关的记载和研究也更加丰富。唐朝的《旧唐书》《新唐书》、宋代的《东京梦华录》《岁时广记》、明朝的《帝京景物略》、清朝的

---

① 转引自王文宝《中国民俗学史》，巴蜀书社1995年版，第41页。

《如梦录》《古今风谣》《帝京岁时纪胜》《乡言解颐》《通俗编》等诸多的史书和民俗著作,记录了不同时代不同社会背景下我国各地的民风民俗,为专门的民俗文化研究提供了宝贵的资料。

清末民初,湖南萍乡人张亮采著《中国风俗史》。此书分浑朴时代、驳杂时代、浮靡时代及由浮靡而趋淳朴时代四个阶段对我国从太古到明朝的各类风俗进行了记录和介绍,同时也对这些风俗的形成、特征、影响等进行了分析阐释,兼具资料梳理和学术研究的属性。作者在著作的"序例"中也阐明了自己的写作初衷:"亮采夙有改良风俗之志,未得猝遂,乃以考察为之权舆,又以为欲镜今俗,不可不先述古俗也。自惭晃陋,搜讨频年,东鳞西爪,杂碎弗捐,自开辟至前明。几千年风俗,粗具端末,虽芜杂谫陋,不值覆瓿,然正风俗以正人心,或亦保存国粹者之所许也。故述鄙意而举其例如左。"① 从以上所述中不难看出,作者著这本《中国风俗史》,一方面希望通过对传统风俗的研究改良当下的风俗;另一方面也希望可以保存优秀的传统民俗文化。这种思想和立场与我们当前的民俗研究基本一致。

民国时期,一批留学人员开始把日本和西方等国家关于民俗文化研究的思想和方法引入国内,在全国各地开展了丰富多彩的民俗研究活动。较早开展研究的是鲁迅和周作人,他们在日本留学时基于对歌谣和神话的兴趣开展了相关工作,回国后也积极倡导和推进歌谣等民俗文化内容的研究。鲁迅在1913年首先提出建立民俗文化组织的倡议,他说:"当立国民文术研究会,以理各地歌谣、俚谚、传说、童话等;详其意谊,辨其特性,又发挥而光大之,并以辅翼教育。"② 周作人则在其《儿歌之研究》(该文1913年12月发表于绍兴县《教育会月刊》第4

---

① 转引自王文宝《中国民俗学史》,巴蜀书社1995年版,第178页。
② 参见鲁迅《拟播布美术意见书》,发表于1913年2月《教育部编纂处月刊》。转引自王文宝《中国民俗学史》,巴蜀书社1995年版,第183页。

号）一文中在国内首先使用了"民俗学"这一术语。之后，北京大学设立了诸如歌谣征集处、歌谣研究会、风俗调查会、方言调查会、风谣学会等多种民俗活动组织，并创办《歌谣周刊》，开展了多元化的民俗实践调查和理论研究。20世纪二三十年代，北京、广州、杭州、上海、厦门、山东等全国很多地方都有学者引领开展了民俗文化的调查、搜集整理和学术探讨活动，出版了《北平风俗类征》《汉代风俗制度史前编》《民俗学》等一系列著作。

中华人民共和国成立初期，一批在民国时期就深入开展民俗文化研究的学者，诸如容肇祖、顾颉刚、杨成志、钟敬文等积极呼吁宣传，推进民俗研究的发展和深化，并提出明确的民俗学建设规划。在1966年前的十余年里，发表和出版了一批民俗研究的文章和著作。在这段时间里，民俗研究对象开始扩展到广大民众的日常生活。但一些民俗学者提出"先进与落后"的社会分化意识，把民俗与落后联系起来，认为民俗反映的是社会下层民众的生活方式。他们通过调查，把民众的生活民俗进行梳理归类，但实际上是作为社会批判、反思和摒弃的内容来对待。一直到改革开放前，我国的民俗学研究主要站在人文学科的立场，以民间文学为主要内容，对作为广大民众日常生活方式的民俗关注不足。虽然当时关于民众日常生活方式的民俗在民俗学研究中被边缘化，但它们却是民族学和社会学学科研究的重要内容。

改革开放以后，在一批民俗学者的积极倡议和推动下，国家对民风民俗更加重视。1982年版的《中华人民共和国宪法》第四条明确指出，各民族都有使用和发展自己的语言文字的自由，都有保持或者改革自己的风俗习惯的自由。1983年5月，中国民俗学会成立，各省市也纷纷成立民俗学会，一些博物馆也从传统文化和爱国主义教育目的出发，搜集整理和保存民俗文物，举办多种民俗物品、节日文化等的展览活动。同时，一些大学的民俗类课程也开设起来。1998年，在国家学科调整中，民俗学成为社会学一级学科下面的二级学科，专业人员的教育规模迅速扩大，相关研究的数量和质量也得到快速提高。

在这一过程中，人们研究民俗的视角和立场也发生了重要的变化。到了20世纪80年代前后，随着改革开放带来的全面的思想解放和社会改革，普通百姓的日常生活与以往相比具有了更多的自主性，人们可以自由地选择和支配自己的时间，空间流动也更加自由便利，这为人们按照自己喜欢的方式生活提供了可能。于是，人们从前熟悉的民俗民风开始逐步恢复起来。人们开始从正面积极的角度看待和研究民俗现象和问题。

整体来看，新中国成立以来，我国关于民俗的认识和研究经历了一些曲折和起伏。在1979年前，受"除迷信，破四旧"的影响，人们对民俗的关注主要是以摒弃、批判为基本取向的，当时虽然运动进行得轰轰烈烈，但鲜有关于民俗研究的学术文章见诸报端。查阅中国期刊网，新中国成立后最早的民俗研究文章是萧兵在《苏州大学学报》（哲学社会科学版）1979年第3期发表的《屈原名字生辰民俗解》和在《辽宁师范大学学报》（社会科学版）1979年第5期发表的《万舞的民俗研究——兼释〈诗经〉〈楚辞〉有关疑义》。在此之后，民俗研究开始真正起步，每年几篇、十几篇学术文章发表。到1987年、1988年前后，各地的民俗学会纷纷成立，相关研究也迅速发展，每年发表的文章快速增加到几十篇，甚至数百篇不等。在改革开放以后的十五年里，人们对民俗的研究主要侧重于对传统民俗本身的挖掘、整理、描述和介绍；而在1995年后，民俗研究开始较多关注民俗的文化教化功能和在现代社会背景下的保护与传承问题，包括在很多乡村地区，伴随着乡村现代化建设进程而几乎消失的乡村民俗如何传承的问题受到重视。认识到民俗重要的文化价值和教化功能无疑是民俗研究的一大进步，对其复兴的探讨也无疑会丰富和推动我国新文化建设的步伐。

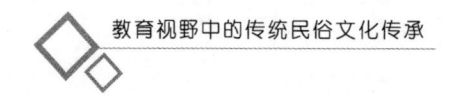

可以说，在20世纪90年代以前，学者们关于民俗的研究主要是一种社会史取向，重点探讨特定民俗的产生背景、机制以及发展演变的历程。这一时期，我国的民俗学者在研究方面充分借鉴了泰勒、安德鲁、弗雷泽等学者在人类学、民俗学研究领域的相关理论。20世纪90年代以后，民俗学理论研究资源快速扩展到哲学、社会科学领域。研究的方法体现出一种文化史的向度，采用诸如民俗志、田野作业、蹲点考察等方法，比较集中地关注诸如节假日、民间信仰、非物质文化遗产等方面的内容。

就已有的研究来看，民俗学专业人员主要把"民俗"作为研究对象，把民俗文化传承作为根本目的，致力于提高材料的精确性、客观性，追求民俗学的科学化，侧重于进行不同民族地区的个案研究。当前把民俗作为工具与手段，通过民俗进行的研究比较少。而且，就目前的研究情况来看，人们的热情参与高于理性分析，一些文章从对民俗价值的感性笼统认可出发，提出学校、社区、政府等不同层次和部门如何传承和发扬传统民俗的优势，如何促进民俗复兴的策略。其中的很多策略看似具体，具有可操作性，但实际上因为对民俗本身缺乏细致的理性分析，认识过于模糊和笼统，往往造成具体策略也无法落到实处的尴尬。

二 关于民俗文化价值的研究

关于民俗的作用和目的，英国的班恩做过详细论述，她说："研究传袭的信仰、惯习与故事的各种形式及其与环境的关系，可以晓得他们的特性有多少是普遍于人类全体，有多少是由于种族及环境的，这很可以帮助民族学的研究。……在心理学方面，则可明了人类初期的心理，晓得天真未凿的人类对于生命及自然的观念，并探索宗教、道德、哲学、科学美学、文学等的起源。"[①] 18—19世纪欧洲东、中部发展起来

---

① 林惠祥：《林惠祥人类学论著》，福建人民出版社1982年版，第23页。

的浪漫的民族主义支持者发现了民俗在重新塑造民族形象、建构民族精神方面的作用和价值。西方学者所探讨的民俗文化有相当一部分是关于古代神话、歌谣、寓言故事、仪式和信仰的，并且绝大部分内容与宗教相联系，民俗文化的教育价值和广大民众的精神信仰密切相关。从研究角度来看，国外有关民俗文化教育价值的研究更多地从民俗学和民俗运动的角度，将民俗文化植根于国家和民族发展的高度来探讨其在社会教育方面的价值，因此，他们的研究主要是在探讨民俗文化的政治、经济等方面的社会功能。

在我国，研究者对民俗文化价值的思考与对民俗资料的整理与分析相伴而行。前文所述的我国从古至今的不同时代关于民俗的关注和记载中，都或隐或显地包含着研究者对民俗文化价值的认同和追求，尤其是关于民俗文化的社会教化功能与价值，几乎为所有时代的所有研究者所认可。

从我国改革开放至今的四十余年时间来看，民俗文化研究成果有一个数量从少到多，类型逐渐多元的过程。早期的研究内容主要围绕文学作品中的民俗资料展开，如《红楼梦》中的民俗事项，毛泽东《寻乌调查》中的民俗资料，《回族民间故事集》、唐诗等这些文学作品中所涉及的民俗主题内容。随着研究的推进，从20世纪90年代开始，学者们对实践民俗的关注度明显提升，如九寨沟的藏族民俗、广西龙脊民俗、传统京剧服饰民俗、土族轮子秋民俗，以及萍乡、西府、康巴、顺德、湘西等不同地域的特色民俗资源及其开发等。同时，人们关于民俗价值的研究主题和相关成果也越来越丰富，研究内容更加多元，广泛涉及歌谣、舞蹈、节日、文物、服饰等不同形式和生产、生活的方方面面。同时，从普遍意义上探讨民俗事象的文化价值、审美价值、史学文献价值、社会经济价值、教育教化价值的研究也大幅度增加。

在各类关于民俗文化价值的研究中，一批学者从价值中立的视角探讨民俗文化在人类社会发展演进过程中的功能与作用。如有学者认为，民俗文化不是"古老文化的遗留物"，也不是"文化较低的民族或保留于文明民族中的无学问阶级里的东西"，"民俗文化是沟通民众物质生活和精神生活，反映社会的和集体的人群意愿，并主要通过人作为文化载体进行传播的生生不息的文化现象"①。作为一种与人类社会共始终的文化现象，民俗文化自然而然地存在着对民众的文化熏陶以及对民众群体文化认同感的提升作用。"民俗作为一种文化现象，在个人的社会化过程中起着决定性的作用。一个人的一生就是被民俗所涵盖的一生，他按照民俗的约定来到了这个世界，在民俗的范畴内获得自己最基本的知识，依据着民俗的规定成长、交际、嫁娶、生儿育女直至死去，依照特定的丧葬民俗离开这个世界。可以这么说，民俗为生活在其中的人们编织了一张巨大而无形的网，我们都是其中的一分子，在被网着的同时也通过自己的言行举止、生活文化网住了其他的人，大家都在按照这张网的纲线而行事。"② 从最普遍也最朴素的意义上说，民俗就是民众的生活，是个体的人所在的群体在长期的、共同的社会生活过程中形成的生活模式。在传统的、慢节奏的、人们活动范围相对封闭的农业社会中，那种熟人社会所提供的共同的生活场域和生活模式对个体具有极其重要的意义。可以说，这是个体成长发展的"始发纽带"③，它赋予个体以安全和导向。"它们让个体以作为一个部落、一个社会或宗教共同体的一分子，而非作为一个人，来认识自己。"④ 通过与部落、与族群融为一体，遵循一致的规则行动，个体会获得安全感和归属感。个体沉浸于民俗文化编织的社会生产生活场域中，无形之中会通过各种民俗事

---

① 仲富兰：《民俗文化约论》，《复旦学报》（社会科学版）1987年第3期。
② 李本亮、万黄婷：《全球化视野下民俗的意义与价值》，《江西社会科学》2004年第12期。
③ 埃里希·弗罗姆：《逃避自由》，国际文化出版公司2007年版，第21页。
④ 埃里希·弗罗姆：《逃避自由》，国际文化出版公司2007年版，第27页。

项中的群体规则，获得对社会中父子、长幼、主客亲疏等人伦关系秩序的认知及行为定位，从而被形塑成特定的社会角色。而个体对群体规则的认同、服从，又反过来强化社会群体的规则与秩序，使社会群体可以相对稳定地延续和发展。

除了从普遍意义上探讨民俗文化在个体发展与人类社会发展过程中的意义，更多研究者站在人类社会近现代转型发展的大背景下，强调民俗文化的民族性及其社会政治价值。就如18—19世纪欧洲的德国、芬兰、瑞典等国家的很多学者，通过挖掘和弘扬民俗文化中所蕴含的民族精神，重塑民众的民族意识和民族认同，有效提升国家的精神凝聚力。一些学者直接把民俗与国情关联在一起，认为"所谓'国情'首先当然是国家的经济、政治的国情。但是，事情决不限于这些。……我想特别指出流行于广大人民中间的风俗、习尚及其相连的心理状态在国情上的意义。风俗、习尚本身，既是国情的构成部分，同时又密切地联系着其他国情的许多部分"[1]。也有学者在深入考察和观察最基层的社区民众生活时，深深感受到国家的在场，意识到民俗活动总是被以多种方式组合进国家体制之内，成为国家的基础构成。另外，"新兴的国民国家为了实现全体国民的整合，必须致力于'国民文化'的建设，而要建设国民文化，自然也就无法回避如何面对被视为传统的民俗文化这一关键性的问题"[2]。还有学者认为，"对本民族传统文化的固守和传承是对本民族——国家的一种忠诚，也是一种民族主义和爱国主义的表现。……因为民俗文化包孕了一个民族——国家的传统和历史，承载着一个民族——国家的记忆和情感，即民俗文化本身就潜存着具有民族情感和民族意识的爱国主义基质"[3]。

---

[1] 钟敬文：《民俗文化学——梗概与兴起》，中华书局1986年版，第68—69页。
[2] 周星：《国家与民俗》，中国社会科学出版社2011年版，"导言"第2页。
[3] 李小玲：《民俗文化视域下的爱国主义教育》，《求实》2012年第12期。

教育视野中的传统民俗文化传承

除了宏观的民族性文化基因载体，民俗文化与国家、民族紧密相连的重要机制之一，还体现在其对广大民众的综合性熏陶教化作用。那些在特定群体内世代流传的神话故事，可能无形中引发了群体成员的向心力；那些在日常生活中自然传播的谚语民谣，不知不觉中会给人以熏陶和启发。有学者认为，"在中国任何一个乡村和市镇里，都可以收集到许多谚语。这些谚语，内容非常复杂，包含着关于天文、气象、人情、职业等知识。它是民众经验的宝库，民众思考的渊源，而且直接间接地都有相当的教育作用。歌谣至少可以滋养民众的心灵，使他们对人生、事物发生兴趣和理解；传说往往不但给他们以知识，而且注入一种道德的教训。其他，像民间趣事、谜语等，也大都有智慧的或伦理的启发作用"[1]。有学者认为，传统乡村民俗文化是一种非制度化的教育形式，"传统乡村社会的诸多民间故事传说、民间信仰仪式、民俗活动、祖训家规、民谚俗语乃至儿童游戏等，具有补充学校教育的不足，延伸法律法规和道德教化的作用，对于乡村民众社会角色形塑发挥了重要的功能"[2]。民俗文化真正与国家和社会的发展密切联系在一起的核心机制，是民俗可以无处不在地，或显性或隐性地发挥国民教化作用。有学者指出，"民俗文化包含一系列哲理和原则。生活世界是充溢着'一般意见'或'常识'的世界，有它自己的本质结构和它自己的具体的因果样式，有属于这个经验直觉世界的时空形式，诞生在这个世界的每一个民俗事象往往都在表达'一般意见'，其中的基本构成是'常识'。所谓一般意见是指意义是人们所共同理解的，而常识强调的是不言而喻，无论是一般意见还是常识都表明对一个事件、一个活动的意义认识和经验不仅仅是个人感受，而是人们对它的参与是相互交流的，在交流中达

---

[1] 董晓萍：《钟敬文教育及文化文存》，南海出版公司1992年版，第10页。
[2] 黄晓珍：《乡风民俗：传统闽西北乡村的非制度化教育》，《中共福建省委党校学报》2017年第5期。

到共同理解"①。虽然这种社会群体生活的一般意见或常识，一方面以实践样例的形式提供给个体生活路径和方式的最普遍的样态；另一方面也可能固化和限制个体创造性的个性化发展，但在个体自我成长的社会化过程中，民俗生活提供了一种最自然、经济、有效的教育引领方式。

除了在宏观整体视角下对民俗文化的社会教化功能进行探讨，也有学者从德育、思想政治教育、体育、艺术教育等维度阐述民俗文化的教育价值。有学者指出，在我国的传统民俗文化中，蕴含着大量的诸如文明礼貌、尊老爱幼，热爱集体、团结互助、爱国爱家、遵纪守法等淳风美俗，这些风尚习俗，"凝结着特定社会历史条件下各族人民共同的社会知觉和社会体验，熔铸了各族人民共同的社会需要和社会动机，表达着共同的社会态度和社会理想，是宝贵的精神财富，社会主义精神文明必须汲取民族传统美德的丰富营养，民族传统美德必将在社会主义精神文明建设中大放异彩"②。有学者认为，民俗文化传承具有重要的思想政治教育价值。美国民俗学家萨姆纳认为，民俗是社会意识诸形态和社会结构的母体。法国社会学家布迪厄说，民俗是权力结构和社会实践的产物。"民俗表达了不同场域中社会行动者的处境和利益，体现了不同社会阶层的权力和意志。社会的存在和发展正是社会整体发现、接受和传播一种符合社会发展规律的民俗生活的过程。"③ 正因如此，民俗文化传承同时蕴含着建构意识形态、优化社会环境和增进文化认同等思想政治教育的价值。④ 同时，"民俗具有不可忽视的审美价值，这种审美

---

① 曹红玲、戴锐：《民俗文化的精神结构及其思想道德教育价值》，《贵州民族研究》2017年第6期。

② 唐鹏：《民风民俗与当代青少年的养成教育》，《广西民族学院学报》（哲学社会科学版）1995年第1期（增刊）。

③ 王杰文：《"阿尔及利亚影像"中的民俗与政治——布迪厄民俗知识体系资本化与其学术创业的内在关联》，《民俗研究》2014年第5期。

④ 孙朝晖：《论民俗文化传承的思想政治教育价值及其实现》，《学校党建与思想教育》2016年第5期。

教育视野中的传统民俗文化传承

价值是从丰富多彩的民俗事象和民俗活动中表现出来的，它以外显的感性形象使人产生愉悦感，并有着独特的内在意蕴"①。

20世纪90年代后，随着我国社会在特定发展阶段对经济发展的重视，人们对民俗文化的经济价值越来越重视，民俗文化与旅游资源、经济振兴的关联也越来越多。有学者认为，"在当今世界旅游市场竞争日趋激烈的环境下，开发能反映民族性格、代表民族特征的民俗文化旅游资源已成为一个新的发展方向"②。也有学者认为，"民俗文化可以代表民族文化的主要传统。开发民俗文化的旅游将会使中国旅游业的发展建设更趋完善和全面"③。还有学者从国家发展的视角辩证地指出，"在像中国这样被动地、被迫以现代化为指向的新兴国家的意识形态当中，由于不同时期国家文化建设的重心不同而往往致使民俗与传统逐渐地具备了两重属性：一是把民俗看作封建、迷信、落后的'四旧'，是应该被摈弃和予以克服的'负'遗产；二是把民俗或传统理解为民众生活情感的结晶与历史性的创造，进而也往往会把它们当作'民族精神'得以依托的'故乡'或祖国文化的源泉"④。不管具体的关注点是哪里，在当今的时代背景下，人们对民俗文化的积极价值越来越认可，也越来越重视。

在充分认识民俗文化所具有的丰富价值的基础上，一些学者开始思考开展民俗教育的问题。事实上，民俗教育在中国传统文化中源远流长。孔子讲"礼失求诸野"，将乡野民俗同士大夫阶层中具有教化规范意义的"礼"联系起来。而在我国20世纪早期的文化启蒙和平民教育推进过程中，开展民俗教育的重要意义进一步凸显出来。鲁迅在1931

---

① 郑新胜：《论民俗的审美价值》，《湖北民族学院学报》（哲学社会科学版）2015年第2期。
② 吴承忠：《浅析鄂西土家族民俗文化的旅游价值》，《旅游学刊》1997年第2期。
③ 张铭远：《大力开发民俗文化旅游业》，《民俗研究》1991年第3期。
④ 周星：《国家与民俗》，中国社会科学出版社2011年版，"导言"第2页。

年倡导进行"国民文术"研究时,讲到整理各地的歌谣、理谚、传说、童话等,明确指出要"发挥而光大之,并以辅翼教育"。周作人于同年征集绍兴儿歌和童话,目的也是"存越国风土之特色,为民俗研究、儿童教育之资材"。

从整体上看,当前关于民俗文化价值的研究在内容上比较丰富,在研究方式上是民俗文化价值的一般性研究和具体案例研究并存。这些研究成果反映出人们在观念上对民俗文化的重要价值的高度认可,但对民俗文化价值有效利用的途径和策略的研究相对欠缺,这在一定程度上影响了民俗文化价值的充分发挥。

三 关于城镇化背景下传统民俗文化变迁的研究

针对城镇化进程中传统民俗文化的变迁问题,国外学者做过一些深入研究,如美国刘易斯·芒福德的《城市发展史:起源、演变和前景》(1961)、法国孟德拉斯的《农民的终结》(1967)、美国马歇尔·萨林斯的《甜蜜的悲哀》(1996)等,从不同角度对国家的城镇化发展对传统文化的影响进行了探讨。这些研究集中于三个方面:一是从文化的视角对乡村文化的类型、模式、功能等所做的理性研究;二是从民俗的视角对乡村文化载体进行的描述研究;三是从工业化批判的视角,探讨城镇化进程对农村社会整体生态的破坏。虽然具体国情不同,但这些成果对世界范围内传统民俗文化的研究产生了重要的影响。

我国的城镇化,从晚清时期就已起步,而真正大规模的城市化进程则是从1978年开始推进,2000年以后发展非常迅速,到2012年年底我国的城镇化水平已经达到52.6%。在城镇化进程中,伴随着广大乡村从人口、产业结构到生活、生产方式的巨大变化,乡村民俗文化也经历了式微的危机、传承的低效和发展的艰难。正如著名作家冯骥才说的,从传统上讲,中国文化一直是以乡土社会为基础的,一旦村庄消失,文化也会随之流逝。快速推进的城镇化,在带动中国的现代化和经济发展的同时,也不断破坏着村庄及其内含的乡村文化。

针对这一社会发展进程中的普遍现象,我国学者从两个主要视角进行了深入研究。一是从城镇化的视角进行研究,分析城镇化进程对乡村文化的影响、乡村文化在城镇化进程中面临的冲突与矛盾、乡村文化如何在城镇化进程的冲击下重建等。如有学者指出,城镇化的推进给中国乡村社会带来了社会治理、社会结构和社会价值三方面的深刻变化。① 长期以来城乡二元结构的制度桎梏造成了城乡的巨大差距,加上"摊大饼"式的土地城镇化对农村空间的挤压,使得城乡文化发展出现了生态失衡,而村落的拆除也就意味着拆除了祖传的民俗和邻里文化,拆除了乡土的那份质朴感,甚至拆除了非物质文化遗产的根基。当前功利化、粗放式的城镇化其实质是文化的缺失。② 也有学者认为,在城镇化快速发展中,乡愁文化的凸显,不是偶然现象,折射出物质文明高度发展背景下现代人的心灵迷失和精神失落。这就要求回归"人"本身,关注普通大众,而这在很大程度上与民俗文化的旨趣是一致的。因此,加强民俗文化保护,积极融入人性维度,观照现代人的生活世界,是安放"乡愁"、推进新型城镇化健康快速发展的重要路径。③

二是从民俗学的视角进行研究。20 世纪 90 年代以前主要是社会史的取向,考察具体民俗的发生学和变迁史;90 年代以后逐渐转变到文化史的取向,理论资源扩展到哲学、社会科学领域,比较集中地探讨节假日、民间信仰、非物质文化遗产等民俗事象的日常生活价值;2000 年以后,通过民族志方法进行个案研究成为主流。如有学者在 20 世纪

---

① 陈文胜:《城镇化进程中的乡村变局与评判》,《武汉大学学报》(人文科学版) 2017 年第 1 期。
② 蔡瑞林、陈万明:《城镇化进程中文化的断裂与传承》,《中州学刊》2014 年第 11 期。
③ 刘爱华:《城镇化语境下的"乡愁"安放与民俗文化保护》,《民俗研究》2016 年第 6 期。

80年代初研究民间小戏，详细考察分析其产生和发展的复杂过程，指出这些民间戏曲遗产，都是历代劳动人民的集体创作，即使有的小戏是群众中有戏曲专长的艺人所创作，也在演唱和流传过程中经过了群众的加工和润色，因而有着浓厚的生活气息和深刻的现实主义精神。① 90年代后学者们的研究更加深入和多元。有学者认为，民俗的发展演变经历了从日常生活到遗留物再到日常生活的历程，提出民俗研究应该关注生活世界，以"民俗生活"为取向。② 有学者指出，中国节日体系是一种成熟的文明的缩影，里面蕴含着"中国人重视阴阳平衡、天人合一、顺其自然的哲学思想，以及欣赏柔美、重团圆的美学和伦理观念"③。近二十年来，关于特定民俗的个案研究广泛开展，如有学者研究筶山渔村的家族文化，挖掘中国沿海渔村的家族自治组织，并探讨其在居住关系、继嗣关系和村落空间关系等方面的制度建构特点。④ 也有学者从中国礼俗文化的变化中思考现代中国的社会变迁，指出，乡村民众生活中的礼俗文化，在中国传统乡村社会中发挥着重要的秩序维持作用，具有基层政治管理的意味。乡村社会中随处可见的民间庙会、宗族祭祀、节日演剧、婚丧嫁娶等仪式活动，"构成了一个个具有政治象征性的文化场域，以其强大的惯性和感染力，深深地影响着广大村民、市民的生活节奏与文化认同感，有力地维系了由国家统一管辖下的地方社会的生活秩序"⑤。

综观已有关于城镇化和民俗文化变迁的相关研究，可以发现两个特点。一是从城镇化视角对乡村文化演变的研究较多，但相对宏观和笼统；二是从民俗学视角对传统民俗进行的研究，以个案研究为主，致力

---

① 乌丙安：《民间小戏浅论》，《戏剧艺术》1981年第1期。
② 高丙中：《民俗生活：民俗学的研究对象和学术取向》，《民俗研究》1991年第3期。
③ 高丙中：《中国传统节日与民族精神》，《前进论坛》2005年第2期。
④ 刘铁梁：《筶山渔村的家族文化》，《民间文化论坛》2006年第2期。
⑤ 刘铁梁：《礼俗互动：国家与社会之间的政治文化运作》，《民俗研究》2016年第6期。

于提高材料的精确性、客观性，注重研究的科学化。整体来看，这些研究从不同的方面对城镇化给传统民俗文化带来的冲击以及传统民俗在这一过程中的变迁进行了比较广泛而深入的研究，在很大程度上呈现了传统民俗不断式微的客观状况，但对民俗进行传承性保护的研究相对不足，也缺少对如何通过教育途径有效传承民俗的深入研究。

四　关于民俗文化保护与传承的研究

民俗文化的保护和传承是一项涉及社会多层次和多领域的宏大工程，在当前的乡村文化研究、民俗文化研究中，都或多或少地会有所涉及。关于民俗文化保护与传承的问题，有学者在 20 世纪 80 年代初就针对特定领域或地域的民俗事象开展研究。近十年来，对这一主题的研究一直是传统文化研究的一个热点。其中，关于民俗文化保护与传承的立场取向、具体途径策略等是已有研究关注的重点。

（一）关于民俗文化保护与传承的立场观念研究

人的行动总是在思想观念指导下进行的。民俗文化的保护与传承也总是以特定的民俗观和传承观为基础的。随着人们早期在实践情境下对民俗文化保护传承问题进行直观认识和经验性思考的推进，学者对民俗文化保护传承的学理性分析和自觉性思考也越来越多。而这些对民俗、非物质文化遗产等核心概念内涵的分析和阐释，以及在此基础上形成的民俗观念，在很大程度上决定着民俗文化研究的方向和保护与传承路径的选择。

关于民俗，自其产生以来，就不断处于被阐释之中，且这种阐释不会因为某一种阐释而终结，而是会不断处于再阐释的过程之中。有学者认为，"民俗呈现为两种存在形态：一种是文化的，一种是生活的，也就是呈现为民俗文化和民俗生活。民俗文化是人的活动的结果，又被用于新的活动中去，是人群所积累的生活范围的文化，是包含着活动模式的文化现象;而民俗生活是人的活动过程,是主体与民俗模式相互投入、相互契合所构成的文化生活"[1]。也有学者认为,"民俗是民众生活规则的约定"[2]。除此之外,还有诸多学者从各自不同的视角,依据各自的理解,对民俗概念进行了界定和阐释。从已有对民俗概念的阐释来看,大体可分为两类。一类是从民俗的发生、特性、存在方式等方面进行的思考,属于就民俗本身展开的民俗本体论研究;另一类是从民俗与人的关系、民俗与生活的关系、民俗与文化的关系等角度进行的思考,将民俗放在与某一对象的关系中进行思考,可以称为民俗的外部关系研究。[3]

关于非物质文化遗产,有学者指出,非物质文化遗产是不可能单独作为一种意识形态而存在的,它总是要通过相应的物质载体表现出来,然而,我们更要关注的并非这一遗产的物质层面,而是隐含在物质层面之后的那一宝贵的精神内涵和历史传统。保护非物质文化遗产,其根本也并不是要保持其现有的或者曾经有的某种状态,因为一种事物的本真性既不可能脱离既定的时空而抽象地存在,也不可能脱离人们对事物的价值判断来认识,非物质文化遗产在多数情况下,既是昨天的实录、今天的现实,同时也是明天的预示。所以,保护不是要把它封闭在一个既往的历史时空点上,也并非一种书斋里的历史研究或者仅仅给博物馆提供某种展品,它是我们文化建设系统工程中的一个有机组成部分。[4] 正是基于这种对非物质文化遗产的基本认识观,在保护和抢救非物质文化遗产的过程中,要遵循整体性的原则,把民俗文化事象的过去与现在、

---

[1] 高丙中:《民俗文化与民俗生活》,中国社会科学出版社1994年版,第10页。
[2] 王晓丽:《从文化人类学的角度讨论民俗》,《中国社会科学院研究生院学报》2005年第4期。
[3] 许钢伟、杨树喆:《"民俗"——一个处于历史过程阐释中的概念》,《铜仁学院学报》2011年第1期。
[4] 刘魁立:《从人的本质看非物质文化遗产》,《江西社会科学》2005年第1期。

物质与精神、具体事象与环境背景等综合起来整体考虑，统筹规划和设计。

　　民俗文化的保护与传承工程，随着实践工作的推进和理论研究的深化而不断更新着立场和方向。人们对民俗文化保护传承的早期认识，主要强调对民俗物质存在物的静态留存，主要采用隔离、封闭、搁置等方式尽力排除外在环境对这些物质化的民俗遗留物的破坏，包括建立民俗博物馆、疏导村民搬离民俗古村落，等等。但随着认识的深入，人们越来越发现这种外壳式的静态隔离式保护措施，是一种被动的、消极的、不可再生的保护方式。这种保护只是在一定程度上延缓民俗遗留物的消失，并不能从根本上保护和传承优秀的民俗，更无法使优秀民俗在当代社会背景下发挥积极的精神教化和规约作用。不仅如此，很多对民俗文化、非物质文化遗产采取的保护措施，本身就是悖论。有学者系统列举和分析了三种悖论现象："第一种悖论现象，非遗保护工作的处境是悖论的。一方面要保护文化遗产，使其获得生命的延续，另一方面受保护文化遗产因为外界的强力介入而损伤了其原生性；第二种悖论现象，保护中主要关注的是对遗产的'稳态'，而忽视了文化遗产的'变异性'，因此导致文化空间保护中，原生性的强力维持不是在提升保护对象的质量而是因为保护而使对象本身陷入了困顿；第三种悖论现象，保护工作中存在大量的短视行为和绩效思想，让一项长期的工作在短期中完成，对非遗产业开发和商品营销的不当加入，导致一些非物质文化遗产更加边缘化、濒危化，甚至丧失了其固有的文化品质和本真性价值，致使保护成为破坏。"[①] 对此，有学者提出，在保护民俗的过程中，"发展生产、促进经济是重要的，但让物质生产与精神安适同步，即让民俗主体获得精神上的安顿更是第一重要的。克服民俗保护中的'术'性，以更高的智慧即老子大道无为自然的精神让民俗主体'甘其食，美其服，

---

① 马知遥：《非遗保护中的悖论和解决之道》，《山东社会科学》2010年第3期。

安其居，乐其俗'才是可持续的出路。或者说，在'后文明'的层面维护民俗的心脏，让它有自主心跳，变静态断片式保护为动态'民俗场'的整体性保护，才是民俗可持续存在的根本"①。所以，真正的传承和复兴民俗，不是简单地记忆枯燥的民俗文本资料，也不是孤立地掌握特定的民俗技艺，而是把民俗从文本的符号或静态的物品活化并融入当下人们日常生活，成为人们生活的自然的组成部分。只有这样，才是对民俗文化的真正保护和传承，才能使曾经存在于过去的传统民俗体现出在当下社会建设和人民生活提升中的有益价值。

可以说，以上这些关于民俗、非物质文化遗产、民俗保护等核心概念内涵的分析界定，可以有效帮助人们有意识地澄清自己的认识，从而树立明确的民俗观和民俗保护立场。

(二) 关于民俗文化保护与传承的路径研究

在充分认识到民俗文化的当代价值之后，如何有效保护和传承民俗文化成为当前民俗研究的核心话题。在这些研究中，从整体上探讨民俗文化保护与传承的文献最多，其次是对非物质文化遗产保护与传承的研究，其他诸如旅游开发、民俗体育、文化传承、民俗活动、传承人、权利主体、民俗博物馆等也是重要的研究主题。

从整体上探讨民俗文化保护与传承的研究，一般从提升认识和开展行动两个方面展开。有学者提出，"民俗文化的保护和传承，必须按照'保护为主、抢救第一、合理利用、传承发展'工作方针，从整体上着眼，寻找民俗文化保护与传承的合理方式，诸如整体性保护、活态性保护、生产性保护，等等，激活其内在活力和生命力，积极有效融入当代元素，使民俗文化在活态传承中得到保护，保护实践一定要遵循民俗文

---

① 高原:《民俗保护的"术"与"道"——"后文明"视野下的民俗保护》,《西北民族大学学报》(哲学社会科学版) 2013 年第 6 期。

化发展的内在规律，同时，要在保护的基础上，对其进行合理利用"①。也有学者认为，保护传承民俗文化，应该科学辨析民俗事象，树立正确的民俗文化观；遵循民俗文化的演化规律，在保护中传承发展；在实施乡村振兴战略中，复兴民俗文化；盘活民俗资源，发展有特色的民俗旅游。②

更多学者针对某一类保护和传承路径开展专门研究，诸如文化环境保护、民俗村和民俗博物馆的建设、民俗保护法律制度建设等。如有学者认为保护民俗文化环境是保护民俗的关键所在，应科学、合理地制定民俗文化环境保护规划；加强民俗文化宣传，进行环境保护教育；充分利用经济杠杆、健全法律、制定政策、发展科学技术等手段，保护民俗文化环境。③ 有学者认为，民俗文化的主要内容是一种活态文化，而"活态文化"是一种现实存在的文化，也是一种精神文化遗产，它最主要的传承方式是口传心授。具有原生态和真实性的民俗旅游村，是乡村民众生产生活民俗、社群组织关系民俗、节日民俗、民间科学技术、民间口头文学、民间艺术、民间游戏娱乐等民俗文化的保留、传承和发展的最佳载体。④ 有学者立足当前信息时代特点，探讨互联网视域下充分发挥新媒体传播速度快、范围广、层级扁平化、互动性高等特点，对我国传统手工艺文化进行有效传承和创新的思路和方法。⑤ 也有学者提出，博物馆是文化遗产保护的重要场所，保护民俗文化遗产是博物馆的重要使命，是博物馆服务社会、服务民众的重要组成部分。同时，博物馆应充分利用在保护物质文化遗产方面积累的丰富经验、科学标准和技

---

① 刘爱华：《城镇化语境下的"乡愁"安放与民俗文化保护》，《民俗研究》2016年第6期。
② 李荣启：《民俗类非遗在当代的保护与传承》，《艺术百家》2018年第6期。
③ 钟声宏：《民俗文化环境保护与民俗旅游的可持续发展》，《广西民族研究》2000年第1期。
④ 薛群慧：《民俗旅游村：活态文化保护与开发的一种载体》，《思想战线》2007年第3期。
⑤ 刘畅：《新媒体对非物质文化遗产传承的影响》，《社会科学家》2018年第5期。

术手段，积极承担起非物质文化遗产的保护责任。①

在民俗文化的具体传承策略方面，一些学者从传统村落开发、政府支持、新媒体运用等不同视角开展了细致深入的探讨。有学者提出，在乡村振兴视野下传承民俗文化，应继承发扬传统村落民俗文化传承的成功做法，形成口传心授、行为模仿、师徒相传、家庭、家族相传等新常态，在传承策略上，要从娃娃抓起，从学校教育入手；从那些掌握民俗技艺、知晓民俗文化、有故土情感、有担当的民俗人方面发力；从品牌发育、再造空间展示等方面突破；形成政府发动、基层推动、村民和居民行动、媒体鼓动、学者带动、城镇助动等内力驱动和外力拉动的有机结合传承局面。② 也有学者认为，在民俗文化传承方面，政府应明确定位，积极支持，这种支持应最终体现和落实到一套设计合理、行之有效的制度系统的构建，具体包括认定、补助、保护、教育和规划等相关制度，而在制定和落实相关制度时，又要注意协调各方关系，保护传承客体和传承场，同时避免对传承内容和传承方式做过多直接的干涉。③ 还有学者从现代传播媒介的利用入手，呼吁国家有关部门在覆盖面广泛的媒体上建立公共频道或民俗频道，以生动活泼、雅俗共赏的节目内容和形式，在全社会普及民俗知识，发掘民俗瑰宝，弘扬优秀的民俗文化传统。还可运用互联网等互动手段，发起民俗问题探讨，组织民俗活动，唤起全社会的民俗意识和对民俗传承与保护问题的重视，让更多的人了解民俗、热爱民俗、投入民俗传承与保护的事业中来。④ 这些学者们对民俗文化传承策略的论述，开阔和丰富了人们进一步有效推进民俗文化传承的思路。

---

① 单霁翔：《民俗博物馆建设与非物质遗产保护》，《民俗研究》2014年第2期。
② 桂胜、腾跃：《乡村振兴视野下传统村落民俗文化的传承模式》，《华南师范大学学报》（社会科学版）2019年第1期。
③ 帅伟、钱卿：《中国民俗艺术的传承及政府支持》，《民族艺术研究》2013年第4期。
④ 桂胜、卢安宁：《现代传媒对民俗传承的影响》，《湖北社会科学》2008年第7期。

（三）关于学校教育传承民俗文化的研究

在民俗文化的传承路径方面，一些学者认识到学校可以发挥的重要作用。2006年，上海社会科学院文学研究所的民俗文化研究中心与上海交通大学的改革与发展研究室一起举办了"非物质文化遗产保护与学校民俗文化教育"的学术研讨会，据报道，会议上讨论最热烈的议题就是关于非物质文化遗产保护与当前学校民俗文化教育的。不论是民俗文化研究的专门学者还是广大学校的一线实践工作者，大家都越来越清晰地意识到，在学校开展民俗教育是传承民俗文化的重要途径，同时，这也是一项既迫切又任重而道远的工程，是当前需要做的一项重要工作。有学者从非物质文化遗产保护的角度指出，非物质文化遗产大多属于民俗文化范畴，要保护好非物质文化遗产，关键在于有一批热爱和懂得文化遗产的人，因此培养具有文化遗产保护意识的新一代具有重要的意义。[①] 另外，学校教育和民俗文化传承之间不是单向的关系，因为一方面，学校教育在传承民俗文化中可以发挥重要作用；另一方面，很多优秀民俗文化本身就具有丰富的教育价值，可以作为学校教育的重要资源。所以，在很大程度上，学校教育与民俗文化传承之间是一种相互辅助的关系。

在学校教育与民俗文化传承的互动关系中，有学者从教育民俗中进一步挖掘二者的紧密结合点。从民俗文化的教育价值视角，有学者认为，民俗文化中有一大部分是广大民众在日常生活中教育子女所形成的教育文化，这种民俗可以称为"教育民俗"。这些教育民俗在历史和现实的教育活动中具有重要的、不可替代的功能，是植根于人们内心，并规范日常教育活动的无处不在的"教育自然法"。[②] 学校可以充分利用

[①] 柯玲：《遗产保护 根在教育——学校教育中民俗课程的设置与构想》，《民间文化论坛》2007年第2期。

[②] 石中英：《教育民俗：概念、特征与功能》，《教育理论与实践》1999年第5期。

优秀的教育民俗，使其在当代学校教育中发挥积极育人作用的同时自身获得传承和发展，这是当前学校教育应该重点关注和研究的课题。有学者专门探讨民俗文化与学校德育的关系，认为民俗文化内容中隐含着丰富的传统美德、民俗精神，约定俗成的言行习惯、族规家训、人生礼仪，民间生产生活中形成的人与人以及人与自然和谐相处的思想意识，民俗节日和游戏中蕴含的历史观念和民族精神等，都是宝贵的学校德育资源。

对于学校落实民俗文化教育的具体策略措施，有学者认为，民俗文化范围的广阔性和内容的丰富多样性，使之可以为学校教育提供来源于现实生活的丰富生动的课程资源，而且很多民俗文化内容具有与素质教育目标的一致性、与校本课程相连的多样性、与基础课程相通的知识性和与特定地域文化结合的紧密性。在学校教育实践中，确实有很多学校把民俗文化内容作为学校课程设置的关注热点，并开设专门的民俗课程，或者开展专门的民俗活动。而在学校中设置民俗文化教育课程，一方面要考虑，这类课程与学校其他课程类型与内容之间要形成一个有机的整体；另一方面要考虑，学校内部的不同形式和内容的民俗文化课程也应该构成一个相对完整的体系，而且在设置过程中，要系统把握课程目标、内容、实施、评价等每一个要素和环节。但从当前的学校民俗课程实践来看，"大部分关于学校民俗课程开设的研究还停留在理论研究和论证的阶段，部分已经开设民俗课程的学校，因为缺乏对民俗的全面分析和对民俗课程的系统研究，在开设过程中，不同程度地出现了为民俗而民俗，为特色而特色的形式化、表面化倾向，严重影响了民俗课程综合功能和价值的有效发挥"[①]。

从已有民俗文化课程的研究和当前学校教育实践来看，把民俗文化

---

① 孙宽宁、王爱菊：《学校民俗教育课程的理性反思与实践优化》，《当代教育科学》2015年第3期。

纳入学校课程的实际做法，主要包括把民俗文化融入学校学科课程和综合实践活动两大类。在融入学科课程方面主要有三类研究：一是将民俗文化作为某门学科的课程资源进行开发利用的研究；二是将民俗文化渗透到学科课程中，发挥民俗文化的教育功能的研究；三是从现有学科课程内容中挖掘和提炼相关的民俗文化，并探讨开展方式。在将民俗文化融入综合实践活动方面主要关注两种类型，一是将民俗文化融入学科课程，但以综合实践活动的方式开展；二是直接开设民俗文化综合实践活动课。这些有关学校民俗文化课程设置的研究和实践在很大程度上丰富了学校课程体系，也发挥了积极的民俗文化传承作用。

综观目前通过学校教育传承民俗文化的相关研究，取得了一定的成果，但也存在不足之处。首先，已有研究者对民俗文化内容开发的研究主要集中于将本地区的特色民俗文化或某种民俗文化融入课程，强调对这种特色民俗文化的传承。民俗文化的范围是非常广泛的，仅仅关注特色民俗会使得许多优秀的、贴近学生生活并对学生有教育意义的民俗文化无法传承。其次，已有研究大都讨论将民俗文化作为地方课程、校本课程开发或通过某门学科课程传承，这使得学生只能在一类课程或一门课程里学习民俗文化，而且将民俗文化融入学科课程基本都是通过课堂教学，学生学到的只是民俗文化知识，并非民俗文化的精神内涵。而真正意义上的民俗文化传承，不仅要学习民俗文化知识，更重要的是汲取民俗文化的文化意蕴，通过实践去感受民俗文化，并养成日常生活中的民俗行为。此外，当前的民俗文化课程比较孤立，缺少一体化的课程设计理念，缺少不同层次和内容的民俗课程类型之间的关联与呼应。

综观已有的关于城镇化与传统民俗文化变迁、传统民俗文化保护与传承等的研究，存在三方面主要特点。一是从城镇化视角对乡村文化演变的研究较多，但主要从理论上分析城镇化进程对传统文化的整体影响，相对宏观和笼统；二是从民俗学视角对传统民俗进行的研究，侧重于进行不同民族地区的个案研究，致力于提高材料的精确性、客观性，追求民俗学的科学化；三是从教育视角对传统民俗进行的研究，开辟了教育研究的一个新领域，目前侧重于对乡村民俗教育价值的开发研究。

整体来看，这些研究从不同的方面对城镇化给传统民俗文化带来的冲击以及传统民俗在这一过程中的变迁进行了比较广泛而深入的研究，在很大程度上呈现了传统民俗不断式微的客观状况，也有一部分学者开始关注传统民俗的保护问题。但目前来看，关于传统民俗的保护侧重于对民俗文物的静态性保护和对民俗产品的生产性保护，尚缺乏从生活实践的维度对民俗进行传承性保护的研究，从少量通过教育途径进行有效民俗传承的研究成果来看，还有待进一步对学校教育传承民俗文化的立场取向和具体路径方法等开展更深入系统的研究。

第二章 我国传统民俗文化的式微

"无论是把民俗看作国民文化建设的资源或依据，抑或是把它看作国家进步的包袱或阻碍，民俗都会在国家的文化体制与社会公共政策中反复不断地被重新定义和不断地被'再生产'出来。"[①] 自中华人民共和国成立以来，我国的社会发展几经周折变迁，乡村民众生活也受到相应的影响而产生了很大的变化，在这一过程中，在民众日常生活中存在和延续的传统民俗文化深受影响。其中，"文化大革命"中的"破四旧"运动以制度和行为暴力的形式强制民众对特定传统民俗完全放弃；改革开放后的现代化建设进程，则通过教育与文化的渗透潜移默化地冲击了民众的传统民俗观念和实践行为。这在很大程度上造成了大量民俗传统的消失，或者正在被消解。

一 "破四旧"运动对民俗文化的冲击

民俗的传承需要观念民俗的熏陶和物化民俗的延续。但作为社会发展特殊时期的"文化大革命"背景下开展的"破四旧"运动，对社会中所谓旧思想、旧文化、旧风俗、旧习惯的一系列物化形态的破坏行动，无论在民众观念方面还是物化民俗方面，都对传统民俗造成了巨大冲击，有些甚至是毁灭性打击。

---

① 周星：《国家与民俗》，中国社会科学出版社2011年版，"导言"第3页。

首先，对乡村传统物化民俗造成了严重破坏。1966年开始的"破四旧"运动，把全国范围内所谓反映旧思想、旧文化、旧风俗、旧习惯的一系列物化形态进行了毁灭性的破坏，包括各种大小寺庙、古迹，内部的神佛塑像、文物，有民俗特色的藏书字画，有地方特点的文化产品、用具、制作工具，等等。这些内容，是传统民俗内容的重要载体和有机组成部分，是民俗文化的可视化形态。从心理学的角度讲，这些民俗内容虽然是物质形态的，但大都与人的精神观念层面的需求有关，不像基本的生理和安全需要那样迫切和不可或缺。这些内容在短时期内被外力快速移除时，除了个体化的心理与习惯不适，人们往往难以意识到这些行为给民众群体或者社会整体的长远发展所造成的深刻影响。甚至，被裹挟着置身于社会性的运动大潮中，不同的个体，不论是冲锋在前，还是退缩在后，也都无暇认真审视自己内心的文化诉求。而在改革开放之后，全国以大力发展经济为基本导向，也在很大程度上降低了人们对民俗文化的关注。由此，在改革开放初期，虽然少有反对传统民俗的官方声音，但其基本处于销声匿迹的状态。这种情况使得我国的传统民俗在改革开放前后二三十年的时间基本处于中断期或者隐匿期。在这一段时期内，新生民众缺少民俗实体的刺激和民俗文化氛围的熏陶，而旧有民俗知情者逐渐减少，在这两方面作用下，传统民俗在现代社会中延续着逐渐消解的趋势。

其次，"破四旧"运动给民众灌输了"封建"定位的民俗观念。"'破四旧'的政治运动在神州大地如火如荼地展开，底层群体的任何文化都无法躲过精英群体的法眼，他们的思想被命名为旧思想，他们的文化被命名为旧文化，他们的风俗被命名为旧风俗，他们的习惯被命名为旧习惯，统统都在扫荡革除之列。按照这种政治限制，他们失去了祭祀祖先的权利，他们失去了扭秧歌、跳傩舞等驱鬼祈福的权利，他们失去了按照祖制举行婚礼、葬礼的权利，他们失去了敬拜土地庙和寺庙的权利。总之，他们所有的精神寄托、文化滋养都全部失去了，因为那一切被命名为封建迷信，不符合新时代的科学要求。"① "破四旧"运动，不仅破坏了物化形态的民俗内容，更从观念上对民众，尤其是文化水平较低的农村民众产生了深刻的影响。"文化大革命"期间把诸多民俗事象定位为"封建糟粕"，宣扬其消极负面的性质。久而久之，人们就逐渐接受了关于民俗的消极观念，当然也不愿提及和宣扬。这种现象，在广大乡村的老年人身上表现尤为突出，即使他们个人依然实践着民俗的做法，当有他人（包括自己家庭内的年轻人）问及时，也会极力回避，或者极其谦和地解释这只是自己的习惯，年轻人不必遵循。

可以说，"破四旧"从物质和精神两个方面对传统民俗文化造成了巨大冲击。一些原先在乡村发挥重要心理抚慰功能的仪式、庆典、节日的场所被破坏甚至完全拆除，很多世代流传的文化生活方式被严重破坏，而且广大民众对传统民俗文化的观念认识也发生了很大的变化，在那一阶段形成的社会意识形态对国人精神面貌和民族信仰的摧残和影响可能延续很长时间。

二 改革开放后新生代知识分子精英思想导向的影响

改革开放后，教育重新步入正轨。在经历了噩梦般的曲折动荡之后，寻求新的精神文化立场成为当务之急。这一时期的新生代知识分子，"恰是刚刚从牛棚解脱的知识分子，和刚刚从乡村回城的知识青年。他们在'文革'期间所受的惊险和屈辱，使得他们对中国社会和权力机构抱有较多的憎恶，他们对中国历史进行着最为黑暗的解读，对于自己的时代极尽妖魔化，至于中国社会以及底层民众，在他们笔下更是愚

---

① 摩罗：《中国的疼痛——国民性批判与文化政治学困境》，复旦大学出版社2011年版，第254页。

昧、封建、迷信、卑贱等等"①。他们反观曾经的中国社会的"愚昧、封建、落后",与西方的"文明、先进"形成鲜明的对比,于是,选择破旧立新的路线,在很大程度上站到了中国传统文化的对立面,尤其是对传统民俗内容,坚持着鲜明的否定态度。于是,出现了这样的现象:"我从书本上学的东西越多,越认为自己很有学问,就越加坚决地否定父老乡亲们的信仰和习俗。我像所有政治精英、文化精英一样,骂他们愚昧无知,骂他们封建迷信。"② 这种现象,出现在改革开放后不止一代受过教育的"文化人"身上。在此文化立场和倾向的广泛影响下,在改革开放后接受教育、成长起来的年轻人,绝大多数对传统民俗文化不了解、不关注、不认同,在日常与传统民俗文化相关的家庭生活和社会生活中,他们更多成为局外人,或者价值中立的观望者。他们面对自己父母辈、祖父母辈的一些生活风俗习惯,往往既不跟从,也不制止。似乎,这些不同辈的社会成员,成为相安无事、并列而行的两类人。时至今日,这些人正成为社会发展的中坚力量。这些人中,有一部分已经改变自己原有的文化立场,转而重视中国传统文化,尤其是民俗文化在国家发展和民族凝聚,以及国民教化等方面的重要价值和意义;但也有相当一部分人,延续着批判中国传统文化的立场,否定、无视、轻视中国传统民俗事象,以开发和发展经济的名义破坏民俗文化及其物质载体和场所;还有比较流行的"文化搭台,经济唱戏"的做法,把对传统文化的发扬庸俗化、形式化,误导了民众的认识。可以说,改革开放初期寻求新的精神文化立场所带来的二元视角下的对传统民俗文化的排斥和否定,在很大程度上造成了乡村民俗的式微。

---

① 摩罗:《中国的疼痛——国民性批判与文化政治学困境》,复旦大学出版社2011年版,第283页。
② 摩罗:《中国的疼痛——国民性批判与文化政治学困境》,复旦大学出版社2011年版,第287页。

三 20世纪90年代后乡村学校教育与乡村民俗生活的脱离

20世纪90年代，在国家计划生育政策作用下，农村学龄儿童逐渐减少，在80年代建立的大部分"村学"面临着生源不足的问题。而且，受当时农业生产停滞、农村发展变缓、农民收入降低等"三农"问题影响，"地方负责、分级管理"体制下的农村基础教育经费严重不足。自1992年起，全国出现了大面积拖欠农村中小学教师工资的现象。为解决生源及经费的问题，国家采用了两方面的措施：一是调整学校布局，从而整合教育资源，提高教育规模效益；二是精简教师队伍，减少教师工资开支。

从1992年起，国家开始压缩教师队伍，转正或清退民办教师，同时国家教委颁发《义务教育法实施细则》，提出建立寄宿制小学，并可"适当集中"，初中学校设置则可以"相对集中"。据统计，"1990年，我国有小学766072所、初中71953所，2001年分别减少到491273所和65525所。11年里，小学减少了274799所，平均每年减少24981.7所；初中减少了6458所，平均每年减少584.4所"[①]。在政策推动下，乡村学校从数量和规模上都不断萎缩，原有的绝大部分乡村教师也离开学校，回归乡村农业或非农业生产。

随着学校数量和教师数量的减少，国家对农村中小学教师在学历方面的资格要求越来越高。在20世纪80年代，农村"学问"高的人就可以当老师；到90年代，能留在学校当老师的，则一般要具备高中水平和中专学历。这种学历要求把一大批有经验、有学识，但没学历的教师排除出了教师队伍，乡村中小学教师队伍开始向着高学历、专业化和年轻化的方向迈进。这一趋势在优化和提升教师队伍素质的同时，也逐渐使乡村教师与乡村生活世界脱离。他们在越来越远离乡村的学校里接受

---

① 中国国家统计局编：《中国统计年鉴（2002）》，中国统计出版社2002年版，第9页。

了十余年的专门教育，掌握了专业化的知识和技能，但这些知识和技能与乡村的生产和生活无关，他们虽然大部分出生于农村，但对乡村生产生活中的民俗文化传统已经知之甚少。可以说，这一时期的乡村学校教师与80年代的乡村学校教师有了巨大差异。80年代的乡村教师与乡村生活充分融合，他们既代表乡村民众对年青一代实施乡村社会教化之责，又把从国家教育系统习得和领会的文化知识与价值观念传授给乡民。但在90年代教师队伍精简后，所保留的主要是受过较高专门学校教育的教师，他们在乡村生活的时间有限，所掌握的知识和技能与乡村的实际生产生活关系不大，他们大部分时间居住在学校或者学校所在的乡镇驻地。这些教师一方面受应试教育影响；另一方面受乡村文化素养缺失的限制，在教育教学中往往主要关注国家法定教学内容的传授，而不愿意也没有足够能力结合乡村实际对学生进行乡村精神教化，更缺乏对原有乡村民俗的实践和传承。

与乡村教师类似，这一时期的所谓乡村学校，已经在逐步分批分次地脱离村庄。很多过去的村小被撤并，乡村学校不断向人口相对集中的乡驻地、镇驻地和县城集中，少数仍然保留在农村的学校，也往往因为优秀教师不愿去而教学质量低下。没有质量保证的教学又进一步导致很多家长舍近求远地把孩子送到乡镇甚至县城的学校去住校借读。这种乡村孩子相对于乡村学校的"出走"进一步加剧了乡村学校的凋敝。乡村学校除了在地理位置上逐渐远离村庄，远离原生态的乡村世界，开始向以乡、镇为中心的小城镇集中，在教育内容上也开始出现脱离甚至排斥乡村社会的倾向。这一时期，乡村教育体系的城市化取向开始显现，"乡村本土文化中原本潜藏着的丰富教育资源，乡村历史发展过程中积累下来的民间智慧与经验、知识和美德，都为城市取向的教育体系以愚昧、落后、封建、浅薄等理由所拒绝"[①]。而且学校中城市中心的教育

---

① 刘铁芳：《乡村教育的问题与出路》，《读书》2001年第12期。

教育视野中的传统民俗文化传承

价值取向和精英教育体系所倚重的"向上看,往上流"的民众意识,使之不仅自身严重脱离乡村文化,而且所培养出的少数乡村精英人才,也在无意之中被塑造了对乡村的离弃心理。虽然是在乡村接受教育,但这些教育却让学生对自己的本土文化和价值产生自卑,他们站在自己的土地上,却企望着另一个世界。可以说,这一时期,乡村学校和乡村教师不仅在空间上与乡村社会不断远离,也从根本上开始从乡村社会生活中悄然退场。梁鸿女士在其著作《中国在梁庄》中曾经指出,"让一所学校消失很容易,也很正常,因为有许多实际的理由,人口减少、费用增多、家长嫌差等。但是,如果从一个民族的精神凝聚力和文化传承的角度来看,它又不仅是一所小学去留的问题。对于梁庄而言,随着小学的破败,一种颓废、失落与涣散也慢慢弥漫在人们心中。在许多时候,它是无形的,但最终却以有形的东西向我们展示它强大的破坏力"[①]。"关闭学校是对整合该地成为社会单位的一种破坏,并会使当地居民产生强烈的心理感受:认为是该地区生命周期的一个阶段或一段时期的结束。"[②]

在20世纪90年代的广大乡村,儿童因为接受学校教育而远离乡村,大批青壮年人因为打工而远离乡村。不断远离就意味着遗弃。村庄开始被最具生命力和活力的少年、青年甚至中年人遗弃,成为空心村,成为破败的废墟;而出走的乡村人也被乡村遗弃,成为没有故乡的人,没有根,没有回忆,没有精神的指引和归宿。而在这双向遗弃的过程中,儿童失去了最初的乡村生活熏陶和传统文化启蒙,失去了被言传身教的机会和体会家庭温暖的机会。那些原本淳朴、宝贵的乡民品质正在因为失去最基本的存在地而一点点消失。可以说,无论是从乡村学校的

---

① 梁鸿:《中国在梁庄》,中信出版社2014年版,第58—59页。
② 转引自石人炳《国外学校布局调整的研究及其启示》,《比较教育研究》2004年第12期。

教育内容与方式，还是乡村学校的教师和学生身上，都已经很难发现乡村民俗文化的影子。

四 人口大规模流动造成的民俗传承的代际断裂

自中国改革开放以来，城乡之间、城市与城市之间人口的流动规模呈现越来越大的趋势，尤其是乡村人口在城市和乡村之间的双向流动，使得城市与乡村都打破了原有的人口结构相对稳定、文化观念比较统一的状态，呈现出复杂多变的趋势。这也在很大程度上打破了民俗文化赖以存在的诸如地域性、长期性、稳定性等特点，使原有民俗不断弱化，新的民俗难以形成。从20世纪90年代开始，大批农民开始离开农村外出打工。伴随着农民进城务工潮的日益扩大，在很多乡村出现了劳动力流失、大量土地被撂荒的情况，部分乡村的人员年龄构成呈现出明显的两极化倾向，留守老人和留守儿童成为乡村社会的主体。

农村劳动力异地就业带来的人口流动严重冲击了乡村文化的有序传承，造成了明显的代际断裂。20世纪90年代中期，劳动部发布《农村劳动力跨地区就业管理暂行规定》，推动了农村劳动力"离土又离乡"的异地就业新模式。这一时期，外出务工的流动民工的数量急剧增加，而且，务工农民的分布格局开始从去乡镇企业务工为主向进城务工转移。这种乡村劳动力异地就业带来的大规模人口流动，在很大程度上改变了我国许多乡村的人口结构。而这种人口结构的改变，又直接影响着乡村民俗文化的有效传承。

首先，从乡村的整体人员结构上看，这一时期，离土离乡的劳动力群体主要是乡村的青壮年劳动力。这些外出务工的农村人，常年在外，一方面，受时间和经济条件的限制，那些在慢节奏的乡村生活中衍生和传递的习俗难以在他们的务工生活中延续；另一方面，长期在城市环境中奔波与忙碌,城市中现代化的生活方式潜移默化地影响着他们,使他们在观念和生活方式上更加与乡村产生疏离。"年轻一代的乡村青年对乡村的感情非常淡薄,他们在家乡待的时间很短,往往初中毕业或没毕业就出去打工,对未来的渴望更加强烈。……乡村,对于他们来说,也是一个遥远的、没有情感的事物,也没有归属感。"① 而缺少了青壮年劳动力的乡村,很多地方已经成了名副其实的老幼妇孺村。这种人口年龄结构的严重失衡,也在很大程度上制约了乡村文化活动的开展。过去在农闲时节开展的传统乡村游艺活动,如北方的扭秧歌、踩高跷,南方的赛龙舟,以及各地的庙会、灯会等,主要是在长者指导下的青壮年为主力的活动,随着青壮年的外出务工已经很难由村民自行组织。平时生活中尊贤敬老的礼仪活动,也难以在中间断层的老人与儿童之间进行。作为乡村重要文化形式的婚丧嫁娶活动,也在强烈的市场经济意识和劳动力缺失的现实推动下越来越成为利益取向的商业活动。受经济条件影响,在20世纪80年代农村喜闻乐见的乡村艺术活动,诸如农村电影队放映的电影、各地特色戏曲表演等,在20世纪90年代开始受到冷落,广大农村新生代普遍被以电视为核心的现代传播媒介所带来的多元文化吸引,传统乡村文化存在的根基被严重削弱。

其次,从每个乡村家庭的内部人员构成上看,家庭人员结构很少健全。在20世纪90年代,随着计划生育政策的推行和人们生育观念的逐渐变化,乡村家庭的人口数量开始不断减少,家庭规模日益缩小。同时,因为大部分青年甚至中年农民常年外出务工,很多本来人口数目就不多的农村家庭实际在家人数更加稀少。在这一时期的乡村,核心家庭成为乡村的主要家庭类型,而在这些核心家庭中,又有相当一部分家庭由于成员的外出务工而从常规核心家庭演变为非常规核心家庭。还有一部分非常规核心家庭,由于青壮年夫妇双双外出务工,出于照管幼子的

---

① 梁鸿:《中国在梁庄》,中信出版社2014年版,第32—33页。

需要，重新进行家庭成员的组合，很多在80年代通过分家而被分离出去的老年人重新被纳入已婚子女家庭，承担照顾抚养孙辈和从事农业生产劳动的责任。这些家庭，有学者称之为"隔代直系家庭"①。在这些非常规核心家庭和隔代直系家庭中，特殊的人员结构也造成了人们心理的相应变化。一方面，部分人员的缺位造成家庭教化主体范围的缩小。在传统的乡村主干家庭和联合家庭中，教化未成年人的主体有祖父母、父母，甚至叔父婶母，但在非常规核心家庭和隔代直系家庭中，未成年子女往往只有父母一方，或完全由祖父母教养。教化主体的缩小在很大程度上对应着教化能力的减弱，很多留守的家长或祖父母出于个人文化素养的缺失和对未成年人照顾不周的内疚心理，在对待未成年人的教育方面有失严格，很多家庭在对未成年人的教养方式上表现出迁就、溺爱甚至放纵。在这种家庭氛围中，很多乡村未成年人也自然地表现出了传统伦理道德规范意识的缺乏和孝亲礼悌行为的减弱。在过去的乡村文化中，"勤俭节约、艰苦奋斗，意志坚定、毅力顽强作为乡村人一项极为重要的传统美德，如今却在日益丧失，不少子女不仅意志薄弱，毅力不足，心理承受能力极差，稍受挫折便自暴自弃，缺乏艰苦奋斗精神，而且开始追求享乐生活，并出现盲目攀比高消费的现象"②。这种家庭教化环境和教化主体的主客观交互影响，使传统乡村家庭文化难以正常维系，乡村民俗文化在家庭层面被消解。

在考察我国现有民俗状况的过程中，研究者发现一个比较普遍的现象，即对传统民俗最熟悉、最认同，并且在切身践行着的人，主要是老人。可以说，这些人是我国民俗文化传承的重要推动者。但是，这个群体的规模正在不断缩小，其发挥的传承功能和作用也在不断减

---

① 容中奎：《传统与现代的交锋——百年中国乡村教育变迁的实践表达》，浙江大学出版社2010年版，第51页。

② 容中奎：《传统与现代的交锋——百年中国乡村教育变迁的实践表达》，浙江大学出版社2010年版，第57—58页。

弱。这首先是因为个体生老病死的自然规律，一些熟悉当地民俗的老人已经衰老甚至离世；其次因为现代生产生活方式已经在很大程度上脱离了过去比较落后的方式，而年老者对现代生产生活方式的掌握远远比不上年轻人，所以不论是在乡村中，还是在家庭中，他们的权威和核心地位都已经不复存在，其相应的影响也急剧缩小，家中的生产生活，包括老人自己的活动往往都听命于儿女孙辈安排。而现在，从城市到乡村，推行干部年轻化，尤其在乡村，很多都是二三十岁的年轻人，或者刚毕业的大学生来担任村干部，他们大都对传统民俗既不了解，也不感兴趣，自然也就难以在工作中有意识地去传承或者发扬这些民俗文化。

可以说，人口的大规模流动，一方面造成了乡村文化对外流人口的熏陶教化作用缺失；另一方面也造成乡村原有生产生活方式的巨大改变，传统乡村民俗文化活动不断被弱化，乡村文化的代际传承出现很大程度的断裂。

五　现代多元文化对传统民俗文化的冲击

传统民俗文化的孕育与发展是以特定地域内的特定生产和生活为背景和条件的。费孝通先生说："从基层上看去，中国社会是乡土性的。"[①] 中国乡土社区的单位以村落为主体，乡土社区的生活具有突出的封闭性特点。之所以形成这种特点，主要原因是广大乡村民众以在土地上耕种作为最基本也是最普遍的谋生办法。我国农业社会的历史几乎与社会发展的整个历史同样悠久。人们习惯于以虔诚、勤劳的方式在土地上耕作，从土地中获取赖以生存的几乎所有资源。而土地的开垦和种植使用具有长期性。很多土地，从久远的荒芜状态开垦出来，逐渐变成比较肥沃的耕地，需要许多年的养护。人们一旦开垦成功，往往就会多

---

① 费孝通：《乡土中国》，江苏文艺出版社2011年版，第5页。

年使用，甚至祖祖辈辈在这片土地上耕作、生活。所以，"以农为生的人，世代定居是常态，迁移是变态。大旱大水、连年兵乱，可以使一部分农民抛井离乡；即使像抗战这样大事件所引起的基层人口的流动，我相信也是微乎其微的"①。因为生产地域的相对稳定，农民的生活范围和聚居人员也就相对稳定，一代一代人在一起生长、生活，人与人在漫长的时间历程里从多方面经常地接触、交往，彼此之间不仅了解现状，而且知晓过往；不仅了解每个人的容貌，也熟悉每个人的秉性。在这样的熟人社会环境中，人与人之间的关系、相处的方式，已经不需要像陌生人那样试探和小心。一个熟人社会，就是一个礼俗社会。在长期的交往中，人与人之间已经形成了相对成熟和稳定的交往方式和规则。这种规则不是法律，而是大家在漫长的探索尝试中形成的生产生活智慧。这些规则，包括行之有效的共同遵循的生产方式、保持良好人际关系的交往方式、维持熟人社会稳定的集体活动规范、表达情感的共有仪式、共同参与的休闲娱乐活动方式，等等。正是这些在中国广大乡村熟人社会中世代相传形成的稳定的规则，构成了乡土中国社会运行的基本机制。这些乡土社会中长期而稳定存在的生产、生活规则，不仅作为一些外显的活动方式、行动仪式、物化产品等形式存在，也以人们不易察觉的生活观念、思维方式、情感态度等融入乡村民众的性格特征。这些规则，对乡村社会的每一个体而言都熟悉到可以不假思索地遵循的程度。而这种熟悉，一方面使生活在其中的人们可以从大家一致的行为和认识上获得心理的安全与归属；另一方面也使每一个人的一言一行都时刻受到其他人的监督，从而约束自己的言行要符合规矩。这些乡村社会世代相传的稳定的观念、行为，成为我们普遍关注的乡村民俗的主体。

从以上的分析不难看出，乡村民俗的形成和存在需要相对稳定的社会群体、共同的生产生活方式、较长的时间历程。在我国漫长的农业生

---

① 费孝通：《乡土中国》，江苏文艺出版社 2011 年版，第 7 页。

产背景下，不同地域的乡村社会形成了各自丰富多样的民俗事项。但到了近代，受战争、社会经济形态转型、科学技术发展等的影响，传统稳定的乡村社会格局逐渐被打破。尤其近几十年来，国家城镇化政策和农村现代化建设，使乡村社会在信息的沟通、人员的流动、生产生活的方式等方面都改变了传统的封闭稳定状态，多种不同于曾经熟悉的传统民俗的文化通过多种途径进入乡村，在开阔了民众视野的同时，也对固定区域内的传统民俗文化造成了冲击。地方传统民俗不再作为广大民众不证自明的生产生活方式被人们所接受和采用，文化的多元选择性使传统民俗丧失了一家独大的优势地位。

首先，为了切实改变乡村封闭落后、信息闭塞等问题，国家从21世纪开始，逐步实施农村"村村通"工程。村村通工程是一项包括电力、公路、广播电视、饮用水、电话和互联网等在内的系统工程。通过村村通工程建设，逐步实现乡村生产、生活的开放性和现代性，使乡村社会物质发展与精神发展齐头并进。在全国统筹城乡发展的政策推动下，村村通工程得以深入落实。在农村电网改造方面，按照城乡同网同价的原则，到2001年年底，第一批农村电网建设改造工程已经覆盖了全国所有的2400多个县。在农村公路建设方面，仅2006年和2007年，全国建成的农村公路超过新中国成立以来农村建设公路的总和。"要致富，先通路"的思想意识也随着这一工程的推进而深入人心。广播电视村村通工程自1998年开始启动，到2005年，我国广播电视人口综合覆盖率已经从1997年的86.02%和87.68%提高到94.48%和95.81%。在农村通信方面，自2004年开始试点，到目前为止，已经基本实现所有行政村都开通电话。电视和电话村村通工程的推进，也直接带动了互联网在广大乡村的迅速发展。这一系列工程的建设完成，为原先封闭的乡村社会向外界开放互通创造了条件。

其次，针对农村的落后状况，国家积极开展了多种形式的扶贫计划和推动新农村建设的系列工程。2005年党的十六届五中全会通过的《中共中央关于制定国民经济和社会发展第十一个五年规划的建议》，提出了要按照"生产发展、生活宽裕、乡风文明、村容整洁、管理民主"的要求，深入扎实地开展社会主义新农村建设。同年，中共中央办公厅、国务院办公厅发布的《关于进一步加强农村文化建设的意见》，也强调了加强农村文化建设的重要意义："加强农村文化建设，是全面建设小康社会的内在要求，是树立和落实科学发展观、构建和谐社会的重要内容，是建设社会主义新农村、满足广大人民群众多层次多方面精神文化需求的有效途径，对于提高党的执政能力和巩固党的执政基础，促进农村经济发展和社会进步，实现农村物质文明、政治文明和精神文明协调发展，具有重大意义。"[1]在国家明确的政策支持与新型城镇化建设的实际推动下，我国关于农村文化建设的相关理论研究和实践探索迅速开展起来。2006年农村扶贫计划，鼓励高校毕业生为促进农村基层教育、农业、卫生、扶贫等社会事业的发展、建设社会主义新农村和构建社会主义和谐社会做出贡献。这些政策计划的实施，把一些本来处于乡村社会外部的人员安排进乡村社会，在一定程度上改变了原有农村人员的文化结构，有针对性的新农村建设从外部为原有的农村单一文化注入了新的内容。

最后，在乡村基础设施建设方面，电视、广播、书籍、报纸、杂志等现代大众媒体逐渐占据了当代中国农村媒体的主导地位，为乡村社会带来了更多新鲜的文化信息。这些媒体信息内容以开放、多元、现代的内容与形式为主，长期的耳濡目染使广大农民群众逐渐模仿城市人的文化消费方式，现代文化消费需求不断上升，农村文化开始出现了由传统向现代的转型。[2] 很多农村的青年人，思想活跃、可塑性强，在很大程度

---

[1] 中共中央办公厅、国务院办公厅：《关于进一步加强农村文化建设的意见》，《人民日报》2005年12月12日。
[2] 财政部教科文司、华中师范大学组成的全国农村文化联合调研课题组：《中国农村文化建设的现状分析与战略思考》，《华中师范大学学报》（人文社会科学版）2007年第7期。

上受到城市生活方式、现代生产方式、管理方式等的熏陶,其生活观念和行为方式在不知不觉中发生着改变。他们在衣着上会更加时尚干净,在生活中更讲卫生,时间观念更强,看重对国家法定节假日的利用。在婚姻家庭等方面,他们也很快脱离乡村的传统观念,形成了更加现代化的婚姻家庭意识:"这么大一点谈什么恋爱,现在也不想这个事情。我还小,也没有男朋友,将来再说。肯定不要家里帮忙找,找就自己找,谈一个自己喜欢的,免得受欺负!……将来只会要一个孩子,孩子多了日子难过啊!孩子的教育不能放松,最好能考上大学,没文化不好。"[1]

在农村的现代化发展和改造过程中,乡村建设的功能、风格、布局等方面较多地出现了模仿或照搬城市做法的倾向,这在很大程度上造成了传统乡土特色和民俗文化事象的弱化。而在农村逐步改变原有的封闭状态之后,很多不同于传统农村观念的文化意识和行为方式开始进入农村,严重冲击了乡村民众千百年来在长期的生产生活过程中积淀形成的乡村民俗文化。

六 城镇化进程带来的传统民俗文化的失范与失传

国家城镇化建设的推进,使很多原来的农村地区向城镇化发展和转化。在这一过程中,原有的乡村民众不仅面临着居住环境的变化,也必然面临着在新居住环境下生活观念与方式的转变。我国当前的社会发展遵循城乡均衡的一体化发展战略,新型城镇的发展把现代化的生活方式带入已经进入城镇的"农民"生活之中,并迅速形塑了他们新的生活观念和思维方式。他们开始接受并慢慢习惯休闲时间与闲暇活动的专门化,逐步形成早晚锻炼的习惯,很多人积极参与健身操、广场舞等活动。"天天晚上多少女的在那块跳舞。我家善芳有时候老鹅卖掉得早,

---

[1] 崔如斌、徐荣祥:《外出流动对农村青年生活方式的影响———以 C 村若干青年农民为例》,《青年研究》2003 年第 11 期。

亦去跟到后头跳跳。还蛮好玩的。镇上哎，街上，不像你乡下，都女人家了还去跳舞去，被人笑死了呢，在镇上就不得人说。"①可以说，从传统的自然村落中进入城镇的民众，甚至是集中居住后的新农村的乡村民众，在逐步接受和熟悉便利的交通、银行、超市、市场等各种蕴含现代化理念和管理方式的经济组织模式后，"一种新的道德秩序（就会）渐趋形成，并促使早期文明中的某些惯例迅速瓦解"②。他们开始逐步感受和意识到生活的公共性和依存性特点，开始改变传统农村个人生活完全自给自足，缺乏公共意识的情况，学会从公共管理角度思考和践行新的生活方式，如对不同生活习惯和方式的尊重，对公共管理条例和办法的认可与执行等。一些诸如家庭垃圾的袋装化、公共卫生的共同维护等正在逐步转变为新时期乡村民众的新意识和行为习惯。

在交通不发达、人口迁徙较少的前现代社会里，传统民俗文化具有很强的持续性和稳定性，变化较为缓慢。随着现代化的展开，尤其是城镇化进程的推进，乡村社会进入剧变时期，人口迁徙和移动变得十分普遍和频繁，传统民俗文化因为所依附的群体生活方式的变化而迅速陷入生存危机。正如马克思在一百多年前就已指出的，"一切封建的、宗法的和田园诗般的关系都破坏了"③。危机的实质是文化断裂，这种文化断裂主要表现为相互连通的两个方面。

一是失范。即传统民俗文化丧失对乡村社会的规范功能。城镇化带来的不仅是经济生产方式的转变和生产生活条件的提升，也使适应于传统农业社会的民俗文化正在逐步丧失其对乡村民众的规约和影响作用。很多传统的岁时节庆等民俗活动的内容和程式被一再简化乃至取消，婚

---

① 袁媛：《热闹而寂寞的乡村教化——基于建国后石村社会教育历史人类学考察的研究》，博士学位论文，东北师范大学，2010年，第128页。
② [美] R.E. 帕克、[美] E.N. 伯吉斯、[美] R.D. 麦肯齐：《城市社会学》，宋俊岭、吴建华、王登斌译，华夏出版社1987年版，第277页。
③ 《马克思恩格斯全集》第1卷，人民出版社1972年版，第253页。

丧嫁娶等以前需要族人、亲戚、乡邻襄助才能完成的大型活动开始引入商业化运作模式，金钱取代人情成为乡村社会秩序的核心。维系乡村社会的纽带已然断裂，乡村失去了原有的乡土气息。生活于其中的人们虽然挣脱了原有的传统"锁链"，却并未蜕变成彻底的新人，而成为尴尬的存在，精神上漂泊无依，行为上进退失据，成了所置身的那片大地上的异乡者。

二是失传。传统民俗文化从本质上说是一种生活方式，人们生活于其中习染而得，通过繁衍更替使之接力延传。随着城镇化进程的推进，传统意义上的乡村生活方式日渐消逝，相应的价值体系和文化秩序也土崩瓦解，滋养了人们千百年的传统民俗日渐式微。年幼的一代不再如前辈一样得到传统民俗的文化滋养，传统民俗也因此而濒临失传。在广大的乡村社会中，虽然传统民俗越来越式微和消解，但传统民俗让出的文化空间并未被新的文化所填充，乡村社会的成功者迁居城镇，青壮年远走城市打工赚钱，年长者因经济能力的欠缺而被边缘化，乡村结构走向空心化，乡村文化则走向荒漠化。乡村儿童失落了文化的家园，无枝可栖，成为一种在文化精神上无根的存在。

法国社会学家孟德拉斯 1984 年在其《农民的终结》一书中指出，法国的现代化道路使传统意义上的农民和农村消失了，"这本书是一个文明的死亡证明书，这个文明在生存了 10 个世纪之后死去了。它是科学的诊断，而不是思辨的发问……在一代人的时间里，法国目睹了一个千年文明的消失"[①]。倘若我们不希望中国重蹈同样的命运，恐怕应该行动起来做点什么。

[①] [法] H. 孟德拉斯：《农民的终结》，李培林译，中国社会科学出版社 1991 年版，第 297 页。

第三章 传统民俗文化的传承向度

文化是一个极其复杂的概念，传统民俗文化亦是如此。在长期的历史发展过程中，其内涵、形式总是处于不断的变化之中。在不同的历史时期，基于不同的社会背景和特定时期民俗文化的内容与形式，人们对传统民俗文化的认识各不相同，对待和处理民俗文化的立场和方式也各有差异。历史发展到今天，正如近几十年以来人们对民俗文化认识的数次转变一样，要在实践中深入推进传统民俗文化的有效传承，首先应该明确我们当下所理解的民俗的内涵并形成清晰的传承民俗文化的基本向度。

一 传统民俗文化的多维立体存在

学术思想产生的根源是对现实世界的探究和思考，作为探究思考结果的学术思想又成为人们进一步认识现实世界的工具。文化实践活动的复杂性和广泛性决定了文化研究的多元性，人们从不同视角研究文化，界定文化，形成了庞大的文化研究域和研究成果。系统梳理这些文化研究成果几乎是一件不可能完成的工作，但了解人们界定文化的方法，可以帮助我们更准确快速地澄清和理解传统民俗文化。整体来看，定义文化的方法主要有三种：一是将文化与其他相关或相近概念进行区分；二是在文化范畴内部进行文化类型的划分；三是对特定类型的文化进行不同层次结构的描述分析。第一种属于核心概念的基础性探讨；第二种是对文化研究范围的进一步厘定和明晰；第三种则提供了一种对现实文化的分析框架，对于实践研究具有更强的操作性意义。

在文化类型的划分方面，存在着诸如雅文化和俗文化、上层文化和下层文化、精英文化和大众文化等不同的相对表达。这些成对出现的不同命名的文化类型之间，虽然并不一一对应和等同，但彼此之间存在着千丝万缕的关联。而以上文化类型的划分和表述，不论从文字表达，还是专业意图上，往往都融合了学者在价值判断基础上的立场倾向。比如，有学者认为，"所谓高雅文化，往往是建立在较高的社会地位和物质基础水平上的一种文化，这种文化，往往具有精神先锋、形式繁复、叙事宏大的特点。高雅文化产品的制作和接受，都需要较高的专业化技能，它是文化内部专业分工的产物"①。高雅文化与贵族阶级的产生与专业技术的发展密切联系着，是特定阶层人群的专属。这就如我们在生活中使用"有文化的"这一词时，所描述的往往是那些"有教养的"或者举止符合"社会礼仪"的人一样，有学者敏锐地指出，"大众"一词明显带有歧视性质，它暗指一个未分化的集群，甚至指的是乌合之众。

美国人类学者罗伯特·雷德菲尔德在其《乡民社会与文化》一书中，提出了大传统（Great Tradition）和小传统（Little Tradition）的概念。他说："大传统存在于学校或教堂的有教养的人中，而小传统是处于其外的，存在于不用书写文字的乡村社区生活中。"② 这对概念提出之后，在学界引起广泛讨论。传统之为传统，不仅具有横向的层次和类型之分，还深含着纵向的历史意蕴。也就是说，雅文化和俗文化、上层

---

① 姚杰编：《艺术概论》，中国传媒大学出版社2015年版，第112页。
② Robert Redfield, *Peasant Society and Culture: An Anthropological Approach to Civilization*, University of Chicago Press, 1956.

文化和下层文化、精英文化和大众文化，都可能是昙花一现的，唯有当其"经过一定的时间或延传后才可能形成大小传统"①。小传统就是代代相传的乡村普通民众生活中的种种思想和活动，包括民间信仰、民间故事、民间曲艺、民间游戏、民风民俗等，也就是普通意义上的传统民俗文化。可以说，"大小传统"这组概念在语词表达上就内含了它作为历史发展产物的重要属性。而"小传统"以更加微观、亲近的直觉感受，把文化具象化、可视化地展现出来。它是乡村文化的重要组成部分，使乡村散发出独特的文化韵味。乡村之为乡村，从根本上说不是由于其地理位置、风光景象或经济水平，恰恰是因为传统民俗文化的存在。把握这种文化，需要全身心地体味，也需要多维化的视角。

（一）传统民俗文化的考察维度

虽然民俗文化的概念经常被用于笼统地指代乡村社会生产、生活的很多内容和现象，或者它只是作为一个抽象的符号在头脑中出现，但现实中的民俗从来都不是平面的、单维的，而是立体的、丰满的。有学者提出一种文化的宽泛的操作性定义，认为文化包括"（1）思想、知识（正确的、错误的或未经证实的）和处事规则；（2）人工制造的工具（如铲、缝纫机和计算机等）；（3）社会行动所产生的产品，并且能为进一步的社会生活发展所利用（例如苹果派、电视机、州级高速公路等）"②，但这种观点仍然是一种平面化的文化结构解析。

正如公认的，民俗有着极其丰富的内容和多样的形式。要对民俗进行比较清楚的表述和专门的研究，进行归类分析是不可避免的方法。在

---

① 宋雷鸣：《论大传统和小传统概念的时间意义》，《广西民族大学学报》（哲学社会科学版）2010年第2期。

② [美]约翰·R.霍尔、[美]玛丽·乔·尼：《文化：社会学的视野》，周晓红、徐彬译，商务印书馆2009年版，第19页。

已有的研究中，关于民俗的分类有多种不同的观点，如有人把民俗按照形式分为口头民俗、习惯民俗和物质民间传统[①]；也有人以民俗事象所归属的生活形态为依据把民俗分为物质生活民俗、社会生活民俗和精神生活民俗三大类[②]；还有人把民俗事象细分为物质生产民俗、物质生活民俗、社会组织民俗、岁时节日民俗、人生礼仪民俗、信仰民俗、科学技术民俗、民间口头文学、民间语言、民间艺术、民间游戏娱乐等11项。[③]虽然，已有分类大都从一个维度对民俗进行分类，但综观这些不同分类，不难看出，划分的具体类别并不都在一个层次上。而这种情况正好反映了民俗结构的一个重要特征，那就是多维立体性。现实中的民俗不是平面的，而是可以从四个不同维度把握。

第一是层次维度。民俗主体与民俗事象的联系基本从三个层次展开，每一种民俗对民俗主体的影响也通过这三个层次体现，它们分别为行为层、认知层和观念层。把握民俗时也可以分别从这三个层次进行。行为层是指在民众的行为习惯或行为方式中表现出来的民俗内容；认知层是指被民众所感知和认识到的民俗内容；而观念层是指被民众接受内化到自己的观念体系中的民俗内容。行为层的民俗内容有一部分是民众的无意识行为，还有一部分是民众有意识地进行的，后者一旦被民众感知和认识，就会上升到认知层。在认知层呈现的民俗内容，通过行为和认知两个渠道作用于民众，这种作用在持续进行的过程中，民众会从观念上认可并接受部分的民俗内容，使之成为自我观念体系的有机组成部分，这些被认可并接受的民俗内容就上升为观念层的民俗内容。一种民俗可能同时通过两个或者三个层次对民众产生影响，但在不同层次的影响程度往往存在差异，不同民俗的影响也会因为具体内容的不同而在不

---

① ［美］扬·哈罗德·布鲁范德：《美国民俗学概论》，李扬译，上海文艺出版社2011年版，第8—9页。
② 高丙中：《中国民俗概论》，北京大学出版社2009年版，第9—10页。
③ 钟敬文：《民俗学概论》，上海文艺出版社1998年版，第40—388页。

第三章 传统民俗文化的传承向度

同层次有不同的侧重，而且，不同层次的民俗，其形成的条件各不相同。也正因如此，才有必要区分不同层次的民俗，从而更准确地分析其作用和影响以及促进其发展的有效策略。当然，民俗的三个层面不是各自孤立的，甚至在现实中，难以把三个层次的民俗进行清晰的划分，人们在使用民俗概念时也常常不加辨别地随意指代某一层面的民俗或在不同层面之间随意游移，从而导致理解的混乱甚至误解的产生。三个层次的划分可以使交流沟通和研究更加便利有效。

第二是类型维度。这是大部分民俗研究者惯常采用的方式，其中又有两种倾向，一种倾向是纲目式分类，划分的类别比较少，重在突出民俗事象之间的逻辑联系和民俗分类的系统框架，如把民俗分为物质生活民俗、精神生活民俗和社会生活民俗；另一种倾向是根据民俗事象的具体内容特点进行平列式分类，如把民俗分为物质民俗、社会民俗、意识民俗、岁时民俗、人生礼仪民俗、语言民俗、民间游乐民俗、生态科技民俗等。就目前的研究来看，在这两种倾向上都有多种不同的关于民俗类型的具体划分，这因个人的理解和研究视角的不同而不同。也有研究者综合两种倾向，以民俗事象所归属的生活形态为依据把民俗划分为三大类八小类。第一类是物质生活民俗，包括生产民俗、工商业民俗、生活民俗。第二类是社会生活民俗，包括社会组织民俗、岁时节日民俗、人生礼俗。第三类是精神生活民俗，包括游艺民俗、民俗观念。[①] 在类型维度上对民俗进行划分，因具体划分依据和标准不同，划分的民俗会有数量或类别的差异，这是研究中的正常现象。

第三是时间维度。因为民俗的形成过程相对持久，所以一种民俗的存在往往具有较大的时间跨度。但民俗并不是稳定不变的，而是始终处于发展变化之中，只是在不同时空中变化的速度有较大差异。也正是因为这种变化性，才会产生关于民俗消解与复兴的问题。所以，谈论或研

---

① 高丙中：《中国民俗概论》，北京大学出版社2009年版，第9—10页。

究具体的民俗事象时，总要从时间上对之加以界定。既然时间性是界定民俗必须考虑的因素，时间也就可以成为划分民俗的一个维度。时间维度上的民俗划分也可以有多种，如现存的民俗和消失的民俗，晚清时期的民俗、民国时期的民俗、改革开放后的民俗等，因具体的研究需求而定。

第四是空间维度。地域性是民俗具有的重要特点之一，但凡具体民俗事象总是与特定的地域空间联系在一起，民俗的具体内容也总是与特定地域空间的地形地貌、气候特征之间存在密切的因果关联。很多民俗的研究只有放在特定的地域空间中才具有价值和意义。综观现有描述民俗事象的文献资料，空间定位是其不可缺少的要素，而这些文献资料中对民俗事象的梳理，从一个村落、一个城镇，到一个地区，甚至一个国家，从空间维度上进行界定和划分是极其自然的事情。

每一种民俗都可以从层次、类型、时间、空间这四个维度进行界定和把握。在这一结构框架下，不论是在学术研究中，还是在人们的日常生活中，要对民俗进行类型的划分，都应首先确定划分类型的基本维度是什么，在同一维度上确定的不同民俗之间才能进行同等对比分析。也只有彼此明确各自所论及的民俗在不同维度上的具体类型特征，人们的沟通交流才成为可能，否则就会存在具体指代不同，自说自话，或者以偏概全的现象，造成彼此之间的不可通约，或者交流和理解中出现分歧或异议，在实践中造成低效甚至负效。

(二) 传统民俗文化的基本特征

从不同维度综合把握民俗属性的这种立体结构的分析框架，能够清晰反映出特定传统民俗文化形成、发展、演变的生动历程。而这又体现出传统民俗文化具有的四个基本特征。

第一，持续性。这是传统民俗的时间特性，是对传统民俗文化之"传"的阐释，非持续无以成传统。而人们的生活生产方式在长期的持续过程中，逐渐形成相对稳定的方式和风格，就积淀为特定的民俗。所以，从根本上说，民俗是民众生产生活事项在漫长历史发展中传播继承的产物。传统民俗在历史上产生并经历漫长的时间跨度，世代流传，对人们的社会心理和行为产生无形的影响和控制作用。而人们今天如何对待传统民俗，又决定了这个社会将造就怎样的未来。因而，传统民俗就如一根长长的线，连接着历史、现在和未来。换句话说，传统民俗是具有鲜明时间持续性的，如果一项民众生产生活事项存在的时间很短，就不可能成为传统民俗。一般而言，一项活动要成为一种民俗传统，至少应该在三代人之间持续。

第二，地域性。这是传统民俗文化的空间特性，是对小传统之"小"的阐释。不同于以文字为载体、以学校和典籍为主要传播渠道的、流传甚广的大传统，传统民俗文化主要"存在于不用书写文字的乡村社区生活中"，其载体通常是口头语言或具体化的身体，因而其传播范围相当有限，具有鲜明的地域性。我国民间俗语中所说的"五里不同音，十里不同调""十里不同风，百里不同俗"等，十分形象地说明了传统民俗文化的多样化和差异性，同时也生动阐释了传统民俗文化的地域性特征。传统民俗的地域性，一方面使地域之间相互区隔和封闭；另一方面也形成了各具特色的地域文化。如果说大传统塑造着年轻一代的民族认同、国家认同以及社会认同，传统民俗则有利于培养年轻一代的地域认同乃至身份认同，使其具有清晰的乡土意识和故乡情怀。

第三，规范性。传统民俗文化在本质上是一套不成文的、非正式的行为方式系统和社会规范体系，对乡村民众的思想和行为具有导向、规约和控制作用。传统民俗造就了人们一出生即浸润其中的微观文化环境，使人们在成长的整个过程和几乎所有方面接受其深度濡染，对于在特定的生产生活中，"何可为""何不可为""如何为之"等问题，不知不觉形成自发性心理认同和习惯性行为方式。而且，这一濡染形成之效往往十分深刻和持久，是融入血液和伴随终身的。对一些特殊人物的研究，通常要进行个体生活史的考察，要追溯到他早期生活的经历和环境，原因就在于此。

第四，自足性。所谓自足性，就是依据自身去理解生活和说明道理，自圆其说，而不接受实证证明或理性检验。这是民间小传统的典型特征。譬如丧葬风俗和祭祖仪式中所体现的灵魂观念，神怪传说中所体现的鬼神观念，出行、聚会、岁时节日等社会活动禁忌中所体现的因果观念等，均自成其说、自足自洽。因为历来如此、代代相传，所以不言自明、毋庸置疑。正如希尔斯所说，"当传统的延传只是口头的而非文字的，当它只是传闻而非既成事实，当它的事实性判断缺乏根据，当它的规范判断与理性推断没有关系，当它的创始者或发明者是无名的，而不是有名姓可查证的，传统才能成为真正的'传统'"①。

二 传统民俗文化传承内容的时代契合性

诚如大家所认为的，民俗不是固定不变的，而是随着时代和社会的发展而不断变迁的，在这种变迁过程中，传统民俗的消解是一个自然选择和不断适应新需求的过程，这是事物发展的必然规律。可是，这种就如自然界优胜劣汰一般的自然过程之所以引起今天人们的如此关注、重视，甚至探讨复兴的问题，其中必然存在着非自然因素的影响。

在近百年间，我国社会发展呈现出一种剧烈动荡、曲折前行的轨迹。在不断变更的社会政治、经济、文化制度影响下，绵延几百年甚至上千年的传统民俗，在变化了的社会历史条件和民众心理条件下，难以正常延续和传承。尤其是在20世纪60年代，随着"破除几千年来一切剥削阶级所造成的毒害人民的旧思想、旧文化、旧风俗、旧习惯"的口号的提出，占据"四旧""半壁江山"的传统风俗、习惯在运动中遭受

---

① [美] E. 希尔斯《论传统》，傅铿、吕乐译，上海人民出版社1991年版，第23页。

到严重冲击和损害，我国的传统民俗在这一过程中几近毁灭。而改革开放以来，社会人口的大量流动和农村的现代化建设进程在很大程度上改变了人们原有的相对固定的地缘关系和生产生活的外部条件，这进一步造成了传统民俗在短时间内的快速消解。

在传统民俗迅速消失的过程中，虽然有少数人也极力主张民俗传承的重要性，但大部分人并没有留恋、惋惜的感觉。人们意识到传统民俗的重要价值和作用，是在民俗消解的今天。当人们为当下的生活方式所累、所困、所烦的时候，开始回忆起曾经的岁月和生活，似乎在传统民俗文化氛围下的社会有更多非理性、非功利化的特点：有效的生产、生活知识的自然传承；人的道德行为规范养成的天然环境；熟人社会中人们生而有之的心理归属感和安全感，等等。这些传统民俗环境下所具有的"不证自明"的"如是性"的生活似乎比当下"被理性所挟持"的生活更加幸福和舒适，心理更加安宁和充实。然而，环顾当下，那些我们曾经一度引以为豪的传统文化却消失殆尽，于是关于传统民俗传承复兴的呼吁逐渐兴起。

那么，在逐渐增强的传承复兴呼声中，人们希望传承的到底是什么样的民俗呢？是原封不动地返回几十年前，甚至上百年前的状态吗？恐怕没有人会同意这样的做法，当然，时光倒流、重返过去也是不可能的。现代的人们永远无法回归曾经过去了的带有浓郁乡土特色的传统民俗社会，无法复原曾有的原汁原味的民俗生活。根据相关研究资料中的观点表达和与部分学者、教师及社会中各种类型的普通人的日常交流所得，人们希望通过民俗复兴而重新体验和感受的主要内容有以下几种。第一，一种淳朴、自然、优良的民风——相对于当前社会中诸多不良社会风气所造成的世风日下的状况。第二，作为自然生命个体所具有的欲望、冲动、感性。科技理性的思维模式压抑了人们的情感，但人毕竟不是机器，喜怒哀乐起伏变化是人的本性，压抑得越多挣脱的欲望就越强。第三，一种熟人社会的默契——相对于当今社会中人的自我封闭和人与人之间关系的不信任、冷漠。第四，一些有特色的艺术形式和作品。艺术是超越时间、空间界限的，拥有时不觉珍贵，失去时却倍感遗憾，那是世界艺术文化的损失。趁着民俗断裂时间不长，且有少数"民俗老人"尚在，复兴是减少缺憾的必然选择。第五，一些看似随意却蕴含科学道理或者行之有效的生产生活技艺，如医术、建筑等。民俗中包含的生产生活技艺，看似"不证自明"，无法进行理性分析，却是千百年生产生活实践经验的总结，有效性是其本质特征，这相比于当今论证合理却行之低效甚至无效的"科学"，更让人信任。

　　这些今天人们意欲传承复兴的民俗内容与已经消解的民俗内容之间是一种什么关系呢？可以说，以上希望传承的民俗内容确实在传统的民俗内容中基本都有所包含，尤其在较少经历变动的乡土社会中。但二者之间绝不对等。已经消解的民俗内容往往还伴随着提倡民俗复兴者很少考虑的其他一些特征，比如，一种较低水平的物质生活，一种单一的文化生活，一种地域封闭的乡民生活，一种经年不变的生活方式和环境，等等，这些恐怕是已经习惯了现代生活的人们所不希望重新进入的状态。于是，在已经消解的传统民俗中就同时包含了当下人们所希望复兴和不希望复兴的民俗内容。那么，这两类内容之间的关系又是怎样的呢？我们能否轻松自如地对二者进行剥离呢？可以想象，如果这二者之间没有必然的联系，在过去的传统民俗整体系统中只是简单地叠加，我们现在就可以轻松地有所取舍；但如果二者之间存在着一些因果关系或依存关系，则会出现取舍的两难。分析上面的两类民俗内容，就会发现，这种取舍的两难是不可避免的。因为在现实生活中，淳朴的民风，闲适、随性的生活状态往往与封闭、固定的生活环境和低水平的物质生活直接联系，因为只有开放、交流、改变，才有物质的丰富、生活方式的多样和生活水平的提高。可见，对复兴民俗而言，在希望的内容与不希望的内容之间，似乎是鱼与熊掌，不可兼得。这种状况使我们不得不平静复兴的冲动和狂热，冷静思考：我们希望复兴的民俗内容是属于哪些层次和维度的，它们各自形成的条件是什么？哪些维度的哪些类型的民俗是可以在当今社会直接复兴的？哪些民俗需要创造新的条件或对原有内容进行调整修改后才能实现？哪些民俗是我们要舍弃或者在当今社会不能传承的？我们认为要复兴的传统民俗应该符合三个条件。

(一) 具有维度清晰的结构性内容

要复兴一种民俗，绝不是复兴停留在人们观念中的抽象民俗概念，而是现实中的具体民俗事项。因为民俗本身很复杂，而学术研究界并未对民俗及其结构达成共识，所以，同样使用"民俗"一词，人们指代的很可能是不同的内容。这种情况不仅会发生在不同个体之间的不同言论中，甚至也会发生在同一个体在不同具体语境下的表达中。由此，在探讨哪些民俗可以复兴、哪些民俗需要改造继承或者摒弃时，不能泛泛而论，只有从民俗的层次维度、类型维度、时间维度和空间维度四个方面对特定的民俗内容进行具体清晰的界定和说明，才能够真正把握一种民俗，不仅知道它的名称，还了解其特定的立体化内容。在这一结构框架下，人们可以探讨特定民俗在民众的行为、认知和观念等不同层面的具体内容，可以明确这一民俗内容主要涉及的领域，可以分析其在历史发展过程中内涵与功能的演变，并辨析其在当下的应然价值取向，也可以分析这一民俗在什么样的具体空间环境下产生和存续，从而理性把握特定民俗复兴的外部环境条件。一种民俗，只有在所有维度上都具有清晰的具体内容，这种民俗才有传承的可能性；否则只能是纸上谈兵，将无法真正在实践中落实。

(二) 切合民众生活的实际需求

民俗的形成是一个自然选择的过程，它"起源于人类社会群体生活的需要，在特定的民族、时代和地域中不断形成、扩布和演变，为民众的日常生活服务"①。"尽管在它的各种形式中存在着一切的差别和对立，然而这些形式都是在向着一个共同目标而努力。"② 这个目标使各种民俗形式相互一致而和谐起来，各种不同的民俗形式共同组成展现同一主旋律的多重变奏。而这个主旋律，就是民俗的有用性，也是其存在之本。民俗的有用性既表现在帮助个体更顺利地实现社会化方面，也表现在使个体的行为符合群体规范方面，还表现在通过"娱乐、宣泄、补偿等方式，使人类社会生活和心理本能得到调剂"等多个方面。③ 只有那些能够切合民众生活的实际需求，能够让民众的生产、生活更加顺畅，心理获得更多安适的民俗活动，才能够受到民众的认同，才能够在民众的日常生活中得到践行。所以不论是研究者还是管理者，选择要复兴的民俗，都"应该尊重民众及其生活，而非武断地评说、干涉与改造。他者必须主动进入民众的生活世界，真切感受、认知民众仍在传承的文化、生活习惯，而不是根据自己奉行的准则或高高在上的政策只管贴标签，随之就是'棒之以惩罚或者糖之引诱'"④。否则，将会导致民俗复兴沦为经济发展的噱头、政府管理的政绩，宣传虽然到位，却是言者谆谆，听者藐藐，做者更是寥寥。

（三）具有存在与传承的特定场域

美国民俗学家理查德·鲍曼认为，民俗存在于一个相互关联的网络之中，个人的、社会的和文化的因素会赋予民俗以形态、意义和存在。⑤ 有生命力的民俗必然拥有一个为其提供庇佑和营养的关系网络，这个网络是一种具有时空限定性的地方社会场域。在这一场域中，民俗

---

① 钟敬文：《民俗学概论》，上海文艺出版社1998年版，第1—2页。
② ［德］恩斯特·卡西尔：《人论》，甘阳译，上海文艺出版社2003年版，第111页。
③ 钟敬文：《民俗学概论》，上海文艺出版社1998年版，第30—31页。
④ 岳永逸：《传说、庙会与地方社会的互构：对河北C村娘娘庙会的民俗志研究》，《思想战线》2005年第3期。
⑤ 刘晓春：《从"民俗"到"语境中的民俗"》，《民俗研究》2009年第2期。

鲜明的地方特色、民俗传承者的社会关系、蕴含着社会价值观念和象征意义的表演事件、民俗承载者的日常生活等都显得鲜活而具体。虽然人们有时也会宏观而笼统地谈论民俗，但这种民俗只是一种抽象的符号，可以作为观念进行理论的分析与阐释，却不存在于现实之中。真正要复兴一种民俗，则如种植植物，总是要具体到现实世界中的某一株。而且即使喜欢多种形态与功能各异的植物，也只能选择适合你所提供的土壤的植物进行种植。由此，选择要复兴的民俗，不能脱离民俗存在的特定场域，不能以一种对待文化遗留物的眼光挑选静态的符号，而是要细心感受每种民俗的温度和活力，准确地把握它与当今社会民众生活的共通性。

三 传统民俗文化传承策略的系统整体性

从改革开放后我国民俗研究的情况来看，学者关注民俗和研究民俗在这三十余年的时间中一直呈持续上升的趋势，但关于民俗复兴的专门研究较少。查阅中国期刊全文数据库，自1980年以来，标题中包含"民俗"和"复兴"两词的文章共有9篇，除1篇发表于1990年外，其余8篇均发表于2004年以后，这一现象应该与民间团体组织的自觉探索活动有关。2004年6月，由中国民俗学会和北京民俗博物馆联合主办的"端午民俗研讨会"在北京东岳庙举行，在这次会议上，诸位学者大力强调"民俗复兴"的重要意义，积极呼吁民俗复兴的实践行动，并在后续的工作中加强了这一主题的研究。

然而，正如"民俗"一词自身类型、层次、涉及领域的复杂性一样，民俗的复兴之路注定是一个复杂漫长的过程。就目前发展的情况来看，从国家的政治、经济、文化层面都有对民俗复兴问题的关注，虽然其出发点和目的各不相同，但都在一定程度上带动了民俗复兴的实践。比如对非物质文化遗产、民俗文物等进行保护的法律法规的出台，一些民俗博物馆的建立，民俗艺术形式和作品的搜集、整理和保存，文化、旅游部门对传统民俗文化形式的提倡和民俗活动的开展，学校教育系统设置专门的民俗教育内容，等等。然而，多样的活动与有效的结果之间并不对等。针对上面分析的民俗消解的诸多原因，文化多元、人口流动、乡村人员结构变化等都是社会发展的基本趋势，难以有大的改变，而相比之下，国家相关制度、社会主流意识形态和文化导向是可以在民俗复兴中发挥作用的关键点。综合多方面因素，鉴于当前不同层次、部门、人员之间进行的推动民俗复兴的活动，在很大程度上缺少整体规划、缺少协调配合、缺少科学论证，从而呈现出随意、孤立、低效等特点，有必要深入研究民俗复兴的可行道路，以及必须做的一些前期工作。

（一）对传统民俗传承复兴观念进行宣传和引导

民俗学界对民俗的认识经历了从陋俗到遗产，再从静态留存到动态传承的一个过程。民俗认识观不同，所产生的有关行为也就不同。陋俗观带来了摧枯拉朽的"破四旧"运动，遗产观催生了留住历史的遗产保护活动。要传承和复兴优秀传统民俗文化，必须首先营造一个良好的社会文化氛围，帮助民众树立科学理性的民俗传承复兴观念。第一，民俗不是落后的标志，而是"公民作为群体的日常生活"[①]。民俗也并不只存在于偏远、落后的穷乡僻壤。民俗作为同一时空内多数民众所采用的基本行为方式和接受的生活文化，不仅存在于乡村，也存在于城市。所以，民俗复兴不是某些地域特定人群的事情，而是全社会的事情。第二，民俗不是古代的静态遗留物，而是一种民众文化生活的传承。民俗传承复兴不是民俗遗产的珍藏和保存，而是生活化常态的重现。第三，民俗是随着民众生活的变化而不断变迁的，而变迁意味着传承和革新。

---

① 高丙中：《中国民俗学的新时代：开创公民日常生活的文化科学》，《民俗研究》2015年第1期。

民俗形成是一个长期的过程，民俗复兴也需要一个长期的过程。任何试图在短时间内重建民俗的想法都是不切实际的。民俗复兴，绝不像盖楼一样，不满意可以推倒重盖，民俗总是在既有民俗的基础上慢慢改变，逐渐向我们所希望的样子过渡，它只能从现有民俗逐渐改良。第四，虽然民俗经常会以一种非常感性的，甚至无意识的形式存在于民众的日常生活中，但有效的民俗传承和复兴，"不是一个自然的过程，而是一个公共部门（政府、媒体、知识分子群体）不断介入的过程"[①]。在民俗复兴之初，必须对关于为何复兴，如何复兴，复兴什么等问题始终保持清醒的理性立场，只有这样才能选择科学的民俗传承道路和策略。在传承复兴的民俗达到一定普及程度，持续足够长的时间，民众就会习惯成自然，跨越理性分析，享受直观感性的生活。第五，民俗传承复兴与民俗形成一样，需要一种相对稳定的社会环境，包括政治、经济、文化制度，和相对稳定持久的人与人的关系，尤其是地缘关系。

（二）对民俗传承内容进行语境化的充分论证

传统民俗的传承复兴是一个相对宏观和笼统的说法，它可以作为一种观念或口号用于理论的分析或实践的宣传，但要落实到具体实践中，则必须成为具体化、语境化的内容。如果不对民俗的具体内容进行分析，很可能出现都在讲民俗，却各有所指，所说者与所做者相互脱离的问题。至于要具体到什么程度，则要根据民俗复兴者的不同情况而定。如国家的上层决策者或者专业的理论研究者，可以比较宏观、概括地使用民俗概念，目的是确定大的政策指向或把握不同民俗的共性特征。但即使如此，也要首先明确希望复兴的民俗内容与传统民俗内容的异同，避免不分优劣主次地兼收并蓄。否则会导致目标模糊、实践混乱，甚至与民俗复兴初衷背道而驰。而在实践操作层面，如各地文化系统的民俗

---

① 高丙中：《中国民俗学的新时代：开创公民日常生活的文化科学》，《民俗研究》2015年第1期。

宣传、民俗保护或展示，旅游系统可以开发的民俗特色、教育系统可以进行的民俗教育等，则都应该把需要涉及的民俗所属层次和类型，具体内容和形式等语境化信息考虑周全，明确具体目标和实现标准。在民俗复兴内容的确定方面，除了考虑其所具有的功能价值外，还需要考虑促进其复兴的具体条件是否具备，也就是要对特定民俗复兴的必要性和可行性做充分的论证，把价值不大和难以复兴的民俗排除在外。同时，因为民俗复兴受多方面因素影响，并涉及多个社会领域，所以，论证应该是一个由民俗学家、心理学家、社会学家，以及各相关领域人士参加的集体审议的过程。这项论证工作本身涉及人员较多，依靠民间自发组织难度较大，应该由各级政府部门安排专人负责召集和开展。

（三）对不同民俗内容的复兴策略进行日常生活化分析

因为民俗本身就是以民众日常生活的方式存在的，所以其复兴也必然要回归民众的日常生活，并在日常生活中寻找复兴的途径。正如人的学习一样，不同性质和内容的知识，需要不同的学习策略和方式，不同民俗内容的复兴也需要各自对应的有效途径。对于行为层次的民俗，可能需要通过对民众日常的行为方式和习惯进行引导和规范，如文化部门加强节日礼俗、交往礼仪的宣传，教育部门加强对学生日常行为的规范要求，领导者和公众人物发挥带头和示范作用，对违背民俗规范的行为加强道德舆论的谴责，等等；认知层次的民俗，多为可以用语言表达、概括的知识和技能内容，或者具有艺术性、科学性的有形的、实体的内容，这些民俗可以通过专门的传授、保存等方式进行传承，并逐渐应用于日常生活，如相关部门举行专门的生产、生活技能类民俗培训，组织专业人员进行民俗文物的搜集、整理、保护和保存工作，学校开设专门的民俗教育课程等；而观念层次的民俗，具有相对笼统、形而上的特点，难以在短期内通过特定的具体实践而实现复兴，只能借助于宣传逐步形成一种舆论或文化氛围，间接地对民众产生影响。当然，特定民俗与有效复兴途径之间不是绝对的一一对应关系。有时，一项民俗可以通过几种不同的途径而实现复兴，或者几种途径同时进行效果更佳，如观念层次的民俗，虽然不能有一蹴而就的效果，但民众具体的民俗行为和民俗认知会有助于相应观念的形成；也有时，一种途径可以同时促进多项民俗内容的复兴，如一些民俗歌曲的推广，可能同时包含着生活生产的知识、音乐审美的艺术形式、对民俗生活的自豪与热爱等精神观念。因此，在民俗复兴途径的选择过程中，应注意全面、灵活地把握。

（四）对民俗传承复兴活动进行统筹规划

生活世界中的民俗事象虽然都是极其具体和情境化的，但在同一时空背景下的不同民俗之间存在着千丝万缕的联系，它们就如一张网，纵横交错，涉及民众生活、生产的多领域和民众行为、认知、观念的不同层面，而且，彼此之间既相互制约也相辅相成。由此，关于民俗复兴的规划需要从整体出发，同时考虑不同类型之间的相互配合和不同层次之间的彼此辅助。这种整体规划主要体现在四个方面。首先，不同民俗内容在类型选择方面的整体规划。即应该把那些在横向类型方面彼此制约和相依共存的民俗内容作为一个整体加以考虑，如特定地域的生产民俗与其饮食、服饰、贸易、居住、交通等民俗往往具有内在一致性，家族、社区的组织民俗也多与当地的交往民俗彼此照应，这些有内在联系和一致性的民俗类型结合成一个大的民俗内容群，只有对它们从整体上进行把握，才能获得最大效益。其次，民俗复兴策略的统筹规划安排。很多民俗对民众的影响是多层次的，可能同时表现在行为、认知和观念层面，如婚姻、丧葬等人生礼俗及一些生产民俗等，对这样的民俗，复兴的途径和策略应该考虑在不同层面同时进行，使之相互配合和彼此强化，从而达到最佳效果。再次，社会不同机构和组织的相互配合。民俗是社会生活中的一种综合的文化现象，涉及的领域非常广泛，其复兴也需要社会不同行业、部门、人员的共同努力和配合。如各级政府制定相关法律法规，文化、旅游、传媒、教育等行业各自发挥行业优势，进行民俗复兴的宣传和推广，社会民间组织、有识之士等积极参与，与相关部门形成合力，共同推动民俗复兴大业。最后，时间上的合理规划。一方面要考虑不同民俗开始时间的先后，细致分析不同民俗之间哪些是基础性的、前提性的，哪些是在这些民俗的基础上进一步产生和发展的；另一方面要考虑不同民俗复兴或形成所用的大概时间跨度，从而制定一个谁先谁后，以及在什么时间阶段以哪种民俗为主的实施框架。

（五）对民俗传承复兴路线进行灵活把握和选择

社会中的任何一项重要变革，无非通过两条路线进行：一是由政府发起逐级落实的自上而下的路线；二是从广大民众开始发动，然后自下而上逐步建立健全相关政策制度的路线。鉴于民俗的独特性质，从两条路线中单选任何一条都难以取得良好的效果。自上而下的路线，虽然可以在政策规章等方面为民俗复兴提供良好条件，但缺少作为民俗主体的广大民众的主动参与，很多活动会演化为短期运动，并流于形式。相比之下，从民众开始的自下而上的路线，起源于广大民众的需求和兴趣，具有比较扎实的基础，但如果缺乏相关政策的支持和社会主流意识形态的引导，则其发展会零散、缓慢、低效。从优势来看，自上而下的路线快速高效，自下而上的路线扎实持久，要同时高效持久地推行民俗复兴计划，有必要两条路线同时进行。一是制定相关政策制度，采取恰当的宣传、鼓励、引导手段，让民众清楚社会的主流导向；二是广泛发动民众，保护和鼓励民众的民俗兴趣和热情，为他们采用民俗生产、生活方式积极创造条件。

第四章　学校传承民俗文化的逻辑与立场

民俗文化作为民族精神意蕴的象征，其本身具有强大的化育功能。在传统社会生活中，对广大普通民众的教化和培养，主要通过参与所处社会群体的民俗文化活动来进行，这是他们社会化发展的重要途径。换句话说，参与民俗文化活动，是民众了解历史、培养性情的方式，也是最广泛有效的接受教育的方式。民俗文化在当下社会发展中的重要性，仍然主要通过其所蕴含的丰富教育教化价值来体现。而在培养和教化民众方面，除了民俗文化的潜移默化之外，专门教育机构作为社会影响力最广泛的组织机构之一，具有其他方式所无法比拟的优势。正如我国最早的教育学著作《礼记·学记》所言："发虑宪，求善良，足以谀闻，不足以动众。就贤体远，足以动众，不足以化民。君子如欲化民成俗，其必由学乎。"兴办学校，对广大民众实施专门的针对性教育，是教化民众形成良好社会风尚的有效措施。可见，传统民俗文化与教育之间存在天然的内在逻辑关联，二者之间既具有引领化育的功能共性，又具有相互辅助和促进的实践依存关系。

一　传统民俗文化的教育性

民俗是一种文化，这种文化是人的创造物，通过分析和挖掘民俗产生之初的意图，可以更好地理解人自身。民俗文化具有深刻的社会学意义：民俗文化的精神表现了人类对于自然、社会的探索；民俗文化直接参与了人类社会秩序的建设，在早期的民俗文化生成过程中，人类的社会秩序已经被孕育了；民俗文化作为一种生活的积淀，它对民族文化的形成、发展具有巨大的影响；民俗文化是统治者治理国家的第一手材料，有时对国家政治能产生直接影响。[①] 民俗不是一种静止的事物，而是一个动态的过程，人生活于其中，接触它、了解它、认识它，融入它，其实就是受它教化的过程，所以，民俗也是一种教化的途径和方式。而民俗在进一步继承、发展和延续的过程中，又作为当前教育的产物而流传和影响后来人。

（一）教化是一切民俗起源的初衷

民俗作为在世界范围内广泛存在的文化类型，几乎伴随着整个人类社会的发展历程而存在和演化。在不同的地域和不同的民族中，具体的民俗事项之间存在着千差万别。这些民俗产生的根源是什么呢？关于这一问题，许多文化学、社会学、人类学的研究者基于对诸多特定民俗类型的调查和分析，提出了神话说、禁忌说、生活需求说等不同的观点。毋庸置疑，不论是哪种观点，都来自对研究者所处时代的民俗遗留资料和具体民俗事项的理解和阐释，都不可能重返历史进行实践的验证。但这些观点，仍然可以为我们立足于当下把握民俗的关键属性提供思考的方向。假如民俗来源于神话，那么民俗就体现着人们的一种信仰。因为如果没有对神话对象的真诚相信，神话根本不可能存在。假如民俗起源于禁忌，就会反映出人们对某些不可知事情的恐惧。禁忌的产生，往往直接表现为对人们行为的约束，或者说如何去禁止。这样的民俗在社会生活中发挥着提防危险的功能，是一种重要的社会约束体系，是社会秩序的有机组成部分。而如果民俗就起源于人们最基本的生活需要，并在

---

① 陈华文：《民俗文化学》，浙江工商大学出版社2014年版，第27—29页。

第四章 学校传承民俗文化的逻辑与立场

不断概括、提炼和重复的过程中逐步固化和稳定，成为人们生活实践中的约定俗成的习惯法，那民俗就是人类先辈们生产生活经验的结晶，可以直接引领和指导后代的发展。而不论是起源于神话、禁忌，还是生活需求，这些民俗都有着一种共同的规约性，它总是表现出引导并支配群体成员的意识和行为的意图和倾向。这种规约在神话中指向精神的引领，在禁忌中针对行为的选择，在生活需求中强调实践的智慧。

民俗在其产生之初一定具有一个可以理解的"意义"，但在千百年的变迁过程中，这种最初的"意义"可能在各种形式和符号的凸显中被隐匿了起来。正是因为这种形式与意义的动态关系，使我们不能把民俗看作一种静态的事物，而需要从它存在并不断发展演变的生命轨迹中去认识它。或者说，我们研究民俗，一方面要把握它的概念的结构；另一方面要把握它的感性的结构。民俗不是一些随意的混乱的无组织的活动和形式，而是一定的感知方式和概念认识的有机整合体。甚至很多时候，一些民俗的存在已经失去了科学范畴内的客观价值，但是，他们的人类学价值仍然存在，它们对其中个体的影响是非常实在的，或者说，这种感觉是实实在在的，这种影响还可能很重大。正如卡西尔所说："在我们的科学概念中，我们把两种颜色——比如说红与蓝——之间的差别归之于数值的差别。但是如果我们宣称数要比颜色更为实在，那就是非常不适当的说法。"① 所以，对于民俗的把握，需要将科学的概念结构分析与感性实在分析相结合。

民俗本身是一种非常感性的东西，即使我们能够采用概念分析的方式把民俗解剖到最后的元素，也不可能通过这种方式真正把握民俗的内涵，民俗总是动态地存在着，只有根据行动才能描述。很多学者认为，在全球各地的乡村社会中存在的神话故事，其根本的来源并非物质的自然世界，而是人的社会生活。民俗正如神话一样，总是来源于社会生

---

① ［德］恩斯特·卡西尔：《人论》，甘阳译，上海译文出版社2003年版，第121页。

活，是人在社会生活中的特定情感的体现或反映。最早出现的民俗文化内容总是人们最基本或最需要的生活的组成部分，它们直接再现人类的物质生产并规定人类自身的再生产，并在长期的实践过程中使它们成为约定俗成的最早的习惯法。它有意识地或无意识地承载着某些希望，展现着某种情感，这些主观的感受，只有通过对生活于其中的人的完整生活的考察才能有所察觉，只有长久地参与其中才能有所体会或感悟。换句话说，民俗就如空气一样渗透进人们的生活，生活在其中的人，不知不觉就会受到熏染和影响。而这种熏染和影响，其本质就是教化。

所以，民俗虽然表现为物质的、意识的、语言的、生产的等各种具体的活动或者表现，在不同的地区和人类群体中又表现为可能完全不同的东西。但在这些截然不同甚至可能彼此冲突矛盾的现象背后，依然会存在一些共性的东西，如参与的全员性、影响的弥散性等。在这些不同形式的民俗活动背后，有着一个共同的目标，这个目标使各种民俗形式全都相互一致而和谐起来，各种不同的民俗形式共同组成展现同一主旋律的多重变奏。而这个主旋律，不是其他，正是教化。

(二) 民俗本身就是一种教化

民俗总是与一定的文化联系在一起，或者它就是特定文化的组成部分。当民俗被理解为一种已经形成的文化时，它是民众在生产、生活过程中的精神、物质、文化生活方式的积存，它是有规定性的。民俗不仅是一种精神文化，塑造着一个群体的文化特征；也是一种生存方式，规定并融入广大民众的日常生活。在很多时候，民俗就如空气一样，看不见、摸不着，却又无处不在。虽然生活在其中的人可能感觉不到它的存在，它却实实在在地隐藏在每个人的灵魂与血肉里，人们的思维方式和生活方式无一不受到其影响。或者说，在一种民俗文化氛围中，人们会自觉不自觉地陷入这种民俗所规范的集体无意识。

生活在民俗中，人们往往并不太关心"为什么要这样"或者"这

第四章 学校传承民俗文化的逻辑与立场

有什么用"之类的问题。按照民俗生活和行动，人们就如搁置了所有先验，不带任何前见地去感受和参与一种形式。这种形式，在人们流动的生活中呈现了一种秩序，一种可见、可触、可听的外观秩序，这种秩序在潜移默化中，甚至在人们的无意识中影响、引导着人们的生活。过什么样的生活，就是什么样的人。就如文化学家本尼迪克特所描述的，"个人生活史的主轴是对社会所遗留下来的传统模式和准则的顺应，每一个人，从他诞生的那刻起，他所面临的那些风俗便塑造了他的经验和行为。到了孩子能说话的时候，他已成了他所从属的那种文化的小小造物了。待孩子长大成人，能参与各种活动时，该社会的习惯就成了他的习惯，该社会的信仰就成了他的信仰，该社会的禁忌就成了他的禁忌"[①]。民俗通过影响人们的生活进而影响着人们的思想和观念，从而民俗也就对生活于其中的人们发挥着持久而深刻的教育作用。

民俗包含着特定群体生活生存的理论和方式、理念和认识，它通过物态形式、行为方式、心态特征等表现出来。物态形式的民俗是人们的物质生产生活产品的总和，如建筑物的材质、风格，服饰的特点等。行为方式是人们在生产生活和人际交往等活动中约定俗成而沿袭遵守的行为规范模式。心态特征是人们在对待生产生活的诸多问题时在认识观、价值观等方面表现出来的普遍的心理倾向。其中民俗的物态形式往往受外在客观条件的影响比较大；行为方式是外在客观条件和内在心态特征交互影响的产物，是民俗最集中也最鲜明的表现；心态特征是人们在特定客观条件和长期的行为模式中孕育的价值观念、审美情趣、思维方式等主观因素的综合，它从表现上看似隐若无，却是民俗真正的灵魂所在。

[①] [美]鲁思·本尼迪克特：《文化模式》，王炜等译，浙江人民出版社1987年版，第2页。

教育视野中的传统民俗文化传承

民俗在民众生活中具有的潜在性、弥散性等鲜明特点,决定了民俗教育价值的多方面性。生活在具有特定规范秩序的民俗氛围中,可以让人自然产生归属感,明确自我定位,避免无序与迷失的焦虑与恐惧;也可以作为一种道德力量,对个体行为产生强有力的外在约束作用,从而有助于社会的控制和治理;它有助于形成一种潜移默化的文化氛围,让人在无意识中形成特定的伦理观念和思维与行为的习惯。在现代社会中要充分发挥民俗的教育作用,要注意外在被动约束与内部主动激励的结合,让民俗"不是作为约束或强制,而是新的积极的人类自由理想的表现"[1] 来发挥积极的教育引领作用。

当然,民俗是具有突出历史特性的现象。化民成俗,只有经历了长久的历史过程,一些生活中的行为、活动方式才慢慢积淀成型,成为民俗。由此,对于民俗的认识,也需要有历史的眼光。但有些民俗可以溯源,有些民俗的起源已经难以考证,而且民俗也总是随着时代的发展不断变化着其内涵和形式。研究者在研究民俗时,总是站在今天生活的立场,去解释过去。正如卡西尔所说:"历史知识是对确定的问题的回答,这个回答必须是由过去给予的;但是这些问题本身则是由现在——由我们现在的理智兴趣和现在的道德和社会需要——所提出和支配的。"[2] 一切历史都是现代史,对于民俗的认识,不论其历史有多长,我们都应该以今天的生活和发展需要为出发点去理解和把握,一方面认识到民俗过去的形式与局限;另一方面又更从容地审视民俗的现实状况并积极地塑造未来的理想民俗形式。也正由于民俗所具有的这种动态发展变化的特点,赋予了民俗更强大的教育可能空间。只要我们从教育的立场出发去反观民俗的过去和构造民俗的未来,民俗就可以发挥更大的教育功能。

---

[1] 恩斯特·卡西尔:《人论》,甘阳译,上海译文出版社2003年版,第171页。
[2] 恩斯特·卡西尔:《人论》,甘阳译,上海译文出版社2003年版,第280页。

(三) 传统民俗文化的教育价值

优秀的传统民俗文化本身蕴含的丰富教育教化价值，不仅通过在人们日常生活中的熏陶浸染得以体现，在当下的社会环境下，更可以在内容和形式方面为专门的教育提供多元支持。

第一，优秀传统民俗文化可以提供生活化的教育内容。我国的学校教育受传统知识学习观念和追求升学率的功利目标取向影响，在教育实践中偏重对书本符号性知识的讲解传授，而很少把书本上的符号性知识与社会现实和学生生活相联系，更很少为学生提供在实践中体验和应用知识的机会，这在很大程度上影响了学生对书本知识的深刻理解，造成了学生对符号知识的机械记忆，也进一步影响了学生学习的兴趣。在我国的优秀传统民俗文化中，包含着丰富而有效的生产、生活知识和技艺，诸如地方特色建筑、生产工艺、戏曲艺术、手工技艺、生活礼俗等，都可以为学生的发展提供丰富、直观的学习内容。尤其在学生的道德品质培养方面，优秀民俗文化的教化功能可以发挥重要作用。众所周知，思想信仰教育、道德理论教育和制度规范教育等是当今学校德育的重要内容。这些内容虽然重要，但在现实的学校教育过程中却突出地存在着内容抽象化、形式和途径以理论说教为主的情况，从而使学校教育出现两大问题：一是大部分学生的道德水平停留在道德认知层面，很难通过内化道德知识实现自觉的道德行为；二是新时期的学生个性特点较强，强制性地灌输空洞的道德知识容易引起学生的逆反心理。相比之下，扎根于具体生活情境的优秀传统民俗内容更容易发挥以文化人的效果，有效弥补当前学校德育的不足。民俗文化本身产生于长期的生活实践和深厚的历史积淀，不带有强制性，相反具有非常典型的实用性和生活性。民俗文化按照其内容特点可以分为物质民俗、社会民俗、意识民俗、岁时民俗、人生礼仪民俗、语言民俗、民间游乐民俗、生态科技民俗等。①不论是哪一种民俗,都是"成之于民,用之于民",并且其本身又具有一定的价值观养成、行为规范和心理调适的作用,这可以和学校德育充分结合。例如,将约定俗成的言行习惯、族规家训、人生礼仪等用于约束和规范学生的道德行为;将民间生产生活中形成的人与人以及人与自然和谐相处的思想意识用于学生正确道德价值观念的培养;将民俗节日和游戏用于大学生民族历史教育和民族精神培养,形成道德情感。这些丰富的民俗文化都能为学校德育提供广阔且生活化的教育资源。只有真正了解并接受了与生活密切相关的民俗文化,而不是接触脱离时代和生活背景的文化,才能使学生产生文化自信,自觉地遵守道德规范,深刻体会民族精神的所在,形成民族认同感。

第二,优秀传统民俗文化可以提供实践性的德育形式。德育是促进个体道德自主建构的价值引导活动[2],其本质是教育者将一定的社会思想道德规范转化为受教育者个体思想品德的过程。在这个过程中,受教育者只有积极地认识、体验和实践才能有效地促进道德内化。然而,当前学校德育却大多局限在学校内和教室中,以摆事实、讲道理的形式开展,导致学生的道德认知水平很高,但是缺乏良好的道德情感和坚韧的道德意志,道德行为更是无法表现出来。究其原因有两点:一是没有认识到德育内化过程的重要性;二是未能找到有效的实践性德育形式。苏霍姆林斯基说过,在人的灵魂深处有一种根深蒂固的需要,那就是希望自己是一个发现者、研究者、探索者。民俗教育是在生产生活实践过程中广泛开展的,具有很强的体验性和实践性。例如,受教育者在日常生活中学习待人接物、言行举止等礼仪民俗,在重大传统节日时学习岁时民俗,在日常玩耍中学习游戏民俗,在人际交流中学习语言民俗,在生

---

① 孙宽宁、徐继存:《城镇化进程中传统民俗的复兴策略研究》,《社会科学辑刊》2015年第6期。
② 檀传宝:《德育原理》,北京师范大学出版社2007年版,第3页。

产实践中学习生态科技民俗,等等。扎根于实践的民俗文化活动,一方面可以满足学生在实践中参与和体验的需要;另一方面,学生通过参与贴近生活实际的活动,可以产生情感的共鸣,实现道德规范的内化和道德行为的自然塑造。在学校德育中充分汲取民俗活动的实践形式,使有计划、有目的和有组织的学校德育与实践生活建立广泛的联系,可以有效提升学校德育的实际效果。

第三,优秀传统民俗文化可以提供多维度的教育途径。通常意义上,教育涵盖社会教育、社区教育、学校教育和家庭教育四个方面。就途径来看,教育是全方位和多维度的。但是在学校教育实践中却存在两个方面的问题:一方面是学校对教育认识的狭隘化,认为教育就是学校教育,忽视了社会和家庭在儿童教育中应有的地位和价值,从而使学校教育未能与其他教育途径进行有效整合,形成合力;另一方面是学校教育未能找到与其他教育协作的良好的契合点,让社会和家庭能够在合适的条件下主动参与学校教育实践,共同实践和推广学校教育的先进理念。针对学校教育途径窄化和单一的问题,优秀传统民俗文化可以发挥积极的桥梁和沟通作用。民俗文化孕育的基础就是民众的生产与生活,是多数人共同创造和遵循的风俗礼仪,这个创造和传承的过程具有极强的普遍性。民俗活动开展的基地是社会和家庭,不论是上层社会还是普通民众都能受到民俗文化的熏陶和感染,具有极其广泛的民众基础。为此,一方面,通过开展广泛的民俗文化活动,加强学校与社会、家庭在教育方面的联系,可以使学校建立多维度的教育途径;另一方面,通过这种联系,各区域和各民族的优秀民俗文化能够被学校所熟知并加以利用。首先,利用学校当地的民俗文化进行有针对性的教育工作,使学生易于接受,便于理解。其次,宣传各地优秀民俗文化,学生在了解和比较的过程中,既能增强民族认同感,又能缓和学生之间因为文化差异导致的矛盾。最后,学校通过和社会的联系也便于利用各地的文化场馆、名胜古迹来实施教育。总之，民俗文化活动能够有效促进学校与社会、家庭的联系，从而反哺学校教育，建立多维度的高效教育途径。

二 民俗文化传承与学校教育逻辑共通

学校教育以育人为本质属性，以促进个体身心全面发展，并根据时代变化改革创新，从而培养适应新时代的人为目标。而民俗文化从起源之初，便蕴含着教化育人的内涵与功能，随着时代的变迁，其非但没有消失泯灭，反而历久弥新，以愈加丰富充实的意义不断影响着一代代人。民俗文化传承与学校教育之间存在着诸多方面的共同点。首先，在价值取向上，二者都以育人为本质目标；其次，在核心属性方面，二者的现实意义都是为了借传统之意化当代之人，承过往开未来；最后，关注现实，以人为本，塑造个体精神是二者统一的实践路径。

（一）育人是二者共同的价值取向

学校教育的内涵随着社会发展和时代变革不断更新，也不断丰富，同样也由于一些功利化的教育教学目标而掺杂上太多的附属性质。一直以来，学校教育给我们的刻板印象就是传授知识，培养技能，从而获取一个好的分数以完成"教育"的目标。但从学校产生的起源以及学校的职责功能来说，归根结底，学校教育是国家向大众传递主流价值观的平台，是为了将每一个接受这种教育的个体培养成为身心健康发展的人。换言之，将个体培养成为完善的人，以实现其自身个性化与社会化才是学校教育的应然价值取向。因此，尽管附属属性的不断增加使得学校教育越来越成为无所不包、无所不能的代名词，但育人才是其最本质的属性。而民俗本来就是一种教育教化的存在，在其形成、发展、演变的过程中不断发挥着价值观念熏陶、行为规范约束和心理宣泄补偿等教育教化功能。虽然民俗并不像科学一样给予我们清晰的思维,也不像道德一样鲜明地界定我们的行为,它没有说教,也并不强制,但它却在人们流动的生活中呈现了一种秩序,一种可见、可触、可感的外观秩序。生活在具有特定规范秩序的民俗氛围中,可以让人自然产生归属感,明确自我定位,避免无序与迷失的焦虑与恐惧。民俗同样是一种道德力量,对个体行为产生强有力的外在约束作用,从而有助于社会的控制和治理。它还有助于形成一种潜移默化的文化氛围,让人在无意识中形成特定的伦理观念和思维与行为的习惯。过什么样的生活,就是什么样的人,民俗通过影响人们的生活进而影响着人们的思想和观念,从而对生活于其中的人们发挥着持久而深刻的教育作用。以育人作为基本的价值取向,民俗传承和学校教育可以在实践中忠于初心,携手同行。

(二) 继往开来是二者相同的核心属性

民俗是具有突出历史特性的现象,对于民俗的认识,需要有历史的眼光。对民俗的认识和把握与对历史的研究有着共同性:当前的研究只能对过去进行一种理想的重建,却永远不能进行经验事实的观察。因为,研究者对民俗所有的分析和理解只是建立在历史遗留的零散资料层面。但是,研究民俗的过去不是为了回忆,而是为了让民俗在今天更加鲜活。研究者在研究民俗时,总是站在今天生活的立场去解释过去。所以,对于民俗的认识,不论其历史有多长,我们都应该以今天的生活和发展需要为出发点去理解和把握,一方面认识到民俗过去的形式与局限;另一方面又更从容地审视民俗的现状并积极地塑造未来的理想民俗形式。学校教育同样不能以一种亘古不变的形态而存在,当前的学校教育实质是以市场需求为导向的教育模式,不管其教育内容与教育方式如何传承,其培养与塑造的人都需要适应不断变化着的社会,而不是只为了延续过去。另外,学校属性中的超前性决定了其教育目标的前瞻性与未来性,学校教育不是为过去服务的,而是在适应现在的前提下,进一步培养社会未来发展所需要的人才。以变化的眼光提供发展的教育，以当下的社会培育未来的人才是学校教育的功能所在。也正由于民俗和学校教育同时具有的这种动态发展变化的特点，赋予了民俗更强大的教育空间，只要我们从教育的立场出发，在学校教育中反观民俗的过去和构造民俗的未来，民俗就可以发挥更大的教育功能，学校教育也才会更充分地体现出它的真正价值。

（三）基于现实塑造精神是二者一致的实践路径

民俗包含着特定群体生活生存的理论和方式、理念和认识，它通过多种形式表现出来，包括以人们物质生产生活产品总和为形态的物态形式，以人们实践活动中约定俗成而沿袭遵守的规范模式呈现的行为方式，以及人们在对待生产生活的诸多问题时所表现出来的普遍心理倾向的心态特征。民俗以一种最贴近生活却又隐藏不露的方式教化着人们。它的教化作用不会像传统学科知识那样外化于形，可以以成绩分数展示学习效果；更不会与普遍存在的评价方式一致，进行外在物质化的奖励或惩罚。它所蕴含的教育价值与其形成的过程一致，即社会与个体的认知过程、同化过程以及内化过程。学校教育是基于现实的需求决定对个体传授的内容，因此其具体目标与内容总是因时而变。综观多年来的学校教育改革，始终离不开社会现实对其的引领与指导，脱离实际独立存在的学校教育是没有生命力的。而在这样的环境约束下，教育活动仍然有别于其他社会活动。教育活动之所以能够从其他社会生产生活中分离出来独立存在，是因为其所具有的独特功能和价值。教育是通过对人产生作用和影响来体现其功能和价值的，所以从根本上说，"教育是培养人的社会活动，这是教育的质的规定性或教育的本质"[1]。知识传授对学校教育来说只能算作教育手段，而不能是目的，在以人为主体的领

---

[1] 王道俊、王汉澜：《教育学》，人民教育出版社1989年版，第41页。

域，关照个体的精神塑造才是学校教育得以实现的唯一路径。民俗传承与学校教育都要以人的塑造为根本，以现实生活的具体情境为落脚点，二者的实践路径具有极大的共通性。

三 学校的民俗文化传承使命

教育与社会的关系一直是社会学家、文化学家们关注的重要话题。法国社会学家涂尔干说："教育是年轻一代系统地社会化的过程。我们可以这样说，在我们每个人身上都有两种存在，尽管除非我们借助抽象的方法，否则两者是无法分割的，但它们依然有所区别。一种是由仅仅适用于我们本身以及我们个人生活事件的所有心态构成的，我们可以称之为个体存在。另一种是一套观念、情感和实践的体系，它们所表现的并不是我们的人格，而是我们所参与的群体或各个不同的群体；它们是宗教信仰、道德信仰和实践、民族或职业传统以及各种类型的集体意见；它们的总体构成了社会存在。而教育的目的，就是在我们每个人身上形成这种社会存在。"[1] 在某种程度上可以说，教育是一个社会文明延续的重要手段，从另一个角度说，教育的根本属性就是其社会性质。而现代学校教育的社会性更加突出，其文化影响具有广泛性和系统性，实践方式具有专业性和高效性，学校教育是社会文化传承与发展的核心场域。在我国积极提倡和推动优秀传统民俗文化传承与复兴的大背景下，学校作为社会特定的文化场域理应勇于承担民俗文化的传承职责。

综观学校教育的发展历史，学校自创建之日起，就是国家公共事业的重要组成部分，是维系社会的重要文化场域，"在我们创造并生活于其中的社会世界，学校教育享有正式、正统的文化地位，被赋予广泛的社会合法性和强大的社会公信力。从学校教育同整个社会文化的互动来看，学校教育不仅具有教育功能，还发挥着重要的文化续构、文化形

---

[1] [法]爱弥儿·涂尔干：《道德教育》，上海人民出版社2001年版，第309—310页。

塑、文化分配和文化感通功能"①。可以说，学校是一个文化融合再生的社会有机体，是容纳传统并结合现实从而推动社会文化发展的重要社会机制。

当然，学校教育所担负的文化使命，不是做传统民俗文化的卫道士，而是要在现代化的广阔背景下进行一种自觉的、批判性的文化实践，在文化育人的同时促成文化的自新。

（一）学校对传统民俗的文化自信与自知

在学校教育纳入国家教育体系的过程中，学校与社会民众生活中的民俗文化之间存在一种复杂的既疏远又亲近的关系。所谓疏远，是指学校教育的设立、运营、管理、课程、教学等处处体现着国家意志，与普通民众的生活无关，传统民俗长期被排斥在学校的围墙之外；所谓亲近，是指传统民俗文化构成了学校师生无法抽离的生存环境，他们的思想和行为方式被烙上深深的社会民俗生活的印迹，尤其是区域特色明显的民俗文化的印迹，虽然他们可能日用而不自知。不管是疏远还是亲近，学校教育对传统民俗文化都缺乏认真的审视和深刻的认知。当下，倘若想要促使危机重重的传统民俗文化重新焕发生机，就必须对这一关系进行翻转和重建，即学校教育应对传统民俗文化抱持一种新的既亲近又疏远的态度。所谓亲近，是指学校教育应充分认识到传统民俗在形成儿童的文化意象、培育儿童的文化精神生命方面不可替代的作用，从而对传统民俗具有足够的文化自信和情感认同，自觉打破与传统民俗之间的区隔，主动将传统民俗作为教育资源纳入学校教育，拓宽学校教育的文化基础，培养儿童对传统民俗的亲近与认同；所谓疏远，则是指学校教育在积极关注与充分利用传统民俗的同时，应与之保持必要的距离，持一种审慎的冷静态度。传统民俗毕竟是前现代社会的产物，与落后的

---

① 李令永：《学校的文化功能》，《教育理论与实践》2010 年第 4 期。

生产生活方式联系在一起，其中包含一些封建、愚昧、迷信、陈腐的因素。学校应对此具有清醒的认知和判断，应以是否有利于学生成长为准绳，对传统民俗文化进行提取甚至改造。

（二）教师对传统民俗的文化自觉与担当

教师既是学校教育体系中的职业人，也是社会生活中的知识精英。他们一边教书育人、培养学生，履行其职业使命，一边深度卷入社会生活，成为各种传统民俗的承载者和实践者。尤其在很多乡村地区，教师往往是很多风俗仪式的组织者、邻里纠纷的调节者以及人类文明在乡村的诠释者、启蒙者，他们践行着乡村知识分子使命。他们虽未自觉地把民俗文化带入学校和课堂，却自发地用自己的生活方式行不言之教。虽然，在现代教师专业化视域中，这样的乡村教师很可能是不"专业"的。为提高其"专业性"，各级教育管理部门制定实施了各种制度、规范、培训、研修。但是这些对乡村教师的培训、研修多以教育理论素养的提升为目的、以城市教师素质结构要求为参照，往往是疏离乡村社会和缺失乡村想象的。也就是说，乡村教师越专业，就越像一个城市教师。这种割裂文化经脉的专业化很难真正收到使乡村教师"凤凰涅槃"的效果，因为，无论他们如何用力追赶都会不可避免地成为教师专业化进程中的边缘人、落后者。专业发展的劳作及其挫败，磨蚀了乡村教师兼乡村知识分子的自如和自信，面对乡村文化的日渐荒芜乃至乡村教育的收缩凋敝，徒有叹息与彷徨。要改变这一现状，必须唤醒乡村教师的文化自觉——对教师专业化和传统民俗的双重文化自觉。教师专业化在本质上是教师文化的转型，这一文化转型的主体是教师，除非教师自愿自主，否则文化转型不可能真正发生；这一文化转型也不是连根拔起式的除旧布新，而只能立足于教师所置身的文化地基。乡村教师应努力摆脱完全被动和自我割裂式的专业化路径，坚守自身与乡村文化之间的亲密关系，不断探索现代教育理念、方法与乡村文化结合的可能性，在这一过程中深度关注传统民俗的命运,自觉担当赓续乡村文化基因的重任。如此,乡村教师才可能成为陶行知所说的"有农夫的身手、科学的头脑、改造社会的精神"的"活的乡村教师"[①]。这样的乡村教师才是最专业的乡村教师!2015年6月1日,国务院发布《乡村教师支持计划(2015—2020年)》,提出通过改革和创新相关机制促进乡村教师发展,这为乡村教师的文化自觉提供了广阔的制度空间和有力的政策支持。

(三)课程对传统民俗的文化批判与选择

学校对传统民俗的文化自信与教师对传统民俗的文化自觉,都必须落实到学校的课程体系中,才是现实的和可能的。因为课程是学校教育最重要的抓手和最直接的依托。当前,我国课程政策中明确规定且已全面实施三级课程管理体制,赋予学校充分的课程自主权,鼓励学校自主开发具有适应性、特色性的校本课程,这为传统民俗从校外的民众生活走向学校、从"空无课程"变为现实课程扫清了制度障碍,也为传统民俗从散诸四野、依赖口耳相传到整理成篇,从自发熏陶到正式传承,提供了体制保障和思想支持。当然,这同时需要一种课程层面的文化自觉,即课程对传统民俗的文化批判以及在批判基础上的选择。换句话说,传统民俗进入学校课程体系,不是原样搬入,而必须基于文化批判的立场,对其进行过滤、筛选、提纯乃至改造。批判的尺度是多方面的,既包括人文的尺度、道德的尺度,也包括教育的尺度、教学的尺度。也就是说,作为课程资源的传统民俗必须同时是需要教育传承、能够教育传承和适于教育传承的。

四 学校传承民俗文化的教育立场

在21世纪以来的基础教育课程改革背景下,很多学校开展了丰富

[①] 胡晓风等:《陶行知教育文集》,四川教育出版社2007年版,第157页。

多彩的民俗文化活动，有的学校开设了专门的民俗文化课程。这些课程从技艺类的剪纸、泥塑、扎染，曲艺类的快板、评书、戏曲，到益智类的楹联、灯谜、版画，再到节庆类的元旦包水饺、中秋做月饼，等等，似乎社会认可和提倡的民俗，都可以在校园中找到相应的内容。毋庸置疑，学校积极开展的这些民俗活动，有助于优秀民俗文化的传承，但同时，我们也发现，一些学校以传承民俗为出发点，盲目追求民俗活动的种类和数量，注重对传统民俗的机械还原，却偏离了学校育人的教育立场，导致民俗文化传承与学校育人活动机械割裂，造成了民俗文化传承与学生身心发展的双重低效。对此，学校必须树立鲜明的教育立场，基于优秀民俗文化的教育教化价值，精心选择纳入学校教育系统的民俗类型，并根据学生身心发展的特点和需求科学设计民俗的内容和形式，使优秀民俗在以文化人的同时，与学生的认知、情感、行为自然融合，从而实现有效传承。

（一）学校民俗文化实践的传承性取向

与社会其他领域相比，在保护和传承优秀民俗文化方面，学校教育无疑具有独特的优势。一方面，学校教育的对象几乎囊括所有年青一代，在教育系统内传承民俗文化自然具有最广泛的影响和最大的效益；另一方面，人类千百年积累的文化遗产本身就是学校教育内容的主要来源，优秀民俗文化是其中的一部分。正因如此，人们也就自然而然地把民俗文化传承与学校教育联系在一起。综观我国的学校教育，很多学校积极响应国家推进中华优秀传统文化教育的号召，以传承民俗文化为出发点来设计、组织、开展民俗文化活动，开发了丰富多彩的民俗课程，配备了相应的设备设施，开展了专门的学习体验活动。然而，当人们基于传承立场把民俗文化纳入学校教育系统时，学校情境中的民俗文化事象就开始弥漫着朴素而浓厚的传承性情愫。正如人们通常所理解的，传承就是传授和继承，"传承一种民俗，就意味着该民俗的核心内容与形式在一定群体和地域世代相传，在相当长的历史时期内保持稳定不变"①。于是，客观还原传统民俗成为很多学校开展民俗文化活动的根本追求。而这种传承性情愫与当前功利化的教育评价相互影响，诱发了学校民俗文化活动主客错位、本末倒置、脱离生活等问题，并进一步造成了本应作为学校育人重要中介的民俗文化活动之教育品性的丧失和民俗传承的低效甚至无效。

第一，师生角色与民俗文化主客错位，背离了学校教育的育人本质。当学校民俗文化活动把传承民俗文化作为根本追求，那么，注重对民俗原貌的推崇与维护，强调传统民俗风貌的客观再现就成为学校开展民俗活动的重要标准。于是，很多学校想方设法聘请民间的传统民俗艺人到学校来指导民俗活动或直接担任教师；精心建设民俗活动场馆和设备设施；让学生读古书、穿古装、行古礼，等等，不一而足。在这一过程中，民俗本身始终是学校教育关注的焦点，师生则成为服务于民俗传承的人。在这样的学校民俗活动中，符号性知识与技能的复刻成为核心目标，教师要尽可能忠实地为学生呈现客观的传统民俗，学生则毫不质疑地模仿和接受传统民俗的内容与形式。当然，即使学校做了许多努力，仍然难以做到对民俗文化的客观再现，因为一种真正的文化总是印刻着它所产生与发展的特定时空的韵味，而我们无法回到过去，也就无从客观把握过去的民俗。但学校对民俗文化活动的传承性定位，已经在无形中剥夺了师生的主体地位和角色，民俗文化成为学校民俗活动的实际主体，师生则被本应作为教育中介的民俗文化所支配，沦落为满足民俗文化传承需求的客体。这种师生被民俗文化异化的局面，无疑背离了学校教育的育人本质。

第二，物化活动与精神体悟本末倒置，限制了学生素养的有效提升。民俗文化作为文化的一种特殊形式，既凝结在物质之中又游离于物

---

① 姜又春：《民俗传承论》，《青海民族研究》2012年第3期。

质之外。当我们站在时代发展的今天审视传统民俗文化时，其作为工具和物质客体的实用价值已经微乎其微，其所蕴含和表达的精神层面的观念才对当今社会主流文化的塑造具有深刻意义，而这也正是学校传承民俗文化应该关注和把握的重点。然而，当前学校的民俗文化活动，受教育者文化素养水平限制和功利性社会环境影响，以再现传统为根本，以可操作的民俗工具使用、民俗物品制作、民俗活动再现等为主要内容，侧重于对学生进行技能训练，重视学生的外化作品，缺乏对民俗事象精神意义的分析和学生精神体悟的引导。比如全国很多中小学都开设以"传统剪纸文化"为主题的剪纸课程，在这类课程的实施中，教师主要聚焦于剪纸技法，看重学生的最后作品，却很少引领学生去分析和领悟剪纸文化产生的背景和渊源、剪纸图案设计的精神内涵与寓意。这样的物化活动带来的只是儿童对于新鲜事物的体验，而非内化于心的民俗观念认识，无法真正发挥浸润儿童心灵的精神价值。而且这样的民俗文化活动只需要学生服从、模仿，并不需要他们有自己的价值诉求和主观认同，这不仅不能培养学生真正的民俗文化兴趣和习惯，还可能因为意义的缺失，而使学习活动变得索然无味，进而造成学生对民俗文化的厌弃。

　　第三，远离生活的形式化实施，无法实现民俗的真正传承。现实生活是民俗存在的基本场域，一旦脱离了现实生活，民俗就成为一种历史文化现象。中小学开展民俗文化活动，目的不是让学生把民俗作为一种历史现象来研究，而是更好地优化当今生活。所以，生活化应该是学校民俗文化活动的基本属性。然而，目前中小学的民俗文化活动，不论是作为长期的正式课程开设，还是作为临时性的校园文化活动开展，往往都局限于非常有限的课时和活动场地之内，一旦活动结束，对民俗知识技能的学习和对民俗实践的体验也就结束，学生的日常生活不会因为学校民俗文化活动的开展而发生任何变化。就如上文提到的剪纸课程，很多学校作为特色进行宣传，但可见的只是专门的展示室里保存的学生优秀作品。虽然很多学生掌握了剪纸技法，但在日常生活中或某些节庆日，学生并没有以剪纸的方式恰当表达期许或祝愿的意识与能力。在这种情况下，学生不可能真正形成对剪纸文化的认同，不可能把剪纸作为一种心灵或精神的表达与依托，更不可能形成文化的自觉与自愿。所以，一种民俗，如果忽视其与民众日常生活的联系，不与时俱进地思考其创新发展，无法展现其当下的精神价值，这种民俗就会成为一种虚假的形式，丧失生命力。而这种与现实生活隔离的所谓民俗，就如成人眼中的儿时玩具，有情怀却无法再给予我们身心的满足与精神层次的提高，也自然难以得到真正的传承。

（二）教育性是学校传承民俗文化的逻辑起点

当前中小学民俗文化活动的传承性倾向，使学校民俗文化实践呈现突出的只求历史、不问未来的单向度特点。在这种传承性立场下，传统的客观民俗事象不仅成为学校民俗文化活动的依据，而且自然而然地限定了学校民俗文化活动的价值取向和评判尺度。这种立场，从其确立之初就把学生的选择、质疑、批判等权利排除在外，使他们只成为传统民俗在现实社会的机械收纳者，而不可能超越传统，成长为现实社会中有责任感、创新精神和实践能力的自我。这是与我国《教育法》中所规定的"教育应当坚持立德树人，对受教育者加强社会主义核心价值观教育，增强受教育者的社会责任感、创新精神和实践能力"相背离的。要解决这一问题，我们必须把传统民俗文化放在学校教育这个特定场域中进行理解和把握。

教育活动之所以能够从其他社会生产生活中分离出来独立存在，是因为其所具有的独特功能和价值。教育是通过对人产生作用和影响来体现其功能和价值的，所以从根本上说，"教育是培养人的社会活动，这

第四章　学校传承民俗文化的逻辑与立场

是教育的质的规定性或教育的本质"[1]。然而，由于个体联系的丰富性和多元性，有人把"教育的育人功能、价值泛化为受过教育的人的功能、价值，把受过教育的人所从事的生产、文化、政治等活动的作用都归之为教育的功能、价值"[2]。受教育功能泛化思想的影响，学校教育作为"有目的、有组织并具有高度自觉性和高度进取性的教育形态"[3]，其包含的人、事、物，本应该以育人为根本宗旨，但人们却不理性思考学校教育能够做什么和应该做什么，而是把很多超出学校教育职责范围的社会义务和责任不断转嫁到学校教育身上。"在今天，学校教育承担的社会功能越来越多，而学校教育必须承担的最为基本的社会功能却往往得不到正常的发挥。一些极端的教育功能观，以及基于利益考虑的片面的教育价值取向，导致了教育功能选择的偏颇与失误。"[4] 而学校教育一旦偏离或者弱化了自己的基本育人功能，其他功能往往也难以真正有效地实现，因为任何不以培育主体为核心目标的活动都不可能具有内生力和持久性。

以传承为出发点把民俗文化纳入学校教育，在一定程度上存在着对学校教育功能的泛化。毋庸置疑，"受社会转型和城镇化进程的冲击，我国传统民俗文化不断式微，民众精神文化内涵空乏现象严重"[5]，无论是对优秀传统文化遗产的保护而言，还是对青少年的民族自信心和爱国主义精神培养而言，传承优秀民俗文化都是重要而迫切的。然而，这只是体现了传承民俗文化的必要性，并不能由此妄言学校教育"必须"而且"一定能"传承民俗文化。因为要真正在学校场域中把传承民俗

---

[1] 王道俊、王汉澜：《教育学》，人民教育出版社1989年版，第41页。
[2] 雷鸣强：《教育的万能、无能、本能——对教育功能、价值认识的反思》，《南京师大学报》（社会科学版）1996年第2期。
[3] 赵庆来：《学校教育功能的泛化及反思》，《教育科学论坛》2011年第10期。
[4] 黄藤：《学校教育基本功能新探》，《教育研究》2006年第10期。
[5] 孙宽宁、徐继存：《城镇化进程中传统民俗的复兴策略研究》，《社会科学辑刊》2015年第6期。

教育视野中的传统民俗文化传承

文化付诸实践，还必须认真考虑其需要具备的内外部条件，即可行性和效益性因素。正如上文所述，育人是教育的本质，学校是培养人的社会机构，育人是其必然的职责与使命，如若不以育人为目的，而额外要求学校承担传承民俗文化的职责，则会大大分散学校育人的资源和力量。学校教育的基本功能是育人，即使学校教育在育人过程中还可以达成其他的效果，这些效果也只是学校教育的"副产品"，附属于育人的主要工作，过于夸大"副产品"效果，就会使"副产品"喧宾夺主，冲击或者弱化学校教育的育人职能。当前的一些教育实践者，正是被这些"副产品"所吸引，在自己的工作中偏离了主要方向，结果捡了芝麻丢了西瓜。更进一步讲，育人是学校的专长，在开展民俗文化活动、宣传民俗文化意义方面，国家文化部门和宣传部门会更专业和擅长，从资源充分利用和效益最大化原则来看，学校传承民俗文化属于以己之短，做他人所长，结果往往得不偿失。

游离于学校育人之外来强调对民俗文化的传承，还反映出人们对民俗文化传承理解的狭隘。民俗是具有突出历史特性的现象，化民成俗需要经历一个长久的过程。在这一过程中，民俗所蕴含的物态形式、行为方式、心态特征一边慢慢积淀成型，一边随着时代的发展不断变化着其内涵和形式。其中，民俗的物态形式，如建筑物的材质、服饰的风格特点、传统的生产工艺和生活用品等，容易受外在客观条件的影响和决定，当时间跨度较大时，其实用价值往往会迅速降低，可传承性不强。而人们在特定客观条件和长期的行为模式中孕育的价值观念、审美情趣、思维方式等主观因素，虽然似隐若无，却是民俗文化中最不容易受外在条件制约，从而影响最为深远和持久的部分，也是最值得传承的部分。这些内容内隐于民俗文化主体的观念、思维、品格中，并通过主体的人来承载和传播。在民俗文化传承中，忽视了核心的人的因素，会使民俗文化的传承陷入形式化和碎片化的误区。正如有人评论说："虽然

第四章 学校传承民俗文化的逻辑与立场

通俗国学热和传统文化热已经热了几年,但并未能承担起重塑民族魂的历史使命,而只是变成媒体流行现象。一些传统节日受到重视,成为法定假日,但同时也流于片段形式:端午节变成划船节,中秋节变成月饼节,除夕团圆饭变成酒楼宴。"①之所以出现"有活动而无文化,活动结束无民俗"的现象,是因为我们忽视了民俗文化突出的延续性和内隐性特征,关注了民俗文化的外显活动,忽略了内隐于活动者的文化观念与精神;只强调了外显活动作为民俗文化载体的作用,而忽视了活生生的人才是民俗文化更具延续价值的实质性载体。把民俗文化纳入学校教育,如果脱离对人的培养而单一强调传承,也难免会步入这种低效的形式误区。

当然,从多方面探讨学校民俗文化实践存在的问题,并不是简单否定学校传承民俗文化,而是强调学校对民俗文化的传承,需要建立在学校育人的基础之上。换句话说,学校传承民俗文化应该具有明确的教育立场。学校之所以可以有效承载传承民俗文化的责任,是因为一些优秀民俗文化本身蕴含着丰富的教育教化价值,因为"不论民俗来源于哪里,它都有意无意地承载着某些希望,展现着某种情感,体现着某种信仰,规约某些行为"②。当学校把与学校培养目标一致的民俗内容和形式充分利用起来,实现有效育人时,学生也就自然被民俗文化所浸润和熏染,其言谈与举止、观念与思维都会留下特定民俗的烙印。于是,学生在不知不觉中已经成为特定民俗文化的实际承载者,而其作为社会个体的存在与生活,也就是对民俗文化的传承和践行。

总之,学校不是不可以传承民俗文化,而是不应该脱离教育的立场和育人的目的而机械空泛地传承民俗文化。民俗作为一个社会群体在长

---

① 张铭远:《从大视野看中国民俗学未来30年的挑战与机遇》,《山东社会科学》2011年第1期。
② 徐广华、孙宽宁:《论民俗文化的学校教育传承》,《当代教育科学》2018年第7期。

期的生产实践和社会生活中逐渐形成并世代相传、较为稳定的文化事项，从根本上说，是由生活于其中的一个个主体的人来承载和展现的。所以，民俗文化的传承活动，实质是培养能够在生产生活中认同并从事特定风尚和习俗的人的活动。换句话说，传承民俗文化也是育人。当前一些学校举着传承民俗文化的大旗，无视学生的成长和发展，一味地要求学生对传统民俗文化内容进行机械记忆和模仿，在无形中僭越了学校的育人功能，造成了学校育人活动与民俗文化活动的两张皮现象，导致了民俗文化传承与学生民族精神培养的双重低效。对此，只有通过把握学校育人功能与民俗文化传承的共通点，重新定位学校民俗文化实践的教育立场，才能使当前的问题得到切实改善。

(三) 从教育视域审视民俗文化及其传承

基于教育立场的学校民俗文化传承，需要从学生发展的需求出发把握民俗文化的特性，从教育视角精心选择和挖掘民俗文化的育人价值，使优秀民俗文化在促进学生成长发展的过程中获得自然传承。其实，民俗本来就是一种教育教化的存在，在其形成、发展、演变的过程中不断发挥着价值观念熏陶、行为规范约束和心理宣泄补偿等教育教化功能。过什么样的生活，就是什么样的人，民俗通过影响人们的生活进而影响着人们的思想和观念，从而对生活于其中的人们发挥着持久而深刻的教育作用。借助民俗的这种独特的教育作用，学校得以更全面而充分地彰显育人价值。

首先，民俗文化是一种学生成长的意义关系场域。在民俗学或文化学研究中，民俗文化是研究的对象，为了研究与表达的方便，研究者往往把民俗文化从其原本所在的特定情景中剥离出来，进行抽象的界定和分类。这种经过抽象处理的民俗文化，与其在现实中原生态的存在状态相比，已经在性质上发生了根本的变化。实然存在的民俗文化，总是特定的民俗主体，在特定的地域时空内，围绕具体的生活主题而呈现出来

第四章　学校传承民俗文化的逻辑与立场

的某种行为或观念，这样的民俗文化是个性主体价值选择和生命体验的反映；而研究视野中的民俗文化则往往被预设为一种共识性的、事实性的本体性知识，可以进行纯粹的科学研究。毫无疑问，对于绝大多数学校而言，除了极少数与民俗文化相关的特定专业外，其对民俗文化的关注并非以研究为目的，而是如国家要求和学校声明的那样，是为了不断式微和消解的优秀传统民俗文化可以在当今民众生活中再现。不同的目的决定着不同的实践，民俗文化研究和民俗文化传承遵循着两种不同的行动路向，民俗文化研究是把具体民俗逐步抽象概括的脱域过程，而民俗文化传承是把符号化记载的抽象民俗重新赋予现实生活意义，使其具体化和日常化的过程。

杜威在百年前就曾经说："忽略区分与分类的功能而把它们看成是表示了事物本身的特征这种倾向，乃是科学专门化的流行谬误。"[1] 基于教育立场在学校中开展民俗文化活动，需要避免民俗研究的思维误区，克服知识传授的机械模式，明确民俗文化生活化的清晰方向，把民俗文化放置于对学生具有实际生活意义的实践场域，让学生成长发展的生活过程，同时成为民俗活动实践过程。"文化并非别的，乃是人类生活的样法。"[2] 民俗文化也一样，它不是外在于个体生活而单独存在的东西，而是个体具体生活的模样。具有教育性的民俗文化，应该包含特定的生活意义关系，如春节贴春联，春联的内容总是与贴春联者对生活的期望与祝福具有内在关联，再如沿海渔民祭海，表达的是对大自然的敬畏和庇佑祈求。学生通过对这种意义关系的体验和理解，来逐渐形成对特定场域下的生活方式的认识和立场，从而不断塑造和发展自我，促进自我成长。

其次，民俗文化传承就是创设一种文化生活情境。民俗文化在社会生活中的自然传承主要有两种方式，一种是儿童直接参与成人所做的事

---

[1] 转引自恩斯特·卡西尔《人论》，甘阳译，上海译文出版社2013年版，第114页。
[2] 梁漱溟：《东西文化及其哲学》，商务印书馆1999年版，第60页。

去学习成人的风俗，获得他们的情感倾向和种种观念，类似于学徒；另一种是间接参与，通过类似于成人活动的模仿游戏，儿童习得成人的做法。这两种方式，不论是正式的参与还是游戏性质的参与，儿童都身临其境，可以获得实际的经验。这些经验，从日常行动中来，也容易自然地付诸行动。然而，受我国社会转型和城镇化进程等的冲击和影响，很多优秀民俗文化在社会生活中已经非常稀少甚至消失，仅依靠这种自然方式进行传承效果微乎其微。

相比而言，学校传承民俗文化，比这种在社会生活中偶然的、非正式的传承在目标上更加明确，在内容上更加全面，在方式上更加简洁和高效，但是也会面临着一种危险。因为学校从社会现实生活或民俗文献资料中选取民俗文化内容，往往要经历一个对民俗文化再组织的过程，参与这一过程的主要是课程专家、学校教师，他们经常会有意无意地把民俗文化研究的思路和方法带入这一过程，把很多鲜活的民俗实践活动转化为更具普适性的符号性知识。这种做法，虽然丰富了学校教育的内容，但也往往会与生活经验的材料脱节。在这种情况下，即使学生可以在学校中获得这些符号性的民俗文化知识，它们对学生而言也多是遥远的、陌生的东西，难以转化为学生所熟悉的生活经验。自然，这些内容也就不容易被学生应用于实际的生活，从而无法影响学生社会生活观念、方式等的形成或改变。

从个体学习与发展的基本规律来看，个体真正习得一种民俗文化，需要三个条件。第一，这种民俗文化包含特定的生活意义关系；第二，学生能够结合自己的已有经验理解民俗文化中的特定生活意义关系；第三，学生要有意愿和机会在自己的生活中实践这种民俗文化，体会其所包含的生活意义关系。因为如果"他不能参与到这些关系中去，文化的含义也就不会传达给他，也就不能变成他自己心智倾向的一部分"[1]。

---

[1] 赵祥麟、王承绪：《杜威教育名篇》，教育科学出版社2006年版，第119—120页。

第四章　学校传承民俗文化的逻辑与立场

要把民俗文化中的生活意义关系呈现给学生，并使之参与其中，必须借助一定的文化生活情境来进行。因为，"成年人有意识地控制未成熟者所受的教育，唯一的方法是控制他们的环境，他们在这个环境中行动、思考和感受。我们从来没有直接地进行教育，而是通过环境间接地进行"①。要充分发挥民俗文化的教育功能，使学校传承民俗文化取得良好效果，学校应该有意识地整合偶然的、非正式的自然传承与有意识的、正式的教育传承各自的优势，一方面科学设计民俗文化课程，高效传授民俗文化知识与技能；另一方面精心规划学生的校内生活情境，使之具有民俗文化生活的特点和氛围，并使民俗文化的知识与现实生活的感受与体验彼此呼应，从而实现学生知识学习与现实生活的统一，学校育人与民俗传承的统一，真正在传承民俗的过程中实现学生的成长发展。

　　皮之不存，毛将焉附？作为主体的学生就是未来社会的广大民众，是民俗的真正承载者，无视学生发展的狭隘民俗传承，是一种南辕北辙的行为。教育性是民俗文化与学校教育的共通点，也是在学校教育中传承民俗文化的逻辑起点。民俗应作为一种育人的途径和方式，服务于学校对未来人才的培养与塑造。也正是在塑造未来人才的过程中，民俗本身才能得以延续和传承。所以，学校传承民俗文化，本质是通过改造学生的生活方式、思维方式、行为习惯，来培育具有某种民俗文化特质的人。学校教育这一特殊场域决定了学校传承民俗文化必然以教育性作为根本立场，以育人作为终极追求。

---

① 赵祥麟、王承绪：《杜威教育名篇》，教育科学出版社2006年版，第119—120页。

第五章 民俗文化从生活域到教育场的转换

民俗文化的学校教育传承意味着民俗由社会场域到学校场域的转移。法国社会学家皮埃尔·布迪厄的场域理论认为，场域本质上是一个关系系统，具有自身逻辑与自主空间，场域间总是明显地具有各种或多或少的已经制度化的"进入壁垒"（Barriers to Entry），外在因素只有通过场域的特有形式和力量的特定中介环节，预先经历重新塑形的过程，才对场域内行动者产生影响。[①] 所以，民俗由社会场域进入学校场域进行学校教育传承，必然会面临着学校场域一系列的"进入壁垒"，需要进行学校场域重塑的过程，才能借助学校场域的优势，实现民俗的高效传承。

一 民俗文化入校的场域壁垒

学校是专门进行教育的机构，是具有自身逻辑和必然性的自主空间的社会子场域。相较于社会场域而言，学校场域是一个相对封闭、狭窄的物理空间，同时也是排除了社会生活中的丑陋现象、具有一定道德行为规范、依据教育目标系统进行教育活动的制度化的意义场域。民俗的学校传承意味着民俗由社会场域到学校场域的转移，场域间的差异意味

[①] ［法］皮埃尔·布迪厄、［美］华德康：《实践与反思：反思社会学导引》，李猛、李康译，中央编译出版社2004年版，第134页。

着民俗的传承面临着场域壁垒。具体而言，民俗的学校传承以师生为民俗传承主体，基于师生角色职责与规范，通过学校教育进行民俗传承。与之相对，社会是民俗扎根的场域，为民俗提供营养与庇佑；广大民众是民俗文化传承的主体，基于自我认识享用、传承民俗；民俗也在民众的创造与享用中自然延续。所以，民俗进入学校传承的场域壁垒具体表现为民俗传承性质、主体认识、传承内容的差异。

第一，从自然延续到教育传承的民俗传承性质差异。民俗入校，民俗传承也因此由自然延续转为教育传承，面临着由自然演化到系统实施、由适者生存到价值本位的性质差异。一方面，民俗在社会场域中自然延续，遵循着"丛林法则"，适者生存。民众的创造与享用维持着民俗的传承。社会是民俗产生、发展的舞台，社会客观条件与民众主观需要碰撞、调适或契合，民俗就会产生，并且在丰富人们生活、寄托民众精神诉求、增进社会群体交往的过程中进行传承。这一传承是无意识的，在日常生活中，民众处于周围民俗事象潜移默化的浸染和熏陶之中，会形成一种潜在的心理力量，去自觉主动地进行民俗的传承，且这一传承具有不可抗拒性。[①]同时，自然延续也潜在包含延续的终止或断层，当民俗不被需要或享用，延续就会在民众的无意识中渐渐终止。另一方面，民俗的教育传承，强调价值本位，系统实施。学校是国家教育体系的一部分，学校教育是有目的、有计划地系统传承科学知识的专门教育活动，依据社会发展需要与学生身心发展水平把有助于未来美好社会生活的内容传递和保存起来。民俗的学校传承以民俗的教育价值与社会意义为前提，民俗的学校教育过程即是对有价值的民俗文化进行保护、保存及传承的过程。所以，民俗的自然延续与教育传承存在着性质上的冲突，厘清民俗的学校教育价值，进行民俗传承的系统化设计，成为民俗在学校教育中高效传承的

---

① 陶立璠：《民俗学概论》，中央民族学院出版社1987年版，第37页。

必要准备。

　　第二，从自我导向到角色导向的民俗主体观念差异。在民俗传承过程中，社会民众与学校师生对民俗认识的差异表现为自我导向型与角色导向型观念的差异。社会场域内，广大民众多基于自我认识、感受进行民俗的传承，自我观念引导着自身的民俗传承行为。民俗入校传承，学校师生替代社会民众成为民俗传承主体，师生本身属于社会民众范畴，但是学校场域赋予了他们新的角色，师生需要依据各自的角色标准引导规范自己的行为。二者的具体差异表现为两个方面。一方面，表现为民俗与主体关系的差异。社会场域民众创造、享用民俗，从民俗中获得生活乐趣、民间智慧，民俗与民众相依相存，"人们生活在民俗之中，就像鱼儿生活在水里一样"；学校师生的民俗传承，要遵循学校教育目标，是以人的全面发展为导向的学习过程，通过知识技能的习得内化来获得情感态度价值观提升的过程，师生与民俗是一种主体与工具媒介的关系。另一方面，表现为民俗主体角色作用的差异。民俗社会传承的过程中，民众依据自身对民俗、民俗传承的理解进行民俗传承或摒弃，没有严格、明确的角色规定，可以无意识、自由地进行民俗传承。在学校教育传承中，学校师生则需要承载着社会与学校对民俗传承者的理想规范，角色学习、扮演过程都应遵循学校的准则。[①] 教师需要成为民俗知识的学习者、民俗教学情境的设计者、民俗传承方式方法的构建者、学生学习的激励者与合作者；学生是学习的主体，是需要尊重爱护的对象，是需要从民俗传承中获得全面发展的个体。

　　美国学者布士曼指出，持自我导向型观念的人在实践中很容易受自我经历或主观意识的局限而使自我囿于某些行为，而具有角色导向型观念的人则能够依据自身所扮演的角色的期望或标准调整自身的

[①] 郑杭生：《社会学概论新修》，中国人民大学出版社1994年版，第139页。

第五章　民俗文化从生活域到教育场的转换

行为①，并逐渐实现自我的超越。所以，民俗入校传承，师生作为民俗传承主体，存在着自我导向与角色导向观念的差异，师生面临适应、掌握角色知识技能等问题，如何定位民俗视域下学校师生的新角色及角色职责，成为民俗入校传承所需考虑的问题。

　　第三，从生活文化到课程资源的规范差异。课程资源是指能够有助于实现课程目标，经过科学组织加工后可以成为课程内容或辅助课程活动开展的资源。民俗的学校传承就是把民俗进行学校课程资源化整合，通过学校教育进行传承。反映社会发展需求和进步方向是课程建设所遵循的教育哲学，民俗文化具有促进民族、地域认同，凝聚国家向心力，促进社会精神文明建设等社会作用，蕴含丰富的教育、艺术价值，无疑是学校课程建设的重要资源。但是，生活文化特质使得民俗的课程资源化建设面临壁垒。首先，在内容层面，民俗文化是一个包罗万象的宝库，丰富多彩，却也千头万绪。不同地域、民族、时代，不同性质、类型的民俗千差万别，现在学者不断对已有民俗进行搜集、记录；进行结构性归类，提纲挈领地去把握，以实现民俗理论系统化，但是，直到目前，民俗学对于民俗的分类，各国学者的意见也难以统一；已有研究多基于理论研究视角，缺乏民俗具体价值，以及民俗传承策略、评价的研究。其次，在民俗的性质层面，民俗本是一种生活习俗，自然就有良俗、陋俗之别，民俗未必是科学的，但也未必是不积极的；未必是规范标准的，但也未必是无益的，这无疑增加了民俗课程资源筛选的难度。最后，在民俗的表现形式层面，有学者指出民俗作为各时期基层社会生活与文化的历史，多是靠口头、行为传承，在史书上几乎是一块无字碑，②此外，民众的习惯、精神，生活中的实物等也皆是民俗的载体形

---

① Buchmann M., "The Use of Research Knowledge in Teacher Education and Teaching", *American Journal of Education*, 1983, 92 (4): 421.

② 陶立璠：《民俗学概论》，中央民族学院出版社1987年版，第16页。

式。可见，民俗由来已久，丰富多彩，但是关于民俗的有意识的、规范化的记载或传承却相对匮乏，这增加了民俗课程资源开发利用的难度。

所以，民俗由生活文化到教育资源的转变存在规范壁垒。外在的民俗如何规范设计整合成为教育资源，通过取精去粕，梳理逻辑，达到形式的规范与内容、性质的适合，成为实现民俗入校传承必须解决的问题。

二 民俗文化的学校场域重塑

场域是形塑的中介，外在因素并不直接作用在个体身上，而是通过场域的特有形式与力量的中介环节，经历重新塑形的过程，才会对场域内的人产生影响。不论什么时候，每个场域都要进行遴选或转变，确定哪些东西更适合这一场域。① 所以，民俗入校传承，需要增删民俗内容，丰富民俗呈现形式，整合民俗教育资源，合理定位民俗视域下师生新角色，重塑民俗主体。

（一）内容重塑：民俗文化的筛选与丰富

民俗是社会历史的创造与传承，是民众娱乐的生活方式，是具有教育价值的文化资源。把优秀民俗文化设计开发为学校的教育资源和课程资源，不应是简单的"拿来主义"式的民俗知识、技艺等内容的直接呈现。师生作为传承主体，需要鲜活生动、立体丰满的，保留了生活特征的，同时符合教育资源规范、充满教育价值的民俗教育资源。所以，民俗内容的课程资源化建设需要经历筛选与丰富的过程。

首先，筛选教育性民俗内容。教育性价值是教育最根本、最基础的价值，促进学生的全面发展是教育性价值的核心所在，是学校传承民俗的基本前提和最终目的。开发利用民俗资源，发挥民俗文化的教育性价

---

① ［法］皮埃尔·布迪厄、［美］华德康：《实践与反思：反思社会学导引》，李猛、李康译，中央编译出版社2004年版，第138页。

值，至少要经过教育哲学、学习理论和教学理论这三个筛子的过滤筛选。只有经过筛选的具有教育性的民俗文化内容，才能作为有效的课程资源服务于学校教育的目标，适应于学生发展的特点，并促进教学活动的有序开展。①

其次，丰富民俗的社会历史性内涵。谈文化应该注意两个重要的东西，一是"历史"；二是"社会"，只有从"历史"与"社会"这两个具体的现实出发，才能讲出文化之真相。② 民俗是一种历史的文化创造、积累和传承，是活的社会"化石"，每个时代的文化都表达着自身的集体经历，每个时代的集体经历总有相似或不同的社会情境。③ 民俗的产生、变异、传承，呈现的内容与形式、价值与意义都因社会历史而充满意蕴。民俗的学校资源化建设不应是"拿来主义"式的优秀民俗文化的直接利用，民俗作为教育资源服务于师生主体，也不应是干瘪、直白的技艺、知识的呈现，而是需要还原民俗内容的社会历史性，赋予民俗知识、技艺等以意义，丰富其来龙去脉，人、事、物的关联或者其他特殊社会历史印记，丰富师生的民俗体验与感受，增加学生对民俗的理解与认同。

最后，发掘民俗的娱乐性质。民俗具有浓厚的娱乐性质，其娱乐功能表现在一切民俗之中。④ 快乐美好的事物才会不断吸引人们关注，不断被传承。神话、歌谣、叙事诗等口头语言民俗，赛马、划龙船、打竹球等竞技民俗，竹竿舞、斗牛舞等节庆民俗是民众集体的智慧与创造，这些快乐美好的民俗也是民众丰富生活、愉悦身心的重要方式。民俗的教育资源整合需要尽可能地保留、呈现、开发民俗的趣味本性，尝试让学生切身体验、参与其中，在欣赏享受快乐美好民俗活

---

① 吴刚平：《课程资源的理论构想》，《教育研究》2001年第9期。
② 钱穆：《民族与文化》，九州出版社2012年版，第66页。
③ 陶立璠：《民俗学概论》，中央民族学院出版社1987年版，第32页。
④ 郑杭生：《社会学概论新修》，中国人民大学出版社1994年版，第148页。

动的过程中传承民俗。

(二) 形式重塑：学校民俗资源形式与载体的设计

民俗是一个包罗万象的资源宝库，内容丰富多彩，表现形式多样，但是民俗的课程资源化建设须遵循学校场域的逻辑，所以学校民俗资源的形式在尽可能生动形象展现各类民俗特征的前提下，还要尽可能地顾及学校教育开展的多样化需求及学校进行民俗资源形式重塑的可行性。

首先，民俗资源形式的转化。形式是把内容诸要素统一起来的结构和表现内容的方式，任何内容都需要一定的形式才能表现出来。陶立璠主编的《民俗学概论》一书中将民俗划分为物质民俗、社会民俗、口承语言民俗、精神民俗，每一维度下又包括各种具体的类型。以口承语言民俗为例，这一维度包括神话、传说、故事、歌谣、谚语、民间艺术等具体的分类。从形形色色的民俗中可见，人的口头语言、行为、精神以及文字、实物等皆是民俗的表现形式。但是，作为教育资源，民俗的结构与形式必须适应教育活动的顺利进行，能够方便实用的满足课程目标、课程内容及课程实施的需要。因此学校需要对民俗形式进行文字、影音图片、活动等形式的转化。

其次，多样化的民俗资源载体设计。任何教育资源都要借助一定的载体来呈现。社会民众及实物是民俗资源的重要载体。但是对于学校师生而言，第一，社会民众多基于自我认识传承民俗，在规范甚至正确程度上难以得到保障；第二，实物性质的民俗载体需要师生更多的直接接触或体验，这增加了师生教与学的困难，降低了民俗传承的效率。所以，民俗资源需要多样化的载体，有条件的学校可以将民俗传承人或者学生家长吸引进来；可以增加学生利用图书馆、民俗博物馆等民俗载体的途径；还可以通过网络信息媒体呈现民俗资源。

（三）主体重塑：明确师生对民俗及自我角色的认识

认识是行为的先导，在不同层面和程度上影响着行为。在民俗传承过程中，师生对于民俗、民俗传承及自身角色的认识对民俗传承有着重要作用，影响着自身的民俗传承行为表现，影响着民俗传承的过程与结果。但是认识并非必然导致相应的行为，在观念与行为中间似乎有其他的过程性因素在发挥作用，潜在的隐性认识同样甚至更多地影响人的行为。所以，在民俗传承过程中，师生需要挖掘反思自身的潜在认识，明确民俗传承的价值意义及自身的角色职能，促进民俗高效传承。

一是要完善师生对民俗及民俗传承的认识。首先，民俗的传承需要完善师生对民俗教育价值的认识。民俗的学校教育传承以民俗的教育价值为基本前提，而民俗传承过程及其传承效果很大程度上依赖师生对于民俗教育价值的认识。因此完善师生对于民俗的认识成为学校传承民俗的必要前提。其次，民俗的教育传承需要完善师生对民俗传承必要性、紧迫性的认识。了解民俗传承的现状有助于师生认识民俗传承的紧迫性与必要性。最后，民俗的教育传承需要师生反思生活中的民俗。师生是浸润在民俗中的社会民众，对生活中的民俗具有真切的认识与体验，反思生活中民俗的意义作用，能够帮助师生更透彻地认识民俗的价值，加强对民俗传承紧迫性与必要性的认同。

二是明确师生的角色职责。民俗的教育传承是一个复杂的过程，在基本路径上遵循着民俗传承目标设定、民俗传承内容建构、民俗传承方式设计、民俗传承结果评价等序列化的环节和程序。在这一过程中，教师的角色认识与职能发挥在很大程度上决定了民俗传承的进展与效率。所以，明确民俗教育传承过程中师生的职责作用，是民俗高效传承的保障。在民俗传承目标设定中，师生要成为积极的参与者，反映自身的需求与现状，制定合理目标；在民俗内容建设与形式设计过程中，师生要成为民俗内容的学习者、研究者与民俗课程的开发者，充分发掘、利用当地的民俗资源，掌握民俗内容，了解民俗价值意义，开发多样性的课程；在民俗传承的评价中，师生要成为民俗传承的监督者、修正者，师生需要发现哪些内容有利于促进自身发展，确认哪些课程计划是在课堂里切实可行的，在教学中不断发现问题和改进课程，使民俗传承高效进行。

三 学校民俗文化场域的营造

"在高度分化的社会里，社会世界是有大量具有相对自主性的社会小世界构成的，这些小世界就是具有自身逻辑和必然性的客观关系的空间，而这些小世界自身特有的逻辑和必然性也不可化约成支配其他场域运作的逻辑和必然性，也就是说，不同的场域具有不同的游戏规则。"[1]作为民俗文化存在和传承的场域，学校与校外的社会环境不同。作为有特定民俗传承目的的学校，需要根据民俗文化内涵营造特定的关系网络，并通过这些关系网络来影响身处其中的学生的实践行为。

（一）谋求场域联合，寻求多方参与

每个场域都是自身逻辑和必然的客观关系的空间，这意味着场域间的差异特色，也潜在说明场域的局限，即场域的界限位于场域效果停止作用的地方。民俗与社会生活有着千丝万缕的联系，涉及生活的方方面面。学校只是社会场域分化之下的子场域，民俗的学校传承面临场域的转移与局限，需要谋求场域的联合，以保证自身的生命活力及传承的高效。

场域的联合不仅是空间的扩展，更是关系的延伸。学校应该尽可能地寻求多场域的参与，为民俗传承关联更多社会资源。政府是国家行政机关，是行政命令、决策法规的制定者、实行者。学校谋求政府参与，

---

[1] 宫留记：《布迪厄的社会实践理论》，《理论探讨》2008年第6期。

可以借助政府场域资本，获得相关政策的鼓励与支持，为民俗传承集聚多方资源，争取有力的支持与保障。民俗机构中专业的人力资源、活动组织等能够有效指导学校的教材开发和传承活动的开展。家庭及社区是学生校外生活最密切的场所，也是民俗文化真正实践和彰显的场域。建构家庭、学校、社会间的场域联合，有利于扩展民俗传承空间，保留民俗的生活气息。

场域的联合使构型得以丰富。布迪厄把场域解释为一种构型，即场域内各位置的空间排列方式不同而使它呈现出不同的特定立体结构。[①]民俗是社会生活中的一种综合的文化现象，涉及的领域非常广泛，不同行业、部门、人员的共同努力和配合将对学校的民俗传承大有助益。如文化、旅游、传媒等场域对民俗进行不同层面、方式的发掘利用，在获得经济价值的同时，赋予民俗更多活力与价值意义。学校可以借鉴各个场域对民俗的开发使用，突破学校、教材、教师、学生的位置局限，寻求适合的途径，增添民俗的价值与意义，丰富民俗传承的构型。

（二）营造民俗文化场，化"民"成俗

民俗文化场以学校作为物质空间及活动场所，是一种抽象的师生心理空间和民俗氛围，也是学校物理空间与意义空间相互融合的综合场。这种文化场以观念体系为核心，具体表现为一系列行为规范和相应的活动方式。[②]营造民俗文化场，使得教室、校园等空间环境以及当中的观念体系、行为规范、活动方式相互作用，形成一个有机的整体，进而影响学校的校风和班级的班风、学风、教风，可以有效塑造相应的学校、班级民俗文化，这本身就对学校师生的行为发挥着熏陶、示范、规范和调节的作用。同时，学校场域的民俗之"民"——师生，在民俗文化

---

① ［法］皮埃尔·布迪厄、［美］华德康：《实践与反思：反思社会学导引》，李猛、李康译，中央编译出版社2004年版，第149页。

② 徐莉：《论教师发展文化场及其构成》，《西南大学学报》（社会科学版）2008年第1期。

场的浸润熏陶中通过理解、掌握、内化、外化等形式学习和接受这些文化的期待与规范，并体现在民俗生活的具体行动当中。①

教师是民俗文化场建设的先行者，教师的民俗教育观念是民俗文化场建设的关键。民俗教育观念是教师在自身教育哲学理念影响下形成的一系列对民俗教育问题的看法，主要包括教师个人所持有的民俗观、学生观、发展观等，对教师的民俗教育行为起具体的指导和影响作用。在民俗文化场的建设中，教师需要厘清民俗的教育价值，将个体的民俗教育观念注入民俗文化场域，渗透到具体的教育教学活动中，引导学生积极主动地参与民俗传承，探索传承方式方法，构建自我民俗知识，实现全面发展。教师的民俗教育观处于不断的矛盾运动与变化的过程中，这运动与变化的动力，一方面来自其自身各要素之间的相互作用；另一方面来自与其他教师的接触、交往与沟通。教育观念是教育哲学的个体化，由于人的活动的多样性与复杂性，不同教师的教育观念充满差异性。教师间的交流、沟通、合作、学习有利于教师不断丰富完善自身教育观念，增益自身所不能。

民俗文化场建设需要内在观念的浸润濡染，也需要外在显性的民俗内容的熏陶强化。通过民俗文化场域内民俗课程、校园活动、一系列民俗行为规范条例、民俗陈列展示宣传等校园民俗环境创设，以及技术化、网络化的民俗文化呈现和传播介质的综合使用，学校可以营造一种民俗氛围和风气，从而潜移默化地化民成俗。

四 学校开展民俗文化教育的基本框架

静态的物化民俗器物和短时的民俗展演活动可以营造热烈的民俗文化氛围，却很少能让人静心体悟民俗文化的精神意蕴，更难以养成集体

---

① 王坤庆：《教师专业发展的境界：形成教师个人的教育哲学》，《高等教育研究》2011年第5期。

无意识下的行为惯习。要避免学校在传承民俗文化的过程中出现民俗文化教育活动化、运动化、形式化、肤浅化的问题，真正推进民俗文化的传承，必须超越民俗的表面形式，从教育立场出发，把握学校教育的"育人"本性，根据学生个体发展的特点和规律，深入挖掘优秀民俗文化的教育价值，从目标、内容、实施、评价等方面系统规划设计，强化民俗文化与学校教育的合力育人，把优秀民俗文化真正内化到每一位学生的日常生活和一言一行中，从而实现学校育人与民俗文化传承的相辅相成、合作共赢。

（一）确立以古鉴今的发展性目标

民俗起源于人类群体生活的需要，它之所以能够在一定的时间、地域内形成和发展，是因为它服务于民众生活。不论是个体的还是群体的，物质的还是精神的，有用性是民俗的存在之本。"只有那些能够切合民众生活的实际需求，能够让民众的生产、生活更加顺畅，心理获得更多安适的民俗活动，才能够受到民众的认同，才能够在民众的日常生活中践行。"[①] 所以，要实现传统民俗文化在当代的有效传承，不能站在过去的立场上追求复古，而必须着眼于当今社会和民众的发展需求，分析传统民俗所具有的时代发展价值。可以说，古为今用、推陈出新是传承民俗文化的基本原则。我国对优秀民俗文化传承的重视和推进也正是针对当代社会民众精神文化空乏的问题，基于积极重塑中华民族精神，弘扬社会主流价值文化的现实需要。把民俗文化纳入学校教育系统，不是为了回忆过去，而是为了让传统民俗在今天更加鲜活。学校应该从现实出发，积极承担起应有的社会责任，确立以古鉴今的发展性目标。这种发展性目标包括两方面主要内容：一是在学校育人层面，基于当今社会所需要的人才规格要求，强化学校民俗文化教育的现代性和未

---

① 孙宽宁、徐继存：《城镇化进程中传统民俗的复兴策略研究》，《社会科学辑刊》2015年第6期。

来发展性；二是在民俗文化传承层面，着眼于那些凝聚着超越于时代的人性光辉和理性精神的民俗文化，挖掘和弘扬其符合时代诉求、具有当代价值的深刻内涵。具体而言，学校传承民俗文化要以符合新时代需求的优秀民俗为中介，提供给学生活在当下和迎接未来的经验指引，把学生培养成具备现代社会正确道德情感和价值观念的文化新人。

（二）设计知行结合的立体化内容

对民俗文化的传承，绝不是对抽象文本符号或静态物化形式的简单复现，而是民俗事象的多维立体结构在现实生活中的活化。实现一项民俗的活化，需要引发民俗事象与民俗主体之间在行为、认知、观念三个层面的实质性关联。根据三个层面关联顺序的不同，民俗传承可以分为三条路径：一是从行为实践开始，逐步发展到认知和观念层面；二是先从认知层面了解相关知识，然后开展行为实践，最后上升到观念层面；三是行为与认知同步进行，然后逐步内化为个体观念。不论哪条途径，都需要个体的行为与认知的不断相互作用，这是形成内化观念的前提条件。只有个体关于某项民俗的认知、行为、观念有机融合为一体，这项民俗才算真正在个体身上得到了传承。由此，学校在传承民俗文化时，必须克服以往只重行为体验或知识掌握的做法，系统规划和设计民俗文化在行为、认知、观念三个层面的立体化内容，并加强行为层面与认知层面内容的彼此呼应、有机配合。这样知行合一的立体化内容，一方面可以通过行为实践激发学生的民俗参与热情，增加直观感受；另一方面通过专业的知识梳理和分析，提升理性认识，可以有效达成外化于行、内化于心的民俗传承。

（三）组织以文化人的浸润式实施

在学校教育中，绝大部分教育内容是经过抽象概括的科学系统的知识与技能，它们不论是由经验归纳还是理论演绎而来，往往都注重反映现实世界的内在规律和本质属性，具有突出的内容逻辑性和结构完整性，并为了更好地实现迁移而经过了去情境化的处理。这些内容可以脱离现实生活而独立存在，也可以独立于现实生活之外进行专门授受。学校传承的民俗文化内容则与此不同。民俗从根本上讲是一种生活文化，其存在和发展都依赖于特定的民族、时代和地域，一旦脱离了现实生活情境，它就不再是民俗本身，而成为失去生命力的历史现象和抽象符号。学校传承民俗文化的目的不是把学生培养成为民俗历史现象和抽象符号的研究者，而是培养成为特定民俗文化的承载者。而且，作为一种文化，"人文化成"和"以文教化"是民俗的本然内蕴。"文化的实质性含义是'人化'或'人类化'，是人类主体通过社会实践活动，适应、利用、改造自然界客体而逐步实现自身价值观念的过程。"① 所以，民俗文化的传承，不能像学校中其他知识技能一样脱离现实生活而单独进行，学校需要为学生创设一种主体在场的、情境化的民俗生活环境，综合运用多种有形无形的手段，把规范的专业教学与日常的环境熏陶相结合，通过民俗器物、俗规民约、行为习惯等进行全方位的耳濡目染，持久浸润，实现对学生认知、行为、观念的全面塑造。而要开展这种以文化人的浸润式教育，学校首先要对计划传承的优秀民俗文化进行日常生活化分析，明确其在现实生活中存在的具体样态；其次要打破传统教育教学的教室和课时限定，根据特定民俗的实然样态，把学生的校内外生活结合起来，开展学生的认知和体验活动；再次要做好持久性、常态化实施的规划，让学生对民俗的学习和参与成为一种日常生活，通过日复一日的体味与实践，逐步养成习惯，形成观念，形塑性格。

（四）开展情理交融的生活化评价

学校传承民俗文化，是为了引导学生过一种符合一定行为规范，具有特定价值观念、审美情趣和思维方式的生活。民俗文化教育是把过去

---

① 张岱年、方克立：《中国文化概论》，北京师范大学出版社2004年版，第3页。

形成的优秀民俗移植到当下的生活之中，时代的变迁会使民俗中物化和技术的部分因为无法适应新时代的环境需求而被弱化或剔除，民俗文化中生活态度、价值观念、思维方式等精神层面的内容才是民俗文化教育的重点，但精神层面的内容很难直接表现出可见可测的成效。而且，既然落脚于生活本身，其成效就必然具有生活的综合性、开放性和动态性特点。对于这样的教育，不仅学校内普遍采用的纸笔测验无法有效发挥评价作用，即使近些年兴起的作品创作和展演形式也很难真正反映学生民俗生活的真实样态。当前，大部分学校以学生民俗作品的优劣作为主要评价依据的做法，在一定程度上脱离了民俗文化教育的育人本质，使民俗教育活动流于形式，失去了其本源价值和传承意义。对此，学校民俗文化教育评价必须超越当前脱离学生实际生活只对学生的民俗作品进行量化评价的狭隘方式，树立"过程即结果"的基本理念，把学生的民俗生活过程作为学校传承民俗文化的真正结果，开展一种情理交融的生活化评价。一方面，在学生的日常生活场域中评判学生对民俗认知、行为、观念的习得与践行情况，因为只有学生把民俗融入日常生活，民俗才是鲜活的，才是得到传承的；另一方面，评判学生的日常民俗生活时要注意情理交融，同时关注学生对民俗活动的情感体验和事理认知，既考查学生对民俗活动蕴含的道德感和价值感的领悟情况，又考查学生对民俗活动的缘由和道理的把握情况。这种情理交融的生活化评价，一般采用多主体的他评与自评相结合的方法，他评主要是教师、家长、同学根据对学生日常生活的观察进行，自评则以学生撰写民俗生活实践总结与反思为主要形式。除此之外，适时地组织学生民俗作品的展演活动，能够在提升学生的民俗意识与民俗兴趣方面发挥一定作用，在避免喧宾夺主的情况下，可以作为学校民俗文化教育评价的辅助手段。

总之，学校传承民俗文化，本质是通过改造学生的生活方式、思维方式、行为习惯，来培育具有某种民俗文化特质的人。学校教育这一特殊场域决定了学校传承民俗文化必然以教育性作为根本立场，以育人作为终极追求。而民俗文化的生活化特质要求学校民俗文化教育在目标、内容、实施、评价等方面超越传统学科知识传授的固有思路，在知行结合、以文化人、情理交融的现实生活场域中，使学生受到教育，使民俗得以活化。

五　学校传承民俗文化的典型做法

通过学校传承民俗文化，可以达成"文化育人"和"人传文化"的双重目标。在21世纪国家基础教育课程改革背景下，全国各地的很多中小学把优秀民俗文化融入学校教育，开设了丰富多彩的民俗文化课程，开展了形式多样的民俗文化活动。梳理学校传承民俗文化的现状，总结经验、反思不足，能够让我们进一步明确未来发展的方向和路径。学校传承民俗文化作为一项系统工作，既要对民俗文化内容进行合理选择，也需要对民俗文化的传承方式进行科学设计。

（一）学校传承民俗文化的内容选择

学校传承的民俗文化，在内容选择上主要有两个来源：一是学校课程体系中国家课程和地方课程中包含的民俗文化；二是学校所在地域的特色民俗文化资源。国家课程和地方课程中所包含的民俗文化，受特定地域、资源的限制少，具有比较广泛的适用性。而学校所在地域的特色民俗文化，对学生而言更具生活经验性，对学校而言更容易形成特色。

国家课程的设计和教材编写中，渗透了很多民俗文化的信息和内容。以部编版初中语文教材为例，其中以专门民俗活动为主题的内容有《安塞腰鼓》《云南的歌会》《端午的鸭蛋》《社戏》等课文，这些课文以很大的篇幅描绘了不同地区的社会生活情态，富有浓厚的民俗风情。[1] 同

---

[1] 黄福艳：《部编版初中语文教材中的民俗文化资源及开发利用》，《文学教育》（上）2020年第9期。

时，也有一些民俗内容被穿插在一些文章内容的细节描写中，如《回忆鲁迅先生》中的"荷叶饼、韭菜盒子"饮食习俗、《回延安》中的"白羊肚手巾"服饰民俗、《从百草园到三味书屋》中的"拍雪人、塑雪罗汉和捕鸟"娱乐习俗、《老王》中回族的丧葬礼节民俗，等等。很多中小学教师，当所讲课程中涉及民俗文化内容时，多会在课程里已有的民俗文化内容基础上进一步延展扩充相关内容，让学生对特定民俗文化有更深入的了解。例如有教师在讲授语文课文《端午的鸭蛋》时，在导入环节呈现了有关端午节习俗的文本与图片资料，包括系百索子、做香角子、吃"十二红"等，通过介绍相关的民风民俗，作为新课的导入，调动了学生学习本课的积极性，让学生更快地进入课文情境，同时也拓展了学生对于端午节的认识，深化了他们对传统节日的热爱。[①] 再比如有教师在讲授《从百草园到三味书屋》课文时，通过图文并茂的方式具体介绍"塑雪罗汉和捕鸟"的习俗，也有教师在适宜的条件下组织学生亲身体验塑雪罗汉和捕鸟活动，让学生在深刻体会作者生活的基础上，感受课文表达的情感，也享受民俗活动的生活乐趣。

学校所在地具有地方特色的民俗文化，是本地区在长期发展中形成的、能够反映本地区民众集体意愿的民俗文化，更能凸显本地区独特的民俗风情。当前，很多学校在传承民俗文化时将视角转向了当地的民俗文化。这些当地的民俗文化具有鲜明的地方特色，受地域、资源等的限制，只适合在本地区或本校开设。在与潍坊地区的教育工作者交谈时，许多领导、教师都提到当地的民俗文化课程要根据当地的环境、资源等开设，有些课程因其民俗文化本身的特性甚至只适合在某一个学校开设。例如，潍坊市潍城区的开发区中学开设的泥塑校本课程，是因学校靠近黄家庄，只有这里的土质适合这种特色泥塑所需，学校在其附近，取土方便，物资便宜，而且这里居住着当地最有名的泥塑艺术家徐文忠

---

① 马利云：《〈端午的鸭蛋〉教学设计》，《文学教育》（上）2014年第8期。

老先生，学校聘请他亲自指导学生，取土、筛土、和泥、烧窑等都是老艺人手把手教（黄家庄泥塑始于明代中叶的潍城，是当地著名的泥塑发祥地，当地徐文忠老先生是泥塑的老艺术家，代表泥塑作品有福娃、泥老虎）；再如辽宁省沈阳市西塔朝鲜族小学，以"朝鲜族民族风俗文化"为主题开发校本课程，包括饮食文化、礼仪文化、服饰文化、传统节日、民俗游戏和民俗庆典6个板块。[1] 还有研究者在探讨合肥地区的民俗文化课程的开设时，提出把一些偏知识性的民俗文化作为地方课程开设，如《合肥民间文学》《合肥民间概要》等；对于一些偏技能的民俗文化作为校本课程开发，如有的学校以庐剧为校本课程，有的学校以安徽大鼓、庐州大鼓为校本课程，有的学校以火笔画、铁字、指书为校本课程，有的学校以民间手工（剪纸、刺绣、泥塑、面塑、麦秆画）为校本课程，有的学校以民间舞蹈（洋蛇灯、莲湘舞、河蚌舞、闹花船、舞龙灯、狮子舞、腰鼓）为校本课程，有的学校则以民间音乐（民歌、门歌、唢呐等）为校本课程等。[2] 此外还有一些学校是在开发某门课程时将当地的文化资源作为组成部分，这些文化资源中包含了民俗文化。例如福建省福州市马尾实验小学美术老师在教学中利用福州人文与传统工艺美术资源、当地的文物建筑资源以及国家非物质文化遗产——"马尾·马祖元宵节俗"资源进行美术教学，传承马尾的美术文化，体验当地的民俗文化。[3] 整体来看，学校基于地方民俗文化资源开发的民俗文化教育传承内容具有较强的针对性和操作性，能较好地把学校教育与地方社会生活联系起来，较好地兼顾地方文化的传承和学校的特色育人。如安徽省安庆地区的一些学校将黄梅戏纳入综合实践

---

[1] 李春美、金淑英：《依托民俗文化开发校本课程——谈民族学校校本课程开发如何体现学校特色》，《中国民族教育》2007年第11期。

[2] 伍德勤、李军：《合肥地区中小学开发地方民俗教育课程的思考》，《合肥学院学报》（社会科学版）2011年第1期。

[3] 邹兢：《挖掘乡土资源 开发美术课程》，《新课程研究》（基础教育）2010年第2期。

活动，让学生了解黄梅戏文化并学会演唱黄梅戏，安徽省凤阳县的许多中小学将"凤阳三花"（即凤阳花鼓、花鼓灯和花鼓戏）作为学校少年宫的兴趣课程等。

（二）学校传承民俗文化的方式设计

综观学校的做法，在民俗文化的传承方式上存在一些相似之处，主要有三种方式。

1. 开设民俗文化课程

开设民俗文化课程是中小学传承民俗文化应用最广的一种路径。这种课程多由学校自主开发，有的学校以综合实践活动为载体，有的学校以校本课程为依托。2001年《基础教育课程改革纲要（试行）》中指出："从小学至高中设置综合实践活动并作为必修课程，其内容主要包括：信息技术教育、研究性学习、社区服务与社会实践以及劳动与技术教育。"文件还指出，实行国家、地方、学校三级课程管理，增强课程对地方、学校及学生的适应性。这些政策的提出给予了学校充分的课程开发和管理的权利，也促进了学校综合实践活动和校本课程的发展，很多学校便依托综合实践活动或校本课程传承传统民俗文化。

无论是综合实践活动课程还是校本课程，都强调学校的自主性与主动性，强调学校利用自身的资源，结合学校、学生和教师的实际情况，进行自主规划，自主开发，自我管理。例如，广东省广州市执信中学开发了《民俗文化地理》校本课程，挂绿小学教师以"披红挂绿，美丽童年"为主题开发了剪纸综合实践活动课程；[1] 福建省福州市马尾实验小学美术老师挖掘乡土资源开发美术课程；[2] 辽宁省沈阳市西塔朝鲜族

---

[1] 王万里：《〈民俗文化地理〉校本课程的开发实践》，《地理教学》2008年第2期。
[2] 邹兢：《挖掘乡土资源　开发美术课程》，《新课程研究》（基础教育）2010年第2期。

小学以"朝鲜族民族风俗文化"为主题开发校本课程①；山东省高密市下家庄小学和崇文中学开设了楹联社团，淄博市周村区凤鸣小学开发了《最美是家乡》的校本课程，②潍坊市潍城区西园小学开发了剪纸和经典诵读校本课程，潍坊市潍城区开发区中学以泥塑为主题开发了校本课程，高密市恒涛双语实验小学、第二实验小学则开展泥塑综合实践活动课程，曲阜市王庄镇岳村小学将传统民间游戏、陶艺及手工艺制作等融入综合实践活动课程，潍坊市潍城区向阳路小学开展了面塑、传统民间游戏等综合实践活动课程，济南市历城区下降甘小学将传统民间游戏、锣鼓秧歌纳入综合实践活动课程并以社团的形式开展；安徽省安庆市第四中学开发了历史、篆刻、黄梅戏等多种综合实践活动课程，安庆市怀宁县小市镇中心学校地处孔雀东南飞发源地，开发了多种校本课程；江苏省南京市夫子庙小学开发了"礼乐"文化综合实践活动课程，包括面塑、剪纸等多种民俗文化课程，苏州市平江实验小学将竹刻、篆刻、刺绣等融入综合实践活动课程，并选取具有代表性的作为校本课程开发。从课程开设形式来看，多为走班学习，学生根据自己的兴趣或需要选择其中一门或几门课程；从课程开设时间来看，课程时间固定在每周的某个下午，比如每周五下午，学生根据自己选择的课程准时到相应的教室学习。学生通过民俗文化课程的学习，有的学会了某项技能，有的增加了对民俗文化的兴趣，有的了解了民俗背后的文化，使得传统民俗文化在学校得以传承。这些具有地方特色的民俗文化课程的开设，也使学校在完成国家统一育人要求的基础上形成了各自的特色。

2. 组织民俗文化活动

组织民俗文化活动是学校传承民俗文化的又一重要路径。教育部在

---

① 李春美、金淑英：《依托民俗文化　开发校本课程——谈民族学校校本课程开发如何体现学校特色》，《中国民族教育》2007年第11期。
② 毕芳芳、王立萍、邢静：《校本课程〈最美是家乡〉》，《中国信息技术教育》2013年第11期。

教育视野中的传统民俗文化传承

2014年印发的关于《完善中华优秀传统文化教育指导纲要》的通知中指出,应加强中华优秀传统文化校园教育活动。利用学校博物馆、校史馆、图书馆、档案馆等,结合校史、院史、学科史和人物史的挖掘、整理和研究,发挥其独特的文化育人作用。综合学校的教育实践,学校开展的活动不仅仅局限于校园内的活动,也包括校园之外的活动;不但包括民俗文化专家走进校园,也包括学生走出校园,进入社区和社会专门的文化机构。整体来看,学校开展的民俗文化教育活动可以分为三种主要类型:社会实践活动、竞赛活动、社团活动。

社会实践活动主要是教师带领学生走出校园,参观博物馆、档案馆、文化馆等公共文化机构,通过讲解人员的介绍与科普,教师的材料收集与补充,使学生了解更多的当地民俗,体悟民俗背后的文化内涵。民俗文化竞赛活动的形式丰富多样,有知识型活动,也有技能型活动。比如举办民俗文化的征文大赛、演讲比赛、知识竞赛活动,举办凤阳花鼓大赛、剪纸比赛等。社团活动的主要表现形式是课外兴趣班或社团,比如黄梅戏班、凤阳花鼓班、剪纸社等。课外社团活动时间多为周末或每天下午放学后,教师以民俗文化专家、非遗文化传承人、有特长的教师为主,学生根据自己的兴趣选择是否参加,参加哪种活动。多样的活动形式有利于激发学生学习民俗文化的激情,有利于学校结合自己的资源条件形成自己的特色,也有利于当地的传统民俗文化知识与技能进入学校,让学校真正成为保护和传承民俗文化的场所。

3. 进行校园民俗文化环境建设

校园文化以特定主体(教师、学生及职工)为载体,是人们创造的物质财富和精神财富的总和。① 利用校园文化建设来渗透民俗文化的传承,也包括物质文化建设和精神文化建设两个层面。

物质文化建设层面,学校主要以宣传栏和学校建筑的内外装饰为载

---

① 石峰岗:《论校园文化及其优化》,《高等教育研究》1989年第1期。

体。调研发现，很多学校充分利用宣传栏和教室墙壁等资源来渗透民俗文化的教育，营造民俗文化的校园氛围。比如，安庆市怀宁县小市镇中心学校以"孔雀东南飞"为主题进行校园文化建设，学校的宣传栏里张贴着与孔雀东南飞这一典故有关的建筑、景物、故事传说等图文资料，学校的校园围墙被绘制成了诗乡文化墙，墙上有毛笔字书写的诗歌，有与民俗文化有关的图画，还有民间俗语、民歌、民间传说等介绍资料。再如，曲阜市王庄镇岳村小学，在校园的地面上绘制了一些喜闻乐见的民间游戏图，像"跳房子""丢沙包""斗鸡"等，方便学生在课余时间自由开展民俗游戏活动，如图5-1所示。学校的走廊和宣传栏也张贴着关于民间游戏历史渊源的介绍，使学生可以知行结合地全面认识和感受民俗游戏。

图 5-1　曲阜市王庄镇岳村小学的民俗游戏环境

资料来源：曲阜市王庄镇岳村小学宣传手册。

精神文化建设层面，学校主要依托班风建设和民俗文化表演形成民俗文化氛围。在很多学校里，不同班级除了在各自的教室里张贴剪纸作品、京剧脸谱等具有民俗特色的物质材料外，班级的口号、班规、班歌等也与特定的民俗文化相关联。此外，学校还会在儿童节、国庆节、端午节等重大节日里举行民俗文化表演活动，节目形式不限，目的是营造民俗文化每时每刻在身边的文化氛围，让学生多了解、多学习优秀的民俗文化。也有一些学校把校歌、学生的课间操等结合民俗的内容与形式进行设计，别具风格。这些校园文化活动的开展，潜移默化地加强了学生对当地民俗的理解，培养了学生对民俗文化的认同，提高了学生参与民俗文化保护与传承的意识，充分发挥了校园文化建设对民俗文化传承的引导、规范和激励作用。

第六章　学校民俗文化课程的建设

学校是有目的、有计划、有组织地教育和培养人的专门机构。而课程是学校教育中的核心要素，它在很大程度上决定着培养什么人的教育目标。在传承民俗文化方面，绝大部分学校都采用了把民俗文化课程化的实施方式。但是，目前大部分关于学校民俗课程开设的探索还停留在理论研究阶段，部分已经开设民俗课程的学校，因为缺乏对民俗的全面认识和对民俗课程的系统研究，在开设过程中，不同程度地出现了为民俗而民俗，为特色而特色的形式化、表面化倾向，影响了民俗课程综合功能和价值的有效发挥。在宏观把握学校教育传承民俗文化的立场和取向的基础上，深入探讨学校民俗文化课程体系的建设与实施，是当前亟须解决的问题。

一　学校民俗文化课程建设中的认识偏差与实践误区

学校开设专门的民俗教育课程对于丰富学校课程内容、传承民俗文化确实具有积极的意义，但其价值和意义不限于此。考察当前学校开设民俗文化课程的情况，发现一些学校在实践中对民俗文化课程的认识存在一些误区和偏差，从而影响到对民俗文化课程价值的准确把握。

（一）误解民俗的存在方式

很多教师认为学生了解了民俗就是在学生中传承了民俗。有的学校以学科课程的形式开设民俗课程,如《地方民俗概要》《当地民间文学》等课程,把民俗内容作为知识传授给学生,认为学生对地方民俗内容了解了,民俗文化就得以传承了。实际上,这是对民俗存在方式的误解。"民俗是一种生存方式,是生活的技艺和生活的习惯。"[①] 民俗是源于生活,并存在于生活之中的,生活属性是民俗的基本属性之一,甚至可以说,民俗本身就是生活。以语言符号的形式写进书本中的内容,并不是民俗本身,而是对真实民俗事项进行符号化、抽象化、脱域化处理后的文本表达。这样的文本化民俗,学生学习后只是记忆了民俗知识,这和民俗生活实践完全是两回事。这些课程实施的结果,只是传授了部分关于民俗的抽象符号,并不是真正通过学生传承了民俗文化。因为这样的民俗教育和学习,并不能让民俗成为今天民众日常的生活样态。而对于民俗的传承来说,只有学生能在自己的生活中相对持久、自然地重现民俗生活方式的时候,才意味着传承了民俗。

(二) 窄化民俗文化课程的价值

在查阅相关学校民俗文化课程的文献资料,并与部分学校领导与教师访谈中发现,很多学校开设民俗文化课程,在价值选择上具有明晰的顺序考虑。放在首位的是直接的功利价值,包括把学校的地方课程或者校本课程开设起来,应对教育管理部门的检查,以及让学校拥有宣传自我品牌的特色课程。其次是民俗文化课程在传承民俗文化方面的价值,这较好地体现了基础教育改革的部分理念并迎合了当前社会关注民俗文化复兴的潮流。第三位考虑的才是民俗文化课程在促进学生发展方面的价值。分析三类不同价值,不难发现,处于第三位的促进学生发展价值才是民俗教育课程作为学校课程的最根本和最核心的价值。只有这一价值实现了,其他两类价值才具有真正的意义。从另一个视角分析,学校

---

① 陈勤建:《中国民俗学》,华东师范大学出版社2007年版,第22页。

开设课程和传承民俗文化虽然是民俗文化课程开设的重要目的，但这些目的都是外在于学校教学的，这与从学生发展需要出发而开设课程的目的有着根本性的差异。前者的实现主要依靠外在的强制手段，后者则具有强大而持久的源发动力，能更好地维持民俗文化课程的良性发展。但目前来看，大部分学校开设民俗文化课程在价值关注点上，还处于第一或第二位次，对促进学生发展的价值考虑不多，更缺乏相关的深入研究和挖掘。这种价值位次和倾向的选择无疑会在很大程度上弱化民俗文化课程的功能发挥和价值实现。

正如我们说民俗本身就是生活一样，民俗文化，也总是通过特定的内容和形式，通过民众的言谈、习性，或者物质化、符号化的载体得以体现，要对之进行传承，就需要在课程实施的过程中，让学生与民俗相互作用，使学生成为民俗文化的承载者，使民俗成为学生生活的一部分。所以，民俗文化课程，要发挥传承民俗文化的价值，就要把学生培养成民俗文化的承载者和体现者，而这是对学生的综合培养，是民俗文化课程育人价值的充分体现。而且，也只有学生成为民俗的承载者，学校才拥有了民俗文化，才真正具有了自己的特色。换句话说，学校民俗文化课程的多种价值是不可分的，它们以促进学生发展的价值为核心紧密联系成一个整体。只有抓住核心，整体考虑，才能把民俗文化课程的价值发挥到最大。

（三）民俗文化内容的孤立零散

民俗文化既可以作为一种知识、技艺进行学习，又隶属于文化范畴。作为一种文化，它所隐含的文化意蕴体现了它的价值精髓，也是学生学习民俗文化的根本所在，这种文化意蕴对学生发展产生的影响需要长期的渗透和教师的正确引导才能显现。因此，民俗文化的传承是一个长期的、缓慢的过程。但当前许多学校在实践中偏重于民俗文化知识、技艺的传授，急于求成，希望把学生打造成民俗专才，忽视了民俗文化的意蕴与内涵。民俗文化在课程中呈现，传授给学生的民俗文化内容应该是系统的、符合学生已有知识经验和身心发展特点的。但分析民俗文化内容发现，有些课程包含较多民俗文化内容，有些则较少或几乎未涉及；有些民俗文化重复出现，有些民俗文化则从未呈现。这种内容上零散不均的分布方式，成为民俗文化顺利传承的"绊脚石"。

（四）开设方式上各行其是

国家课程、地方课程和校本课程是一个有机整体，因此，将民俗文化融入国家课程或者开发民俗文化地方与校本课程时，这三种课程间也必然是存在联系的。但当前一些学校在实践中却各自为径，把它们割裂，将民俗文化融入国家课程或开发民俗文化校本课程时主要根据民俗文化的地域特点、师资等方面来确定，忽视了课程间的关系。例如，许多学校将经典诵读作为校本课程开发，这门课程在学校开设得有声有色，但观其校本教材发现有些民俗文化和语文课程涉及的民俗文化相同。再者，在开设时，有些学校是由与民俗文化课程相关的课程教师任教，例如美术教师任教泥塑、音乐教师任教黄梅戏等，但许多教师在实践中并未将两种课程建立联系。调研中，有些学校开发泥塑校本课程，制作泥老虎的最后一步是涂色，色彩的搭配及绘画隶属于美术学科，但这些教师并未将这两种课程建立关联。还有些学校将民俗文化课程交由课时少的教师任教，其分离现象更是严重。

（五）教师专业素养不足

当前，在学校中从事民俗文化教学工作的教师包括校内教师和校外兼职教师。此处所谈的教师专业素养偏低主要是校内教师的民俗文化素养偏低和校外兼职教师的教育教学素养偏低。对于校内教师，他们大多是非民俗相关专业毕业，缺乏民俗文化专业理论和认识，民俗文化素养普遍偏低，在实践中基本处于"边学边教"的状态，主要在浅层次上关注民俗文化内容与技艺的讲授。而聘任的校外兼职教师，虽然具备了

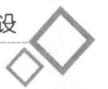

较高的民俗文化素养，但他们没有受过专业的教师培训，教育教学素养偏低，导致在实践中只重视教给学生技艺和知识，希望达到立竿见影的效果，陷入了"填鸭式"教学的泥潭，忽视了对学生的引导以及文化意蕴的渗透；此外，他们由于时间、课时的不固定，也给教学带来了一定困难。

二 民俗文化进学校课程的主要途径

从目前民俗文化课程开设的情况来看，学校尚缺乏对这一类课程的内容与形式进行专门的分析和论证。不过，从学校实践中的不同做法和课程的学理分析来看，民俗文化内容在国家课程、地方课程和校本课程中都有所体现。而在这些具体课程中，民俗的存在样态又可以分为三种情况，即以民俗为教育内容的课程、以民俗为教育方式的课程、民俗既为内容也为方式的课程。民俗文化课程的类型不同，对应的价值取向、具体内容和实施方式也各不相同，但不同类型的民俗课程之间存在相辅相成的关系，共同构成学校民俗文化课程的完整体系。

（一）民俗文化在学校课程中的多层次渗透

2001年我国教育部发布《基础教育课程改革纲要（试行）》，提出为保障和促进课程适应不同地区、学校、学生的要求，实行国家、地方和学校三级课程管理。自此，我国中小学的课程开始分为国家课程、地方课程和校本课程三种类型，并由教育部、省级教育行政部门和学校三类管理主体分别承担管理职责。从目前的民俗文化进课程的实际来看，民俗文化在不同主体管理的三类课程中都有所体现。

将民俗文化融入国家课程主要包括两种情况：一是课程中已有的民俗文化，它们在各学科所占比重较小，主要以课堂讲授的方式传递给学生；二是学校从当地资源中挖掘与本学科相通的民俗文化资源融入其中。例如，有学校主张将中国传统节日、民间工艺、民间艺术形式等民俗文化资源融入语文课程。

民俗文化地方课程主要是省级教育主管部门对当地民俗文化进行甄别、筛选，将其融入地方课程，其实施方式包括课堂讲授与实践活动。例如四川省开发了《可爱的四川》历史地方课程，讲述当地的历史发展等内容，教师在《浓郁的民俗文化》一课讲到了关于四川茶的民俗与文化，戏冠天下与川剧文化，成都小吃与川菜文化，"耍"在四川与庙会、花会文化共四大板块，还包括当地一些风土人情等。[①]

民俗文化校本课程则聚焦于学校，即学校将当地或学校周围的特色民俗文化作为校本课程内容进行开发，其实施采用讲授与活动结合的方式进行。这是当前学校在传承民俗文化时较为青睐的一种课程。例如，安庆地区某学校地处孔雀东南飞发源地，学校利用当地浓郁的文化资源开发了孔雀东南飞、黄梅戏等校本课程，还编写了《灯亮诗乡》《孔雀东南飞诗联选集》等多本校本教材，通过课堂教学、经典诵读以及组织形式多样的校内外活动进行有效实施。

（二）民俗文化在课程中的存在样态

民俗的内容和形式不同，其育人价值也不同，民俗文化融入课程时，因其价值侧重点的不同而呈现出不同的存在样态。

第一类是把民俗作为课程内容。这是当前学校开设民俗文化课程采用最多的一种类型。开设此课程的主要目的一般有两个方面：一是让学生了解民俗，掌握民俗中蕴含的关于生产生活的知识和技能，如关于天气预测、生产节令、养生保健等内容；二是让学生了解家乡的民俗文化、风土人情，如地方民间文学、地方乐曲、手工艺制作、生活习俗等，从而能更好地理解和适应当地生活。这一类课程在内容方面注重选择具有生产生活实用性的知识和技能，或者是对地方民俗进

[①] 陈光裕：《"文化"就蕴含于民俗与历史之中——听〈浓郁的民俗文化〉一课有感》，《历史教学》（上半月刊）2014年第9期。

行概括性介绍说明的内容,这些内容一般以文本的形式进行组织,以教材或者学生阅读材料等形式呈现给学生。在实施方式方面,这类课程与学校课程体系中的其他学科课程类似,一般采用班级集体授课的方式进行。

第二类是把民俗作为教育形式。这类课程开设的目的在于通过喜闻乐见的民俗形式对学生实施多方面的教育,民俗主要发挥手段和工具的作用。这类课程一般以利用多种形式的游艺民俗为主,通过这些活动,对学生进行其他目的的教育,如思想品德教育、文化艺术教育,或者智育、体育、生活技能等方面的教育,让学生在知识、技能、交往、表达等多方面获得更多的锻炼机会,提高综合能力。在课程内容的选择上,关注两个方面。一是特定的民俗形式,一般选择趣味性、实践性比较强的民俗形式,诸如传统节日或者生活歌舞表演,生活、体育、智能游戏活动,各种竞技比赛活动等;二是在特定民俗形式下的具体内容,这些内容一般是学生在现在生活和学习中比较熟悉、应该掌握的内容,比如利用传统节日表演的形式,学习音律、节奏、表演技巧,利用智能游戏民俗练习其他文化课程中的知识内容,如数学中的计算、英语中的发音或单词记忆、语文中的遣词造句,利用体育竞技民俗学习和掌握运动技能,等等。这类课程的实施一般以从做中学或者实践活动的形式开展,既可以独立开课,也可以与其他学科类课程结合开设。在学校课程的类型划分方面,这类课程一般归为综合实践活动课或者学科类活动课程,它们是学校学科课程的有效补充和辅助。

第三类是民俗文化既为内容又为形式。这类课程开设的主要目的是让学生在民俗活动过程中感受和体会民俗文化,接受民俗文化的熏陶和教育,形成一定的生活习惯,从而使民俗文化可以在学生生活中得以传承。这类课程内容涉及面比较广泛,但在选择时要充分考虑到学生的生活经验和在学校环境中实施的可行性。一般而言,特定地区的服饰、饮食、居住等消费习俗，节庆礼俗、人生礼仪等社会习俗、信仰习俗等均可以考虑。同时，因为这类内容在很大程度上涉及对学生人生观、价值观等方面的导向和养成，而人生观、价值观往往因为地区、社会阶层甚至个人身份地位等的不同而有所不同，所以在选择时要特别慎重，在充分论证后方可确定。这类课程内容因为与学生的日常生活密切联系，并要通过学生的日常生活来落实，所以它不像前面两种类型的课程那样可以在短时间内集中实施。它的存在形式，也不像前面两类有专门的名称、实施时间、地点等，它甚至不会出现在学生的课程表中。这类课程，主要以隐性课程的形式存在于学生在校生活的方方面面，如学校在学生服饰、饮食、居住等方面提供的特定环境条件或具体规定、要求，学校有意识、有计划地组织的与当地民俗相一致的节庆、人生礼俗活动，教师有意识地展现和引导的师生、生生交往的方式，等等。学生在学校有意设置的一个整体环境中耳濡目染，习以为常，逐渐形成学校希望学生形成的一些生活方式和特点，而这些生活方式和特点正是与特定民俗相一致的。这类课程在实施方面范围广、周期长，需要学校进行比较长期和整体的规划和安排。

当然，以上三类民俗教育课程，只是根据主要目的和内容的不同而做出的粗略分类，在具体实施过程中，可能有交叉或融合。但无论开设什么类型的民俗课程，教育者都应明确自己的课程目标、内容和实施方式，真正做到有的放矢，经济高效。

三　学校民俗文化课程选择的关系定位

民俗文化课程的选择贯穿于学校民俗文化教育的始终。为了更好地发挥民俗文化课程的功能与价值，需要重新审视学校民俗文化课程选择中出现的诸多问题。

（一）选择主体的主导性与多元性并存

民俗文化课程的选择是由校长、教师、学生、民俗专家、家长等成

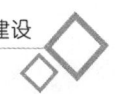

员构成的多元主体协同合作的过程，但这并不代表每一个主体在参与民俗文化课程选择时的角色与分工是完全一致的。不同主体的能力差异、在民俗文化课程选择中发挥作用的不同，使得不同的主体在民俗文化课程选择中的地位存在着必然的差异。其中，由于教师扮演着教书育人的特殊角色，加之教师拥有较高的专业素质与实践经验水平，教师成为众多民俗文化课程选择主体中具有主导性的主体。但是，民俗文化课程的选择既要看到教师所具有的主导性地位，又要兼顾校长、学生等不同主体的地位和作用。比如，教师在确定将泥塑作为民俗课程时，该教师会征求校长、民俗艺人等人的意见，将泥塑确定为民俗课程的环节是以教师为主导的多元主体的协同运作。民俗文化课程选择主体主导性与多样性并存，不仅可以发挥不同主体的作用与价值，提高民俗文化课程选择的质量，还能在一定程度上确保民俗文化课程的选择能够满足不同群体不同层次的需要，使得民俗文化课程的选择不是单一需求和声音的表达。

（二）课程结构的平衡性与现实性兼顾

多样的民俗文化如何在民俗文化课程中相对平衡地呈现，并使彼此间没有冲突或冲突最小化是民俗文化课程选择者必须解决的问题。要使所选的民俗文化课程结构达到平衡，可从以下三个现实性因素进行考虑。第一，民俗文化内容的选择要能够切合不同学生的差异性需求，使学生能够依照自身的爱好与需求选择不同的民俗文化，并使其具有一定的灵活变通性，以便达到平衡状态。比如，对于幼儿和小学低年级的学生，可选择适合该年龄段学生需求的配有声像的民间儿歌、幼儿舞蹈等民俗活动；小学高年级则可以选择诸如剪纸、泥塑、徽雕、篆刻等民俗活动；到了中学阶段则可以选择难度稍大的凤画、黄梅戏等民俗活动。同时，民俗文化内容的选择要着眼于培育学生的民俗文化实践能力和文化感受，帮助学生体验生活并学以致用。强调民俗文化选择要面向学生的生活实际和社会实践,这也是民俗文化课程内容结构达到平衡的具体体现。第二,民俗文化课程内容的选择要观照到不同民俗文化在民俗文化课程选择中所占的比重和所属的地位,即要协调好本土性特色民俗文化与其他民俗文化间的关系。由学校民俗文化课程选择的实践经验得知,只有以本土化的特色民俗为主导内容,并根据现实需要适当兼顾其他区域有价值、有代表性的民俗文化,才能使民俗文化课程的内容选择达到平衡。第三,民俗文化内容的选择要着眼于学校的现实条件,比如师资水平、物质保障,以及社区的文化氛围等,量力而行。总之,学校要在满足学生的现实性需要,促进民俗文化选择多样性,以及符合学校现实性条件的前提下选择民俗文化,以此实现民俗文化课程内容的结构平衡。

（三）内容选择的系统性与可操作性统一

选择民俗文化课程,绝不是选择停留在人们观念中的抽象民俗概念,而是现实中的具体民俗事象。[1] 选择现实中的民俗事象需要把握民俗文化内容的系统性和完整性。这样可使民俗文化课程内容的选择有据可寻,并在一定程度上使得民俗文化课程的选择过程更具可操作性。为此,首先要对民俗文化实施条理性的分类。目前来看,众多研究者对于民俗的分类并未达成一致的认识,同一个民俗在不同的语境中有着不同的归属。在已有的研究中,有人把民俗按照形式分为口头民俗、习惯民俗和物质民间传统[2];也有人以民俗事象所归属的生活形态为依据把民俗分为物质生活民俗、社会生活民俗和精神生活民俗三大类。[3] 在综合了众多研究者对民俗文化的分类之后,可尝试从以下三个维度对民俗

---

[1] 孙宽宁、徐继存：《城镇化进程中传统民俗的复兴策略研究》，《社会科学辑刊》2015年第6期。

[2] [美]扬·哈罗德·布鲁范德：《美国民俗学概论》，李扬译，上海文艺出版社2011年版，第8—9页。

[3] 高丙中：《中国民俗概论》，北京大学出版社2009年版，第9—10页。

文化进行归类：从民俗内容涉及的领域看，有人文类、生活类、科技类、艺术类等；从民俗内容的特点看，有知识型、技艺型、研究型、活动型等；从民俗内容所属的学科范畴看，有多学科式、跨学科式、单一学科式等。在把握了民俗文化的系统分类后，民俗文化在实际的选择过程中就具有了一定的方向性和可操作性。此外，还需要确保民俗文化选择的完整性，使学生学习到的民俗文化必须是完整的体系，而不是细枝末节。为此，在选择民俗文化时，不能将视野局限于文本型、技巧型的民俗，还必须选择一些能够触发学生心灵的、激发学生情感的民俗。比如学校在选择风俗习惯、民间手工艺品制作等知识技能型民俗的同时，还需要选择一些传统节日、礼俗等精神类民俗，通过教师的引导，使学生能够透过知识的表象深入了解深嵌于民俗文化中的传统美德。

四 学校民俗文化课程的设计与开发

当前学校中的民俗教育课程内容，一会儿是古文经典诵读，一会儿是地方戏曲演唱，一会儿又是传统手工艺制作，等等，在选择上带有较大的随机性和偶然性，缺乏严谨的分析和论证，计划性、系统性、连续性都较差。这种随意的做法容易造成多方面的问题：一是目的不明确，容易把目标狭隘化或片面化；二是对民俗课程的价值或功能认识不全面；三是课程实施方式容易不合理；四是容易与学校其他的教育内容和形式脱节，不能相辅相成，形成合力；五是难以对民俗教育课程进行准确评价。对此，在充分分析论证的基础上对民俗教育课程内容进行科学有效的设计与组织尤其重要。

（一）学校民俗文化课程的一体化设计思路

培养人的活动是一项复杂的综合性的活动，既需要学生知识、情感、意志、行为多方面的结合，也需要专门训练和环境熏陶的呼应配合。民俗文化的传承教育也是如此，要取得有效的传承教育效果，需要对学校民俗文化课程进行一体化的统筹规划和设计。

民俗文化课程的一体化设计是指学校以学生的发展需要、学校的培养目标、民俗文化的选择标准、校内外可利用的民俗文化教育资源等为依据，从整体上进行统筹规划，包括顶层设计、统筹课程实施、建立评价机制等。通过对国家课程、地方课程与校本课程中涉及的民俗文化内容进行整合重组或拓展，可以使不同课程类型、课程中的民俗文化内容系统化。对民俗文化课程进行一体化设计是为实现民俗文化在全部课程中的全方位传承，使民俗文化在不同课程中有序、有系统地呈现，避免冗余与零散现象。

在对学校民俗文化课程进行一体化设计时，民俗文化的选择标准、学生发展的需要、校内外可利用的民俗文化教育资源、学校的培养目标等是主要依据。一是民俗文化课程的内容必须经过甄别选择，筛选出优秀的、有益的民俗文化；二是经过筛选的民俗文化必须符合中小学生的身心发展特点，遵循他们的生活经验，通过对民俗文化进行有机组织，可以促进他们民俗文化知识的掌握与迁移，实现学生生活世界与民俗文化课程之间的融合；三是在选择民俗文化时，要重视当地可利用的优秀民俗文化或代表当地特色的民俗文化，也应考虑到对其他民族、地区的优秀民俗文化或特色民俗的统合，让学生能够感受到民俗文化与他们的生活息息相关，并了解民俗文化的区域性特点，培养他们的多元文化能力；四是民俗文化课程一体化的设计必须与学校的培养目标相统一，能够促进学校培养目标更好地实现。

实现民俗文化课程一体化要从三个方面出发。从宏观上说，学校需要从整体上进行统筹规划；从内容上看，需要实现内容的系统化；在形式方面，需要各方相互配合。具体来谈，学校作为民俗文化课程一体化设计最重要的组织方及实施方，应从整体上进行统筹规划，完成顶层设计，包括与当地政府、社区建立联系，聘请民俗文化专家指导民俗文化课程一体化的设计方案，建立沟通机制，制定相关的管理与评价制度等。教师则首先应熟知本课程的民俗文化内容，在遵循学校方案与制度的基础上，教师之间及其他参与人员要相互配合，完成民俗文化资源的搜集、甄选与融入，实现不同课程类型、课程中的民俗文化的融合与配合，形成系统化的民俗文化内容体系。

对学校民俗文化课程进行一体化设计有三方面主要意义。一是可以有效避免学校不同课程之间内容的交叉和重复。国家课程、地方课程和校本课程是学生学习的主要载体，这些课程的开设给学生增添了许多新的选择，但不同类型的课程内容存在着交叉重复现象。有些民俗文化内容不仅渗透在国家课程中，地方课程也有专门论述，如山东省地方课程《传统文化》、四川义务教育历史地方课程《可爱的四川》，还有些学校开发了专门的民俗文化校本课程。这些不同课程类型的民俗文化内容看似丰富多元，实则存在比较明显的零散、重复现象。通过民俗文化课程的一体化设计，可以打通不同课程间的壁垒，加强课程间民俗文化的整合与沟通，减少或消除课程中民俗文化的重复或冗余现象。二是符合学生身心发展的整体性特点，有助于学生理解和接受。民俗文化的内容丰富多彩，形式多种多样，不同内容、形式迥异的民俗文化对促进学生的全面发展都具有重要意义。例如，教会学生谦让、乐于助人的民间故事孔融让梨，培养学生团队意识、互帮互助的传统游戏老鹰捉小鸡，这些民俗文化对培养学生的高尚品质具有潜移默化的作用；传统的剪纸、泥塑、手工编制等对培养学生的动手操作能力具有非常重要的作用；锻炼身体、增强学生体质的传统体育游戏，像跳房子、捉迷藏、打弹珠等不仅能锻炼学生的眼力、臂力、腿的平衡力，还能活跃学生的思维；民间歌谣、舞蹈与民间美术等民俗文化是当地民间艺术的结晶，将它们融入课程可以培养学生的艺术感与美感。但并非所有民俗文化都适合所有年龄阶段的学生学习。换言之，对这些民俗文化的编排要符合学生的身心发展特点和学习规律。在民俗文化课程一体化设计中，以学生的身心发展及民俗文化的特点来取舍并组织民俗文化教学，通过学校的顶层设计、教师间的合作，对不同年级不同学科间民俗文化进行合理的整合与拓展，使之系统化，便于学生理解与接受。三是有助于丰富学校课程的内容与形式。从民俗学的角度，可以把民俗文化分为口头民俗、风俗民俗、物质民俗三大类。口头民俗中主要包括以神话、传说、和民间故事等为主的叙事民俗，以谚语、谜语、绕口令等为主的俗语民俗，和以民歌、民谣、口头史诗等为主的音韵民俗；风俗民俗主要包括民间游戏、民间舞蹈、仪式活动、民间戏剧等；物质民俗则主要有民间建筑、民间刺绣、风筝、泥塑、民间服饰等。[①]其中大多数民俗文化都是宝贵的教育资源，因为它与学校的课程资源有许多相通之处，例如，剪纸是我国古老的民间艺术，它渊源于民间的美术活动，是学校美术教育的重要组成部分；而民间故事、神话等属于民间文学，是学校语文教育中的重要内容；民歌、民谣等与学校的音乐教育有相同的根源。从民俗文化的不同载体来看，民俗文化中有侧重知识性的，也有以技能为主的，例如谚语、故事、神话等偏向于前者，而传统游戏、仪式、手工艺制作等偏向于后者，根据学校自身的课程特点和目标来选择和组织民俗文化，可以最大限度实现学校民俗文化课程在丰富多元背景下的协调一致。

（二）民俗文化课程开发的主要程序

在选择、组织民俗教育课程内容和确定实施方式时，一般可按照以下五步骤进行。第一，明确学校对本课程的价值取向及课程目标，

---

① 王娟：《民俗学概论》，北京大学出版社2002年版，第23页。

主要是教育立场的确立。第二，确定将要开设课程的基本类型。主要是根据不同课程类型在达成不同课程目标方面的优势进行选择。第三，确定正式的课程内容。对当地不同层次和内容的民俗文化进行系统梳理和分析，选择有利于实现课程目标并适合特定课程类型的民俗内容作为正式的民俗教育课程内容。在这一环节，还要特别考虑学校的具体条件和特点，如师资状况、校舍场地条件，以及校外的社会民俗文化背景等。第四，对选定的民俗内容进行有效组织。根据学生身心发展的逻辑特点和对民俗内容的学习规律确定课程内容的难易程度、编排顺序、呈现方式，同时要考虑与其他课程内容在纵向与横向上的配合和联系，使之形成教育合力。第五，确定课程的实施方案。根据课程内容的呈现需要、学生的学习规律，以及学校的各方面教学条件，确定有效可行的课程实施方案，为教育教学实践提供指导和依据。

在以上五步骤操作过程中，第一个步骤可以由学校教学委员会集体协商讨论确定，后面的四个步骤则需要学校管理人员、教师、课程专家、心理学专家、民俗专家、社区代表等共同参与，在充分研讨协商的基础上达成一致意见后确定。为了保证民俗教育课程的有效性，要在内容与实施方式的确定过程中，始终坚持合目的性与合规律性相结合的基本原则。

（三）民俗文化课程内容的搜集与组织

对于民俗文化的搜集与组织主要包括两方面内容。一是对课程中已有的民俗文化的整理。即找出不同课程中涉及的民俗文化，确定它们所属的民俗文化种类，以及它们在课程中所占比重的大小。二是搜集校外的民俗文化资源。民俗文化搜集与组织小组通过各种渠道搜集当地的民俗文化资源，并对其进行整理。

首先是对学校课程中已有民俗文化内容的组织。对于学校课程中已有民俗文化内容的组织，应先由各学科任教教师分析本门课的教学内容，找出课程中涉及的民俗文化，明确这些民俗文化所属的种类，以及它们在本课程中所占的比重大小，然后通过各课程教师探讨交流，找到不同课程可以整合或拓展的节点。交流主要分为两个方向。一是横向交流。横向交流指的是同一年级不同课程间的交流，通过横向交流确定同一年级不同课程间民俗文化的出现频率并找到能整合或拓展的点。二是纵向交流。纵向交流指的是同一课程不同年级间的交流。采取这两种交流方式是因为从横向来说，学生属于同一年级，对所有课程的认知与接受能力基本处于同一层次，整合或拓展相关的民俗文化学生更容易接受；从纵向来说，同一课程从低年级到高年级是一个递进的过程，教学内容也存在内在的联系，因此，可以根据学生的认知发展及民俗文化教学内容难度的增加进行有递进层次的整合或拓展。此外还有交叉方向的交流，这类交流主要建立在横向、纵向的基础上，作为一种补充。对于课程中呈现的民俗文化，如果只是在某一课中有所提及且所占比重很小，则可以在讲到本课时顺势介绍，对于所占比重较大的民俗文化内容，则可以通过设置民俗文化专题、开发专门的教材等方式让学生进行学习。

其次是搜集校外的民俗文化资源。除了要对课程中已有的民俗文化进行组织整理，还要搜集校外的民俗文化资源，这些资源可以分为两大类：一类是与课程中的民俗文化相通的民俗文化资源，将其与课程中的民俗文化进行整合或作为课程中民俗文化的拓展资源；另一类是学校周围、当地的特色民俗文化或其他地区优秀的民俗文化，使这些优秀的民俗文化得以传承，并且通过它们能够促进学生的发展。收集主要有两大途径：一是查阅资料。这类资料包括以书籍、报纸等为主的书面材料，和以当地政府、文化馆官网、新闻报道等为主的网络资源。二是走访调查。走访调查的对象主要是政府、民俗文化协会、民俗文化专家、当地居民、民间艺人或民间民俗文化组织等相关人员，通过与他们交流获得相关信息，并且收集他们提供的民俗文化资料。

（四）确定民俗文化课程的开设方式

在确定了学校课程中可以传承的民俗文化内容后，要结合不同民俗文化及各种课程的特点，确定最适合的课程形式。一般而言，学校的民俗文化课程主要采用与学科课程融合、开发专门的民俗文化课程和开设综合实践活动三种方式。

1. 与学科课程融合

与学科课程融合的民俗文化课程主要是针对不同学科课程中已确定好的、可整合或拓展的民俗文化的传承，其中也包括在该学科课程之外搜集的可融入该学科的民俗文化资源，这类民俗文化内容一般适合通过课堂教学的方式让学生学习。在具体实践过程中，有两种不同倾向，一是以民俗文化为主题的整合或拓展，即整合或拓展的内容都是有关民俗文化的内容；二是以学科内容为主题，将民俗文化的内容适当融合在教学内容里。大多数一线教师以第二种倾向为主。例如，有教师进行学科课程整合，将民俗文化内容作为教学目标之一。

你、我、她

课型：

以语文为主的学科整合课。

主要学科及内容：

北京师范大学出版社《语文》第六册第八单元"尊重和和平"中的《最美的花束》。

整合学科及内容：

《艺术》，教育科学出版社，"远方的朋友"单元主题页欣赏。

《品德与社会》人民教育出版社,"共享友爱阳光",口语交际《都是好朋友》。

教学目标:

第一,有兴趣地了解世界上不同种族、不同国家小朋友的风俗文化。

第二,知道有不同肤色、不同服饰、不同习俗的小朋友和我们生活在一个地球上。

第三,大家学会尊重和平等。

第四,读通、读顺、读美课文,在朗读和口语交际中获得美感。①

从这个案例可以看出,在四个教学目标中,第一个和第二个目标是有关民俗文化的,四个目标也是紧密联系的。对于学科课程中的民俗文化可以通过民俗主题和学科主题两种方式有机关联,实现学科间和学科内民俗文化的融合。

2. 开发专门的民俗文化课程

开发专门的民俗文化课程主要包括民俗文化地方课程和民俗文化校本课程。民俗文化地方课程可以根据学生发展需要选取本地区和其他地区的优秀民俗文化资源。民俗文化校本课程开发可包括两类:一是对于搜集到的民俗文化资源,本身具有较大教育价值,但无法全面融入学校已开设的课程中,可以单独开设成民俗文化校本课程;二是对于处于民俗文化发源地的学校,它们本身拥有许多特色的民俗文化资源,对于这些民俗文化资源,也可以通过开发民俗文化校本课程将其引进学校课程体系。例如长沙市开福区中岭小学坐落在开福区的北端,是一所具有优良传统的农村小学,有着丰富的乡土资源、浓郁的民间文化,包括乡间

---

① 姜平:《学校课程开发》,首都师范大学出版社2006年版,第142页。

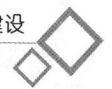

的龙狮队、腰鼓队，民间的剪纸文化以及稻草编织、麦秆捆扎的手工艺品制作，通过利用这些资源开发专门的民俗文化校本课程，丰富了学校的课程与学生的生活。

3. 开展民俗综合实践活动

有些民俗文化适合在学科课程间整合拓展，通过课堂教学传承，而有些民俗文化则需要采用活动的方式让学生获得深刻的体验。例如，传统的民间游戏，对于游戏的历史渊源、游戏的规则等更适合课堂讲解，而对于这些传统游戏的学习或实践练习更适合在活动课程中完成；再比如中国的传统节日，在学科课程中有专门的讲解，对于这些节日的体验，可以与家庭合作或在学校组织相关的节日活动，让学生在了解节日风俗的基础上体验这些节日活动，更有利于他们了解传统民俗文化，并加深对传统民俗文化的热爱。综合实践活动一般是与学科课程或地方、校本课程相结合进行的，通过结合的方式既可以让学生深入了解民俗文化知识，又能让学生获得深刻的情感体验。下面这个案例是教师结合学科课程内容设计的民俗文化综合实践活动。

快乐竹竿舞

教学内容：

《快乐竹竿舞》是教育科学出版社小学艺术三年级下册中《飞歌跳花到苗家》课题的延伸，属于教师的自编教材。

本课的教学内容是围绕苗族的竹子展开的。通过了解竹子的用途及适用的场合等，学习相关竹制品的知识；学习跳竹竿舞，并自编自演，让学生感受苗族文化的艺术魅力。以音乐为本，从节奏出发，尝试用竹竿舞表现欢乐的情绪，激发学生自主学习、主动参与的积极性，培养学生大胆创作表演的能力，让学生体验合作的快乐。

教学目标：

1. 欣赏苗族风情图片，展示欢乐、勤劳的苗族人民生活，感受苗族文化的艺术魅力。

2. 学跳竹竿舞，了解其节奏特点，充分感受苗族边歌边舞的热闹气氛，加深对苗族民俗的感性认识。

3. 运用童谣、诗歌、律动等艺术形式进行创编，在愉快的艺术活动体验中，充分发挥想象力，增强同学之间的合作意识，让大家更加积极地投入集体活动。①

这三种开设方式是一种层层递进的关系，第一层面是把民俗文化融入学科课程，可以充分体现学校教育和课程内容的文化性特点，提升学生的传统文化意识；第二层面开发专门的民俗文化课程，这一层面是针对学科课程中没有涉及的民俗文化内容，是在整体文化意识背景熏陶下的进一步具体化；第三层面是针对更适合通过实践活动学习的民俗文化内容进行的设计开发，帮助学生深入感受和体验民俗文化的生活化和情感性。这三种方式是综合了民俗文化与课程二者特点所做的划分，在实际开展过程中并非界限分明，它们之间存在着千丝万缕的联系。在具体实践中可以根据实际情况将这三种方式联合使用，从而发挥教育合力。

（五）采用灵活的课时分配方式

民俗文化课程的有效开设和实施，需要合理的课时安排做保障。民俗文化课程的课时安排一般采用两种方式：一是固定课时制，即通过对民俗文化的分析，在一学期甚至一学年开始前就确定好明确固定的课时；二是弹性课时制，可以根据实际需要灵活把握和调整课程时间。

采用固定课时制需要对不同课程中传承的民俗文化所需的时间进

---

① 姜平：《学校课程开发》，首都师范大学出版社2006年版，第149页。

行分析。一是对于学科课程传承民俗文化所需的时间，要根据民俗文化整合拓展后的情况具体确定，对于整合到一门课程中的民俗文化，要增加这门课程的时间，相应地减少其他课程的时间；二是开发的民俗文化地方课程和校本课程可根据国家规定的课时量安排课时；三是综合实践活动的课时，根据《义务教育课程设置实验方案》中规定的义务教育课程设置比例，综合实践课程与地方和校本课程的课时为总课时的16%—20%，从小学三年级到六年级，周课时在5—6节，中学是5—7节。① 根据实际情况安排固定的课时，为保证学习的效果，可以安排连续课时，比如两节课连上；可以安排模块化的上课时间，比如每周二整个下午；也可以将原来的学科课程时间拿出一部分用于活动课程；还可以鼓励师生利用课余时间开展相关活动。

　　弹性课时制在时间上比较灵活。民俗文化课程的一体化设计强调通过多层次和多类型课程的合力实现民俗文化的传承，弹性课时更加方便。但如果所有课程都采用弹性课时会影响其他课程内容的学习，不利于学校课程的管理。因此，这里的弹性课时主要面向专门民俗文化课程和活动课程，可以采用集中与分散相结合，缩短课时或长短课相结合的方式，例如，可以将每周的课时集中在一个单位时间内使用，也可以将几周的课时集中在一天使用，还可以根据需要开发利用周末、节假日等课外时间，保证民俗文化课程的充分开展。②

五　学校民俗文化课程的实践优化

　　一门课程的开设，不仅表现在学校的课程表上，更体现在从课程理念、课程开发，到课程实施和课程评价的全过程，课程的开设是一项系

---

　　① 中华人民共和国教育部：《义务教育课程设置实验方案》，2001年。
　　② 田慧生：《综合实践活动课程实施中的问题与策略》，教育科学出版社2007年版，第11页。

统工程。学校要真正开好民俗教育课程，必须从理念入手，提高广大师生的价值认同，科学合理地制定课程内容和实施方案，并进行有针对性和灵活性的管理和评价。

（一）观念层面：提高师生对民俗文化课程的价值认同

要在学校情境下实施一种教育，只有当教育的立场、内容与师生个性化的知识、立场、观念比较一致，师生真正从内心认可和接受这种教育，把教育等同于其自身的一种个人追求时，教育才能深化落实。可以说，师生的价值认同，是一门课程成功的必要条件。对于民俗教育课程而言，师生的价值认同尤为重要，原因有两个。首先，从学校教育的现状来看，民俗文化课程不属于国家强制实施的课程，也不属于升学考试、结业会考的必考科目，这意味着这门课程在开设方面缺少外在的强制推动力。其次，民俗文化课程主要是一类价值立场教育和生活习惯培养的课程，只有内心认可和接受，并通过模式化的生活方式表现出来，才是课程追求的目标。如果师生一开始就处于不赞成甚至反对的立场，这门课程就丧失了发展的内在原动力，也可以预见其目标的落空。因为缺少师生价值认同的课程，其实施过程会被教师扭曲，其影响也不可能触及学生的心灵，更不可能对学生的精神世界有所改变。

要提高师生对民俗文化课程的价值认同，可以从两个方面做起。第一，在纷繁复杂的民俗事象中选择对师生当今生活仍然具有重要意义和价值的内容。因为一种文化之所以能够传承，除了一种精神财富的继承外，更是因为这种文化本身对当今的生活依然具有意义和价值。所以，学校的民俗教育仅仅定位为传承民俗文化的需要是远远不够的。只有要传承的民俗文化自身对当今的社会生活仍然具有独特价值和意义时，它才会具有生命力，否则，就如依靠营养液和现代仪器维持的生命，一方面已经失去了真实生命的意义和特征；另一方面对社会与人的发展而言，也许更多是时间、资源、精力的浪费，而不是促进和提高。如果到了这种程度，这种民俗文化是否有必要传承就值得思考了。第二，预先对师生的价值观进行教育和引导。在正式开设民俗文化课程之前，通过理性分析、榜样示范、情感唤醒等方式，让师生认识到民俗教育的重要意义，看到民俗复兴在现实生活中带来的良好效果，产生心理和情感上的共鸣，可以有效提高师生对民俗文化课程的价值认同感。

（二）课程层面：规范开发、构建模式

民俗文化在学校课程中的传承应该是全面化的传承。因此，学校应该注重在不同课程中的渗透，加强课程间的交流与融合，并且要明确规范民俗文化课程的开发。教师在教学过程中应注重文化的渗透，将文化的渗透与技艺的学习放在同等重要的位置。

开发民俗文化课程是当前学校传承民俗文化采用最多的一种方式。学校必须明确并规范民俗文化课程的开发。首先，要建立民俗文化传承小组，进行整体规划，建立一定的工作与沟通机制；其次，要综合各种信息，进行情境分析，包括校内外的民俗文化资源、人力资源、文化氛围、经济状况等；再次，要拟定课程总体目标，包括目标的基本内涵、分类与表述，以及明确拟定民俗文化校本课程开发总体目标的基本要求，还要编制方案并组织实施，包括开发民俗文化资源、组织教学、培训权利主体、建立保障制度等；最后，要制订评价方案，包括对教师的评价和对学生学习效果的评价。①

学校可以构建"全课程渗透，一课程为主"的传承模式。新课程改革以来，课程被赋予了新的含义，与课程有关的课程开发、课程整合、课程建设等新词相继出现，无论是最初的课程整合还是当下"很

---

① 姜平：《学校课程开发》，首都师范大学出版社2006年版，第80—96页。

火"的课程建设,它们的目标都是减少课程间的冗余、加强课程间的有机联系,进而构建适应学生发展的、和谐的、有特色的课程体系。相应地,民俗文化在课程中的传承也应实现课程的融合。当前,以开发民俗文化校本课程的方式传承民俗文化已成为许多学校热衷的选择,它的优势在于能够让学生系统地了解某个或某种民俗文化,而且通过活动可以让学生获得真实的体验;它的缺点在于使学校误认为通过一种课程就能实现对民俗文化的传承,从而忽视其他课程中的民俗文化,造成课程间民俗文化的割裂。事实上,只通过一种或一门课程传承民俗文化,它的传承力量是微乎其微的,我们应该重视通过所有课程传承民俗文化。通过翻阅不同课程的教材可以发现,民俗文化在不同课程中都有涉及,只不过在有些课程中呈现出来的民俗文化并非系统的、全面的。对此,我们应该在明确不同课程中涉及的民俗文化的基础上,加强课程间民俗文化的融合,对不同课程中的民俗文化进行适当的整合拓展,然后根据需要更有针对性地去开发民俗文化校本课程,形成一种"全课程渗透,一课程为主"的传承模式,让民俗文化更全面、更系统地传承。

(三)管理层面:对民俗文化课程进行有效管理和评价

民俗文化课程开设起来以后,要使之持久有效地开展下去,需要合理的管理和评价机制作为重要的维持和推动力量。目前来看,管理和评价是民俗文化课程的一个难点。一方面是民俗文化课程作为学校课程体系的新鲜事物,没有成熟经验可以借鉴;另一方面是民俗文化课程本身内容繁杂、类型多样,难以制定统一的管理模式和评价标准。但是,由于民俗文化课程既没有国家政策层面的明确支持,也缺少实践中升学压力的直接驱动,如果学校再缺失有效的管理和评价,课程实施中的混乱、应付、形式化等问题恐怕难以避免。如果这样的情况产生,学校的开课初衷也就不可能真正实现。所以,学校必须迎难而上。

在制定课程管理办法和评价机制方面，各学校的具体模式和内容不尽相同。但不论具体内容如何，民俗文化课程的管理和评价都应坚持两点。

第一，以育人为本的基本立场。在学校开设民俗文化课程，不论是为了传承民俗文化，还是通过民俗形式让学生学习其他内容，落脚点都在学生身上，课程的实际效果都通过学生进行体现。只要确立了以育人为本的根本立场，抓住了关键点，管理和评价自然会有成效。体现在实践中，就是在管理方面，要突出有利于学生的学习；在评价方面，要关注学生的发展。

第二，灵活多样的基本原则。因为不同类型的民俗文化课程在目标、内容、实施方式方面各不相同，不同学校同样类型课程的具体内容也不相同，所以，在民俗文化课程的管理和评价方面，不存在普适性的管理模式和评价标准，各学校应根据自己的具体情况设计适合学校教育目的、符合学校现有条件的管理和评价方式方法；甚至在一所学校内部，也要根据民俗文化课程类型或内容的差异进行灵活多样的管理和评价。例如，对以民俗为教育内容的课程，在课程实施的时间、地点、人员等方面可以采用相对固定的安排；而对以潜在课程形式存在的旨在培养学生的民俗生活习惯的课程来说，课程实施的时间、地点、人员都不容易明确界定，或者说是全时空的。对前一种课程，可以通过对学生进行测验、让学生表演等方式来了解课程开设效果；对后一种课程，则只能通过对学生日常生活方式的观察而把握课程效果。总之，在管理和评价方面，学校应坚持灵活多样的原则，鼓励教师和学生探索尝试不同的教学方式，并逐渐摸索出最佳的课程实践道路。

（四）保障层面：学校与政府双管齐下

以课程为载体传承民俗文化，还必须有一定的保障措施。学校应提供传承民俗文化所需的硬件资源，支持教师的工作并制定相关制度，以此规范民俗文化的传承。政府则应重视建立专业民俗文化培训机构，加强对教师的培训，还应搭建平台以加强校际交流。

第一，保障民俗文化教育所需的设备、设施。课程是传承民俗文化的重要载体，但民俗文化的传承，还需要借助一定的外在条件，例如，学习泥塑需要有相应的颜料、模具等材料。学校必须提供传承民俗文化所需的硬件资源，以确保民俗文化传承工作的正常进行。教师扮演着传播者、组织者等角色，他们在传承过程中起着重要作用，学校必须关注教师的工作动态，通过各种途径了解他们在实践中的困惑与收获，并给予及时的指导与支持。例如，潍坊有学校积极传承版画民俗文化，受访教师谈到，课程所用的胶版都是由学校投资购买的，领导非常支持他们的工作，给他们配备个人工作室用于创作、上课及展览，教师的积极性非常高。

第二，制定科学合理的管理与评价规章制度。俗话说，"无规矩不成方圆"。学校应该制定相关的规章制度，规范民俗文化在学校课程中的传承。所制定的规章制度主要包括两个方面。一是教师考评制度。包括对教师参与民俗文化教学活动、民俗文化科研等方面的考评，对于积极参与并且实践开展较好的教师给予奖励，以此激励更多的教师更加努力做好相关工作；二是民俗文化课程开发与实施的测评制度。包括对课程领导小组的工作完成效果、课程目标的实现程度、校内外民俗文化开发利用情况、学生的学习兴趣及效果、是否形成了有价值的课例研究等方面的测评。通过测评找出其中存在的问题，在不断改正问题的过程中使民俗文化的传承更加规范化。

第三，建立民俗文化培训机构，优化师资队伍。教师作为民俗文化的主要传承者，在传承过程中起着重要的作用，但由于这些教师缺乏专业的培训，在一定程度上影响了传承效果。当前，部分地方政府及学校认识到教师培训的重要性，组织教师参加民俗文化培训、聘请民俗文化专家入校讲座，但这些方式不够系统，培训效果有限。对此，教育主管部门及文化馆、民俗文化博物馆等相关部门应通力合作，建立专业化的民俗文化培训机构，将培训系统化，包括定期开展、安排固定的课时，编写培训教材等，使其成为一种常态化的培训学习。此外，还应开展非定期的培训活动，主要是从当地聘请各类优秀的民俗文化艺术家，针对不同学校在实践中开展的民俗文化课程进行系统讲解，并进入学校进行现场指导。采用常态化与灵活化相结合的培训方式，能够帮助教师扎实地掌握民俗文化理论与技艺，提升民俗文化素养。

第四，搭建交流平台，实现校际合作。为更好地推动学校科学开展民俗文化教育，实现民俗文化的有效传承，相关部门如教育局、民俗文化学会等可以通过组织民俗文化研讨会、建立网络沟通平台、开展跨校教研、组织校际的民俗活动展演、优秀民俗教育课例评选等方式，为学校和教师搭建合作交流平台，实现相互间学习借鉴、共同发展。校际的合作交流主要包括三方面内容：一是合作教研。每所学校在开展民俗文化教育传承时，各自的观念认识和实践策略可能存在诸多差异。通过合作教研，学校之间可以充分交流经验、吸取教训，取长补短。二是资源共享。这种资源共享包括民俗文化资源和教师资源两个方面。在一定地域范围内，所在地学校共同享有当地的民俗文化资源。一所学校所收集、整理的民俗文化资源和开发的民俗文化课程往往也同样适用于当地的其他学校，这种情况下，学校之间可以分工合作，共建共享，从而减少在民俗文化资源挖掘、整理及课程开发等方面的重复浪费。同时，不同学校承担民俗文化教育任务的教师往往各有所长，学校之间可以通过优秀教师走教的方式，充分利用各学校的民俗文化教育师资。三是合作展演或评优评先。相关主管部门应该积极为区域内师生提供民俗文化实践的机会，比如开展多种形式的民俗文化展演活动，既有助于形成良好的民俗文化氛围，又可以让师生切身体验和展现民俗文化。同时，相关主管部门也可以通过组织优秀民俗课程、优秀民俗作品、优秀民俗教育课例等评优评先活动，通过彼此之间的对比竞争，激发学校和师生的参与积极性，推动学校民俗文化教育的更好开展。

第七章　学校民俗文化课程的教学设计

人的活动都是有目的的，教学也是一样。为了有效达成教学目的，教师在自己的教学实践中，总是自觉不自觉地根据一定的教育理论和自己对教育教学活动的理解而对教学过程的诸因素进行规划和安排。这种对教学活动进行的预先规划和安排，就是对教学进行的设计。然而，因为教学活动涉及的因素是复杂多样的，并且经常处于动态变化之中，教师只凭经验和直觉自发进行的教学设计，往往并不能达到有效实现教学目的的效果。学校民俗文化课程的实施也是如此。如果没有对民俗文化课程进行科学合理的教学设计，学校的民俗文化教育效果也就难以保证。

一　融合民俗文化内容的学科课程教学设计

一般而言，学科是经过精心选择和组织的科学知识体系，凝聚了人类已有的认识成果的精华。学科是知识丰富发展到一定程度的产物，是一种专门化的知识体系。作为知识分类体系的学科，具有三个基本特征。一是学科知识的系统成熟性。只有这个领域的知识超越了前期累积时期的零散、感性，拥有了较丰富的系统理论知识，才有必要建立学科，按照一定的逻辑进行专门的组织，以便有效地保存与传承。二是学科知识的逻辑自洽性。学科"是一个由不同的但却相互延伸并连接在一起的具有内在逻辑关系的各个知识单元和理论模块组成的知识系统"①。一个学科的知识是一个逻辑的整体，有自洽的体系结构，它们按照学科内部逻辑彼此关联，并可以进行自然有序的推演。三是学科知识的边界明晰性。作为一种知识分类，每一门学科必须具有自身的独特性，并与其他学科保持相对清晰的界限，才能发挥分类的价值。所以，"任何一门学科总是要以特定的事物作为自己的研究对象，以特定的知识作为自己的理论内容，进而建立自己独立的学科王国，形成自己独特的学科逻辑，建构自己完整的学科框架"②。换句话说，学科之所以成为学科，是因为每一门学科具有系统知识、自洽逻辑和独特领地。

在这种具有完整逻辑知识体系的学科课程中融合民俗内容，主要目标在于利用民俗内容更好地帮助学生理解和掌握学科知识。学生在学习学科知识的过程中，自然而然地接触和了解民俗文化，受到民俗文化的无形熏陶。所以对于融合在学科课程中的民俗文化的教学，一般都是按照学科知识的主线进行教学设计和实施。下面分别以融合民俗文化的数学、语文学科为例，进行教学案例的设计解析。

（一）融合剪纸民俗的数学"轴对称图形的认识"教学设计③

剪纸艺术是我国重要的民俗文化，按照不同的标准可以分为许多类型，例如按照作品的制作可分为单色剪纸和彩色剪纸，在这众多的图案中有许多图案具有轴对称的特点。这与人教版小学数学二年级下册第三单元"图形的运动（一）"中的〈轴对称图形的认识〉是相通的，教材中也呈现了传统剪纸的相关信息，如图7-1所示，适合开展与民俗文

---

① 杨天平：《学科概念的沿演与指谓》，《大学教育科学》2004年第1期。
② 杨天平：《学科概念的沿演与指谓》，《大学教育科学》2004年第1期。
③ 姜慧：《小学民俗文化课程的一体化设计》，硕士学位论文，山东师范大学，2017年。在引用时做了适当删减和修改。

化融合的教学。剪纸的方法包括折叠剪、单剪等多种方法,在与轴对称图形教学内容的匹配方面,主要用到的是折叠剪,即将纸折叠起来,剪出各种对称的图案。

图7-1 数学中的民俗

教学目标:

第一,通过观察、动手操作,使学生初步认识轴对称图形的基本特征。

第二,培养学生的观察、想象能力,进一步发展学生的空间观念。

第三,使学生了解我国的剪纸民俗文化,感受剪纸图形的美。

教学重点:认识轴对称图形的基本特征。

教学难点:能判断出轴对称图形。

教具准备:剪纸图案、PPT。

教学过程:

1. 欣赏剪纸,了解剪纸民俗文化,建立表象

播放剪纸的微视频,呈现蝴蝶、蜻蜓、窗花等轴对称的剪纸图形。

教师简单介绍剪纸，让学生了解剪纸是我国的特色民俗文化以及它的主要功能和形式。

2. 利用剪纸艺术进行轴对称图形教学

（1）小组合作，探究学习"什么是对称"

请学生认真观察老师呈现的轴对称剪纸图形，先组内讨论，然后让小组代表用自己的话描述这些图形的特征。

教师进行小结并过渡：像这几个剪纸图形，它们的左右两边是完全一样的，我们把这种现象称为"对称"。除了这些剪纸图形，在我们的生活中还有许多这样的事物。

（2）剪一剪——认识轴对称图形

第一，学生思考并尝试剪轴对称图形。

教师先引导学生分小组探讨如何剪出轴对称的图形，然后小组合作，动手尝试。组织学生展示自己小组剪出的轴对称图形并介绍各自的剪法。

第二，引导学生总结对折纸张剪轴对称图形的方法。

第三，引入"对称轴"的概念。

通过回顾先对折纸张再剪纸，剪出轴对称图形的过程，让学生初步理解轴对称图形是相对一条轴线对称，这条线就是"对称轴"。让学生用直尺在所剪的轴对称图形上画出对称轴。

（3）呈现剪纸图案，验证轴对称图形

教师分发不同的轴对称图形和非轴对称图形的剪纸，让学生判断是否为轴对称图形并说明理由。这一活动一是验证学生是否理解了轴对称图形和对称轴的含义，二是避免因导入时呈现的民间剪纸是轴对称图形而让学生误认为民间剪纸都是轴对称图形。

（4）说一说，在生活中还见过哪些轴对称图形

请学生思考在生活中见过哪些轴对称图形，并发言讨论。

3. 拓展延伸，巩固深化

（1）指导学生完成教材第29页"做一做"

下面这些图形哪些是轴对称图形？说明理由。引导学生在头脑中将图形对折，看看是否完全重合。

（2）完成教材"练习七"的第2题

下面的数字图案，哪些是轴对称图形？教师引导学生从0—9中找出对称的数字，并顺势引导让学生找出学过的轴对称汉字。

（3）完成教材"练习七"的第3题

下面图案分别是从哪张对折后的纸上剪下来的？连一连。学生连线，教师巡视，对连线错误的同学进行指导。学生全部完成后教师引导学生总结规律。

4. 课堂小结

简明概括轴对称图形和对称轴的定义，鼓励学生在课下继续发现生活中的轴对称图形，并分享到班级学习群中。

（二）挖掘民俗意义的语文群文阅读教学设计[①]

统编教材《语文》八年级下第一单元四篇课文《社戏》《回延安》《安塞腰鼓》《灯笼》，以不同视角、多种表达方式、丰富的语言表现力寄寓的作者情思，展示出一幅幅生动的民俗风情画卷，让读者感受到当地的风土人情、多样的生活方式和多彩的地域文化。

基于学生实践、探究及阅读内容的深度和广度，笔者对本单元教学采取以民俗意义探究为主题的群文阅读单元整体设计，共6课时，探究不同地域风俗文化，品读不同表达方式等所寄托的情思，感悟民俗对精神滋养和文化认同的价值。

[①] 张珍娟：《群文阅读之民俗意义探究》，《中学语文教学》2019年第8期。在引用时做了部分删减和修改。

前5课时，重在阅读概括课内外9篇文章，概括主要内容、厘清思路和作者情感，批注赏析精彩片段。其中，第一、第二课时，自读《老北京的小胡同》《北京的门墩》《本命年的回想》《安塞腰鼓》，概括文章内容，利用周末组织学生逛北京胡同、进首都博物馆，体验老北京传统习俗，感受浓郁的老北京风情；第三课时，阅读《社戏》《压轿》，概括相关的人物事件、批注所蕴含的情感；第四课时，阅读《回延安》，概括诗文内容，批注抒发的情感；第五课时，阅读《观灯》《灯笼》，了解文中所谈关于灯笼的民俗内容。本设计呈现的是第六课时，旨在扣住教学点，引导学生全面感受不同文体、不同表达方式所蕴含的多样的民俗风情文化、作者情思，进一步深入探究传统民俗的意义和价值。

教学目标：

第一，概括、综合多篇文章的相关内容。

第二，品味富有表现力的语言，理解多种表达方式及其所蕴含的情思。

第三，感受多彩的地域文化和多样的生活方式，理解传统民俗的意义和价值。

教学过程：

1. 汇报交流游学感受

PPT展示游学照片，制作的游学视频，采访同学谈阅读及游学感受。

2. 概括民俗的相关内容

问题一：回顾一下本单元的四篇文章，每篇文章写了哪些民俗？写了关于民俗的哪些内容或者是从什么角度展现的？请从文中找到依据，完成以下表格。

第七章　学校民俗文化课程的教学设计

篇目	民俗	展现角度	文本依据
《社戏》			
《回延安》			
《安塞腰鼓》			
《灯笼》			

教师点拨：展现角度可从介绍某地域的各种民俗，或描写某一特定民俗，或记叙和民俗有关的人物、事件或有关民俗的历史、文化等方面考虑。

问题二：课前同学们自读了《老北京的小胡同》《北京的门墩》《压轿》《本命年的回想》《观灯》等文章，它们分别从哪些角度写了什么民俗？

教师点拨：从文本中找依据，看看和课内四篇文章有没有角度相同的，是否还有其他角度。

3. 品味语言，理解蕴含的情思

问题一：本单元的四篇文章，分别是什么文体，是否只使用了一种表达方式？

教师点拨：文体包括小说、诗歌、散文、说明文，表达方式有叙述、描写、议论、抒情、说明。

问题二：批注赏析，从本单元四篇文章中任选一篇，画出你喜欢的语段，从修辞或者表达方式等角度，品味作者在展现民俗时所寄寓的情思，并介绍给大家。

教师小结：综上我们看到，民俗内涵丰富，尽管写作文体、表达方式不同，但是人们的情感是相通的。比如：老乡见面分外亲热，就是因相同的风俗习惯、起居习惯、饮食习惯以及乡情，把大

· 175 ·

家连接在一起；一些民俗融入了亲情友情，形成美好的记忆；民俗中的家国情怀让我们感动。

问题三：《老北京的小胡同》《本命年的回想》《北京的门墩》《压轿》《观灯》这些文章在表达民俗内容方面，有没有类似的情感？

教师通过引导学生思考，明确以下内容：尽管地域不同、民俗内容不同、写作角度不同、文体不同，但是民俗中渗透出的情感集中体现在童年记忆、亲情、友情、故乡情、人的精神风貌、历史文化、家国情怀等方面，多样的内容和形式，集中体现了人们超越地域、时代共通的情感，这也是民俗多样的基础。

4. 探究民俗的意义和价值

问题一：读了这些文章，你有什么收获？

教师点拨：可从知识、方法、认识等角度谈。

PPT展示（"课本单元导读目标"）：民俗是民间流行的习俗、风尚，是由民众创造并世代传承的民间文化。本单元的课文，或表现各地风土人情，或展示传统文化习俗。我们能够从中看到一幅幅民俗风情画卷，感受到多样的生活方式和多彩的地域文化，更好地理解民俗的价值和意义。学习本单元，要注意体会作者是如何根据需要综合运用多种表达方式的；还要注意感受作者寄寓的情思，品味作品中富于表现力的语言。

问题二：民俗的意义和价值该怎么理解？

教师点拨：民俗特点体现在集体遵从、反复演示、不断实行，具有增强民族认同、强化民族精神、塑造民族品格的功能。民俗的意义和价值可以从民俗的内容、寄寓的情感、延续传承中对人或民族精神层面的影响等方面来思考。

教师总结：本单元的学习，我们以民俗意义探究为主题进行群文阅读。以四篇课内文为基点，通过读、览、悟、品的方式，拓展阅读了其他五篇文章，了解了不同地域的多种民俗，不同作者从不同角度的写作表现，综合运用不同的表达方式，就像花朵一样五彩缤纷。阅读过程中我们归类比较、求同存异，体验了群文阅读的方法，懂得了民俗类文章的写作方法。同时我们也在感悟文章蕴含的情思过程中，理解了民俗的丰富内涵。作为年轻一代，我们要用实际行动传承民俗，用笔抒写民俗，让民俗百花园更加绚丽多姿，绽放华彩。

5. 作业

第一，拓展阅读《吆喝》《上海的弄堂》《茶干》，批注文中所蕴含的作者情思。

第二，选择一种文体，选取一个角度，综合运用各种表达方式，写一写自己家乡或北京的民俗。

二　民俗文化专题课程的主题活动教学设计

民俗文化课程正如人们对文化的理解一样，其内容复杂而宽泛。民俗文化课程不能像学科课程那样过于追求知识的系统逻辑，相反，其内容更多是融合性的和实践性的，它往往会与多方面的知识领域相联系，也会同时促进学生多方面素质的发展。比如一种地方曲艺，会兼具文学、音乐、品德等多方面的教育价值。鉴于民俗文化专题课程的融合性和实践性特点，在设计其教学时，往往不以专门的知识内容为核心，而是根据特定民俗的文化主题，综合选择和组织其内容以及开展方式。

从当前的民俗文化专题课程教学设计实践和成功经验来看，主题活动式教学设计是民俗文化专题课程教学设计的主要模式。民俗文化的主题活动教学设计是以特定民俗文化主题为线索，综合考察特定民俗文化的历史变迁、现实意义，挖掘其内含的知识与技能、观念与思想，明确其实践中的行为表现，并把这些方面的内容有机组合起来，让学生全面感受体验并学习掌握。以主题的方式对民俗文化课程进行教学设计，更符合民俗文化自身的特点和学生学习传承的需要，可以有效实现民俗文化教育从行为、认知、情感、观念等多层面熏陶与感染学生的效果。

主题活动教学设计作为一种跨越单一学科的综合性教学设计，在设计与实施过程中有其专门的需求和特点。第一，民俗文化课程的主题活动教学设计需要教师团队合作。如曲艺民俗文化的教学设计往往需要语文教师、音乐教师、民俗艺人的相互配合，由团队共同设定教学目标，选择教学内容，制定评价方式，安排具体的教学实施方案。第二，主题是教学设计的核心，是联结各科内容、联系实际生活的纽带，也是教师选择具体内容、设计教学框架的出发点，其选择与确定必须依据一定的标准，比如，与现实生活相联系，有丰富充实的资源材料，能够支持学生的合作和思考，激发学生的学习兴趣，有利于民俗文化教育传承的多方面目标的达成等。第三，民俗文化的学校传承既要保存"记忆"又要保护"技艺"，同时注意引导学生在亲身体验过程中培养情感。基于以上认识，在进行民俗文化主题实践活动教学设计时，要综合考虑教学目标，既要强调整体性，又要多元、具体、可操作。第四，进行灵活的教学结构设计。合理的课时规划是保证民俗文化教学顺利开展的前提。在确定民俗文化课程的教学时间时，要做到既明确又具有弹性。同时，课时安排要考虑学校整体课程安排、各科课程安排、主题教学的任务需要以及课程的可行性等因素，为主题活动教学设计做好课时规划。

不同的民俗文化类型，其在教学中的目标、内容、过程、方法等各不相同。根据当前民俗文化传承的主要类型，下面分别以游戏民俗和工艺民俗为例，进行主题实践活动教学的设计解析。

（一）游戏民俗"老鹰捉小鸡"的主题活动设计案例

老鹰捉小鸡游戏是一个众所周知的传统民间游戏，它需要多人参加，在室内室外皆可进行，具有益智与娱乐双重功能。老鹰捉小鸡游戏是一项调动全身运动的游戏，它能够锻炼学生手和腿的肌肉，有助于塑造学生强健的身体，同时还能锻炼学生的观察力和反应能力。在游戏中老鹰需要有敏锐的观察力，找到突破口，才能捉住小鸡；鸡妈妈和小鸡需要来回快速跑动，同时还需要有敏捷的反应能力，快速躲开老鹰，才能保证不被抓。老鹰捉小鸡游戏还是一项团队游戏，它能够锻炼学生之间的团队意识、合作能力，同时在游戏中学生扮演了不同的角色，鸡妈妈要奋力保护小鸡，小鸡要遵守规则与自保，老鹰要拼命抓捕小鸡，可以由此感受母亲对孩子的付出，加深孩子对父母的尊重与热爱。

本活动分为两个课时，具体教学设计如下。

教学目标：

第一，通过玩老鹰捉小鸡游戏锻炼学生的体质，培养学生的团队意识、反应能力及观察力。

第二，通过让学生在游戏中扮演不同的角色来感受父母对自己的爱与付出，增强学生对父母的理解与感恩。

第三，以游戏过程的感想与收获为素材进行作文和美术创作训练，提升学生的语文和美术素养。

教学对象：小学中段学生。

教学重难点：学生对老鹰捉小鸡游戏的理解程度以及学生游戏体验的合情合理表达。

第一课时：老鹰捉小鸡游戏的基本认知

1. 游戏感知

（1）师生分享游戏体验，激发参与动机

老鹰捉小鸡游戏普及广泛，部分学生具有游戏经历。本阶段通过师生快乐的趣味性经历的分享，激发学生的参与动机。

(2) 小组讨论角色认知，分享角色身份想象

在分享经历的基础上，教师引导学生对老鹰捉小鸡游戏中的老鹰、鸡妈妈、小鸡三类角色分小组进行探讨。探讨围绕两个问题进行：一是不同角色的具体任务是什么？二是完成角色任务的有效方法有哪些？教师注意引导和总结学生的讨论。

明确角色的任务和方法之后，教师引导学生想象自己承担某一类角色时的情形，组织学生分享交流自己的想象，加深学生对角色的认知和情感体验。

2. 统一游戏规则，培养规则意识和安全意识

(1) 确定游戏规则

教师讲解老鹰捉小鸡游戏的基本规则。与学生一起讨论游戏规则是否需要根据学校的实际情况进行调整以及如何调整。师生共同确定最终的游戏规则。

(2) 进行安全教育和引导

教师根据不同季节学生的着装特点，与学生讨论什么样的活动方式更安全。明确小鸡拉住鸡妈妈衣服的具体方式和细节，并与学生配合演示安全规范的动作。

3. 进行角色分配

(1) 学生的个人角色倾向陈述

让学生表达自己的角色兴趣，并引导学生阐述理由。

(2) 鼓励学生进行多角色体验

教师讲解"游戏"的属性，引导学生超越狭隘的角色认知，勇于体验不同的游戏角色。

(3) 设计角色分配方式

教师与学生讨论合适的角色分配方案，尽量给学生提供体验不同角色的机会。

4. 布置课后作业

每位学生根据自己将要在游戏中扮演的角色，制作相应的配饰。比如老鹰和小鸡形状的头饰，或者可以贴在身上的动物贴纸。

第二课时：老鹰捉小鸡游戏的实践活动与表达创作

1. 室外游戏活动

根据第一节课确定的角色分配方案进行分组，并带领全体学生做身体准备活动。

各小组自行进行游戏。教师巡回指导，并密切关注学生的活动安全。对游戏中合作良好的小组进行即时表扬，并可以灵活组织其他小组观摩。

2. 语言交流游戏体验和感受

鼓励学生用语言清晰表达自己的想法和感受，鼓励学生主动发言，与同学分享游戏体验和感受。教师进行深化引导和适当的评价反馈。

3. 个性化创作

教师鼓励学生用在语文、美术等学科课程中所掌握的知识技能围绕老鹰捉小鸡游戏进行个性化创作。学生可在以下方式中任选。

第一，画一幅关于老鹰捉小鸡游戏的画。

第二，任选体裁写一篇关于老鹰捉小鸡游戏的小作文。

第三，编一个情景剧并进行展演。

在课上没有完成的创作，可以在课下继续完成。教师将选择优秀作品在班级内进行展示，并推荐参加学校的展示交流。

鼓励学生在闲暇时间开展老鹰捉小鸡的游戏活动。

（二）剪纸民俗文化课程的整体教学设计

剪纸是中国古老的传统民间艺术。它历史悠久，风格独特，深受国内外人士喜爱。剪纸的主要材料是纸，也可以金银箔、树皮、树叶、

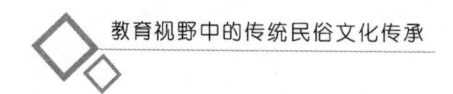

布、皮、革等片状材料为载体。目前发现的最早的剪纸是北朝时期在新疆吐鲁番火焰山附近出土的五幅团花剪纸。汉代蔡伦发明造纸术之后，出现了确切意义上的剪纸，唐代以后剪纸图案开始用于装饰。民间剪纸往往通过谐音、象征、寓意等手法提炼、概括自然形态，构成美丽的图案。

剪纸民俗依附于民间特定的文化背景与生活环境，是人们追求美好生活的体现方式之一。在悠久的历史发展过程中，民间剪纸逐渐演变为一种内涵丰富的综合艺术形式。它集工艺技巧、艺术审美、个性创作、德育熏陶于一体，可以从多方面发挥教育教化功能。正因如此，很多中小学开发了剪纸类校本课程。但在课程的整体设计和具体实施中，经验和问题并存。

剪纸民俗是一项专业性较强的工艺民俗文化，真正感受这一民俗的文化韵味和掌握一定的操作技巧，需要持续地循序渐进地学习。由此，剪纸民俗课程的教学要进行系统整体的规划。比如，在小学阶段，从小学四年级开始开设剪纸民俗课程，共学习三学年，每周1课时。这一课程的整体教学设计思路如下。

小学剪纸民俗课程的整体教学设计
第一阶段：四年级全学年

教学目标：

第一，了解剪纸民俗的历史渊源和典型剪纸民俗事项。

第二，初步感知简单的剪纸作品，能够领会作品的内容和寓意。

第三，知道剪纸的制作工具与材料，初步掌握剪刀的使用方法。

第四，掌握剪纸的基本技巧，学会模仿剪制简单的剪纸作品。

教学内容：

第一，剪纸民俗起源的知识。

第二，我国各地剪纸民俗活动的主要内容及特点。

第三，常见剪纸作品赏析。

第四，关于剪纸民俗活动的实践调查活动。

第五，剪纸的基础材料与基本方法知识。

第六，剪纸实践活动和学生作品赏析活动。

教学方法：

讲授法、小组讨论法、实践体验法、展示交流法、调查法、练习法等。

第二阶段：五年级全学年

教学目标：

第一，了解我国不同地域剪纸民俗的主要特点。

第二，了解不同地域剪纸作品的典型风格及与当地社会文化的关系。

第三，认识剪纸的多种形式与表现题材。

第四，掌握剪纸的基本方法，了解动物与风景的剪纸表现方法，学会设计简单的剪纸造型，培养创新能力与动手能力。

第五，能够欣赏优秀剪纸作品，感受作品的内涵寓意。

第六，能根据日常情境的不同，选择合适的剪纸作品表达情感、美化生活。

教学内容：

第一，我国南方与北方剪纸民俗的不同风格特点。

第二，分色剪纸、套色剪纸、染色剪纸的剪制方法。

第三，剪纸中剪与刻、阴剪与阳剪的基本方法。

第四，多种题材的优秀剪纸作品赏析。

第五，优秀剪纸作品临摹练习。

第六，基于特定生活情境的剪纸设计与创作练习。

第七，学生作品的展示交流与赏析活动。

教学方法：

讲授法、小组讨论法、实践体验法、练习法、展示交流法、反思法等。

第三阶段：六年级全学年

教学目标：

第一，领会我国剪纸民俗形成的社会文化因素。

第二，掌握剪纸的多种表现形式，初步学会人物剪刻的方法。

第三，基本掌握剪纸的设计与创作方法，能创作出内容与形式都较为成熟的剪纸作品。

第四，能够赏析优秀剪纸作品，领略剪纸的艺术魅力。

第五，能运用剪纸作品表达自己的情感，并运用于日常生活。

教学内容：

第一，我国剪纸民俗的历史演变过程及不同历史时期的文化特点。

第二，欣赏古今优秀的剪纸作品。

第三，剪纸创作素材的收集方法。

第四，人物剪刻的基本方法。

第五，结合生活实际开展有主题的剪纸作品创作活动。

教学方法：

讲授法、小组讨论法、实践体验法、练习法、展示交流法、反思法等。

第八章　民俗文化传承的主要社会教育途径考察

学校教育是优秀传统民俗文化有效传承的主要途径。但同时，诸如家庭、民俗博物馆、传统古村落等机构也可以与学校教育衔接配合，积极推动民俗文化的保护和传承。

一　民俗文化教育的家校合作

民俗文化蕴含丰富的教育价值，在学校教育还未普及的农耕社会，它的教化作用主要是通过家庭教育实现的。社会场域的急剧变化使许多影响数代人的民俗文化失去了生存的根基，家庭教育的独特优势也在逐渐丧失，学校教育凭借其保存和传承文化的功能一跃成为民俗文化教育的新阵地。然而，在目前的实践中，学校、家庭长期以来各自为政，问题层出不穷。民俗文化教育要想取得新的突破，需要重新审视家庭教育和学校教育的特性，明确各自的优势与局限，寻求家校双方的密切合作。

（一）自然、弥散的家庭民俗文化教育

在现代社会，以民俗文化为主要内容的家庭教育式微，不再是人们主要的受教育途径，但其对人身心发展的影响却始终不容忽视。究其原因，在于家庭民俗文化教育是在真实的生活情景中自然而然发生的，呈

现出自然、弥散的特征,与民俗文化的本质不谋而合。

第一,目标的主观随意性。家庭民俗文化教育往往是家长随性而为,没有终极目标,短期目标也比较主观和任意,而且随时有可能被更改。主观任意的教育目标会导致家庭教育的内容不明确,方式不合理。每个家庭都有其特殊性,要求内容统一是不现实的,也是没有必要的,但家庭教育所传达的民俗文化精神内涵应该一致起来。现在却存在着这样的情况:民俗文化教育的内容在家庭与家庭之间、家庭内部,都存在较大差异,家长们的个人喜好影响了对民俗文化的选择,主观理解歪曲了其深层的文化和精神内涵。大多数家长对民俗文化、学生个人的身心发展缺乏专业认识,又没有科学、明确目标的指引与规范,可能出现方式选择不当或者使用不当的问题,致使民俗文化教育事倍功半。

第二,内容的多元广泛性。陶立璠在其主编的《民俗学概论》一书中将民俗划分为物质民俗、社会民俗、口承语言民俗、精神民俗四大类,每一大类下又包括各种具体的类型,可见民俗文化涵盖面之广,几乎无所不包。家庭民俗文化教育主要是在真实的生活情境中发生的,家长在选择教育内容时往往根据具体需要选择最具实用价值的民俗文化,这种民俗文化教育虽然没有固定的内容,却包含生产技能、生活经验、道德观念、人生仪礼等方方面面的内容,不仅涉及看得见、摸得着的物质层面,还涉及塑造精神、指导实践的非物质层面。此外,家长在进行民俗文化教育时往往处于无意识、下意识的状态,并不局限于哪一种、哪一类的民俗文化,教育内容往往是丰富多彩、多元相异的。这样的内容虽然看起来非常庞杂,却因其情境性与实用性和谐地存在于家庭之中,并不会相互排斥。现代社会虽然撼动了家庭教育的地位,却没有改变其内容的多元广泛性。每一代人都按自己的方式重复着从父母那里继承的民俗文化,它们虽然被打上了时代的烙印,呈现方式会有所不同,但内容却随着岁月的更迭越来越丰富和完善,更加符合时代要求和现实需要。

第三，过程的生活融入性。家庭教育的全过程发生在家庭的日常生活中，具有明显的生活融入性。首先，家庭教育是产生于特定生活场景的。家庭民俗文化教育通常没有精心的设计，表现为家长对孩子在实践中遇到的问题进行的有针对性的指导，这样的教育方式不仅与学生的日常生活联系密切，而且赋予了民俗文化特定的感情色彩。其次，家庭教育是以"做中学"的方式进行的。孩子们先是模仿家长的一言一行，然后在实践中不断摸索、尝试使用，最后反复践行，使民俗文化成为他们日常生活不可或缺的一部分。最后，家庭教育的评价主要是在生活中进行的。孩子在学习了民俗文化之后可以直接在日常使用中检验学习的效果，并得到及时而有效的反馈。家庭教育的设计、实施、评价都是在日常生活中进行的，是民俗文化教育回归生活的最好体现。

第四，效果的持久弥散性。民俗文化家庭教育所产生的效果持久弥散，主要是指民俗文化教育的效果大部分会持续一生，甚至会延续到下一代，且这种效果并不局限在知识和技能的获得这种外显层面，还会影响学生的情感、态度、解决问题的方式等方方面面，大到世界观、人生观、价值观，小至一个动作、一句话，都体现着民俗文化教育的成果。家庭民俗文化教育之所以具有这样的特点，主要原因有两点。首先，家庭民俗文化教育的隐性呈现方式。民俗文化更多地以一种隐性的方式呈现，它可以是一种生活方式，也可以是一种生活态度，换句话说，它就是一种生活文化。人们每天生活在这种文化中，对它们早已视若无睹，根本意识不到自己的一举一动都在受民俗文化的影响。其次，家庭中的民俗文化教育是一种生活的常态，它们源源不断地滋养着人的思想与行为，对人的影响是持续不断的。通常情况下，家长只有在初次使用某种民俗文化教育孩子时是有意识的，之后往往以一种无意识的生活习惯的方式呈现。这种无意识的生活习惯最大的特点就是自然、稳定，所产生的效果较之刻意的学校教育更加持久和深刻。

自然、弥散的家庭民俗文化教育不集中、不专业、缺少规范、不成系统。但正是因为不集中，它才是无处不在、无孔不入的；正是因为不专业，没有专职教师与专业的设计与规划，人人才都可为师，万事万物都可为教育内容；正是因为缺少规范，民俗文化才可以摆脱束缚，回归生活，还原其自然之态；正是因为不成系统，才能随时随地根据需要灵活调整，弹性实施。家庭教育的这种自然、弥散的特性赋予它以最原始的方式还原民俗文化本来面目的权利，使民俗文化自然、和谐地融入民众的日常生活，散于一饮一啄之间，成于一言一行之中。

（二）科学、专业的学校民俗文化教育

学校民俗文化教育是现代社会的产物，是为了保护与传承民俗文化，挖掘民俗文化教育价值所采取的措施。不仅有专业的教师、专家、民俗文化工作者组成的研发团队和教师团队负责整体规划和实施，更有学科课程、综合实践活动课程、校园物质文化建设为依托，这些都使其呈现出科学、专业的特征。

第一，设计的科学规范性。学校教育有计划、有组织、有步骤，施教主体由专业教师和民俗文化工作者组成，总体素质较高，更能从学生的需要与兴趣出发，科学合理地规划民俗文化教育的全过程。学校教育设计的规范性主要体现在以下几个方面。首先，学校教育的目标不仅明确、具体，而且规范、科学。民俗文化产生于社会场域，受社会政治、经济、文化的影响非常大。制定教育目标时如果不考虑这些因素，学生学习的民俗文化知识技能会因为不符合时代的特点和社会的需要而失去有用性，教育效果将大打折扣。学校教育在制定教育目标时，充分考虑社会的需要、学生的身心发展特点，在促进学生全面发展与传承民俗文化的同时，指向民俗文化与学校教育共同的价值取向——育人。其次，学校教育选择符合社会主义核心价值观的民俗文化内容，剔除封建迷信等糟粕。长阳土家族自治县的各中小学就是立足于"渗透、扬弃、继承"的原则,深入挖掘巴土文化艺术教育素材,坚持把以"山歌、南曲、巴山舞"为特色的巴土文化编成教材,引进课堂,取得了非常好的效果。① 再次,学校根据民俗文化的特点选择教育方式,力求教学效果的最优化。目前,学校主要采取以下三种方式进行民俗文化教育。一是利用班级授课的形式传授静态的知识,更加系统、牢固,效率更高。这类知识主要包括民俗文化产生的背景、传奇故事、演变的过程以及一些已经丧失了有用性的民俗文化。二是利用"做中学"的形式学习技能、技巧。民俗文化技能难以作为抽象符号在教材中呈现,学生主要通过在课程、活动中观察、模仿进行学习。学生不仅能在动手操作中掌握一门技能,还能感受民俗文化之美,提高文化认同感,增强文化自信。三是利用主题活动的形式创造民俗文化环境。这是近年来许多学校在不断探索的一种试图重建民俗文化氛围的新形式。在活动期间,学校的文化建设、教学活动都围绕特定主题进行,力求贴近日常生活,还原民俗文化的理想状态。②

第二,实施的专业高效性。学校利用自身优势,有计划、有目的、有组织地传授民俗文化知识与技能,教育过程专业,实施效率更高。首先,学校民俗文化教育从设计开发到具体实施的整个过程更加科学、专业。学校进行民俗文化教育的积极探索是响应国家弘扬优秀传统文化的号召,有相关政策的鼓励与有关部门的支持。专家、教师、民俗文化工作者组成的专业课程研发团队综合考虑时代的特征、社会的要求、学生发展的需要进行民俗文化教育的系统规划与设计,选择具体内容。专业的教师队伍以专门的课程为依托,根据学生的身心发展特点、民俗文化

---

① 吴正彪:《民族文化知识进课堂与发挥学校教育在保护和传承非物质文化遗产中的作用》,《民族教育研究》2008 年第 6 期。
② 郑雪松:《中小学非物质文化遗产校本课程开发》,《课程·教材·教法》2017 年第 1 期。

的特征进行民俗文化知识与技能的传授，不仅目标明确具体，而且针对性极强。其次，学校民俗文化教育注重认知层面的知识传授与行为层面的技能传授的相互配合，实施效率比较高。教师以班级授课的方式讲授民俗知识，能让学生在最短的时间内获得大量的民俗文化知识，包括民俗文化的起源、时代背景、神话传说等，帮助学生建立起民俗文化的整体认知，为了解更深层次的民俗文化打好基础。学生在专业教师的指导下通过观察、模仿学习民俗文化技能，在亲身实践中获得直接经验，不仅能快速掌握民俗技能，还能增进学生对民俗文化的认同与尊重，而且有利于个体把民俗文化进一步内化到自己的观念体系中。

第三，结果的外显可视性。近年来，各大中小学都在积极探索民俗文化教育的途径，不仅开发了专门的地方课程、学科课程、综合实践活动，还将民俗文化广泛融入美术课、体育课等学科课程，致力于为学生提供更多接触民俗文化的机会。学生也的确掌握了一些知识、技能，民俗文化教育取得了一定的成绩。然而，有研究者了解到，由于学校倾向于选择易于以活动、课程呈现的内容，加之缺乏有针对性的评价机制，学校民俗文化教育对学生产生的影响大多停留在看得见、摸得着的物质层面，很少触及精神层面。学生学到的通常是可视的、外显的行为、动作，对民俗文化背后的更深层的精神、文化内涵了解较少。学校往往把剪纸、泥塑、地方戏视作纯粹的审美艺术或者功能性的产品，让学生通过参观、观察、模仿学习制作技艺，感受民俗文化之美。殊不知，它们其实是在民众生活的实践需求推动下萌生和发展的，是日常生活和生产实践的鲜活展现。在学校民俗文化教育中，学生学到的只是一门技艺，与民俗文化固有的生活文化整体毫无关系，他们得到的只是失去了教育价值的碎片。例如，摆手舞作为土家族的一种古老舞蹈，具有明显的民族特色，当地学校将摆手舞引入校园进行传承，学生虽然学会了舞蹈动作，却既不知其代表什么，也不了解摆手舞到底表达了土家人怎样的精神情怀，学生的学习只不过是对动作的简单、机械的模仿。

学校教育的专业设计、高效实施能够补充自然、弥散的家庭教育在科学性、规范性上的不足，是民俗文化教育在场域逐步消失、民众精神文化内涵空乏的现代社会不可缺少的组成部分。但是，学校民俗文化教育开展过程中的种种问题也恰恰说明了学校教育不是万能灵药，把民俗文化从其存在的场域中抽离出来强加进学校教育中不过是削足适履，短时间内成效显著，从长远来看却后力不足。

(三) 家校合作实现民俗文化教育的全息浸润

家庭和学校教育各自固有的优势与局限决定了它们无法单独完成民俗文化教育任务。学生是家、校共同教育下的产物，家庭和学校对学生的影响是相互交叠、难以区分的。家校合作不仅能弥补各自的不足，也有利于学生完整人格的塑造。民俗文化的整体性与生活性要求家校双方致力于为学生提供全息的文化浸润，从认识、整体设计、具体合作三个层面密切配合，使家校民俗文化教育在时间、空间、内容上连贯起来。

第一，在理解中达成统一认识。合作双方在民俗文化教育工作上的一致认识是推动合作向纵深方向发展的基础，也是民俗文化教育取得理想效果的前提和保障。当前民俗文化教育家校合作的首要任务就是为家长与教师提供沟通交流的机会，使双方在互相理解的基础上调整视野、统一认识，以消除合作的障碍。

家庭、学校应该对民俗文化的内涵达成统一认识。首先，民俗文化蕴含丰富的育人价值，主要表现为对人类情感的陶冶、对人类行为的规训，这些功能只有在内心尊重与认同的基础上才能得到淋漓尽致的发挥。其次，民俗文化是广大人民群众在生产生活中创造的，具有很强的生活性。日常生活中的自然流露是民俗文化教育的理想状态，更能保证其动态性与"活态性"。最后，民俗文化不是民俗行为与知识的相加。早期的民俗学者关注的不是渔具的制造，而是渔夫捕鱼时所遵守的禁忌，正是因为在他们看来民俗是人类精神生活的基础层，蕴含着一个民族的"精神禀赋"。①知识与行为的教学固然是不可或缺的，但一种民俗文化如果缺少了精神与文化内涵，就会丧失生命力，变成不再具有育人价值的功能性事物。

家庭、学校应该在合作的价值取向上达成统一认识。首先，合作的最终目的是促进学生发展。合作不是为了减轻负担、转嫁责任而进行的任务分配，而是利用各自优势确保民俗文化"化人"功能的发挥。其次，合作是平等主体间的合作。家长与教师之间是互相依赖、和谐共生的关系，在民俗文化教育这个问题上享有平等的话语权，不存在一方压倒另一方。最后，合作是全过程的合作。家、校的合作应该是贯穿全过程的，无论是在教育内容的选择、整体规划设计还是具体实施方面，都需要两者的密切配合与及时沟通，任何一方在任何一个环节的缺席都有可能导致后续工作进展不顺利。因此，双方要认识到彼此在各个环节的地位与作用，学校要改变高高在上的发号施令者的形象，家长也要意识到自己的独特价值。

第二，在对话中形成一体设计。正如前文说到的，民俗文化是一种整体性的生活文化，它们无处不在、无孔不入，与环境融为一体。当前的民俗文化教育虽然能在一定程度上弥补学生在民俗知识上的欠缺，却无法为他们提供全息的民俗文化浸润。主要原因在于整体设计的耦合度与连贯程度不够高，两者产生的教育影响不一致。要使民俗文化在家庭与学校场域之间畅通无阻地流动，双方就要在设计的全过程中始终保持不间断的相互影响和循环往复的链状互动，在对话中形成一体化设计。

首先，确立共同的教育目标。家长群体的复杂性、学校教育的"蛋篓结构"导致的教师群体与外部世界的隔绝使双方在民俗文化教育目标上难以达成共识。而一个符合双方共同利益的目标不仅能提升凝聚力与

---

① 陈勤建：《民俗——日常情景中的中国人的精神生活》，《民俗研究》2007年第9期。

向心力，也是动力的源泉，双向的理解与尊重是形成共同目标的前提，家长、教师应该设身处地地考虑对方的需要。此外，促进学生的全面发展是家校合作的根本，双方应紧紧围绕这一点，确立共同目标。家校合作传承民俗文化的理想目标应该是集双方之力，发挥各自的独特优势，构建全息浸润式民俗文化空间，让学生在与民俗文化的日常接触中实现全面发展。

其次，通过集体审议选择教育内容。家长、教师占有的民俗文化资源的不同、选择标准的不同，导致家、校教育内容存在较大差异。学生习得的知识与行为不仅无法相互配合，反而存在巨大反差，其结果必然是一方被另一方牵着鼻子走，或者相互干扰。选择教育内容最理想的方式就是通过集体审议，融合双方智慧。家长、教师选择的内容一要有育人价值，二要贴近学生生活。双方应该先按照自己的理解选择符合这两个标准的内容，然后把各自遴选的内容放在一起，交换意见，选择其中既有育人价值又贴近学生生活的内容。另外，选择的结果要公示以征求学生意见，保证所选内容符合学生的兴趣与需要。

最后，实现家庭、学校的双向合作。民俗文化教育家校合作的理想状态是合作双方你中有我、我中有你，实现平等对话与和谐共生，以保证两个场域之间的贯通，为民俗文化的"活态流动"创造条件。为此，必须改变当前单向、线性的家校合作方式。一方面，家长要积极参与学校民俗文化课程开发、设计的全过程。学校既要为家长提供参与顶层设计的机会，又要让家长参与活动、课程的具体实施，与学生共同成长。另一方面，学校可以通过研学旅行、社区服务等方式主动参与家庭教育，了解家庭民俗文化教育的内容、方式，与家长交流教育经验，使家校教育影响一致起来，以形成教育合力。

第三，在交往中创新合作方式。我国家校合作一直以来处于理论与实践相脱节的状态，实践远远落后于理念的更新。学校教育裹挟家庭教育，家庭教育在其身后亦步亦趋，学校教育中有家长参与，家庭教育中却鲜少看到教师的身影，家庭教育内容基本等于检查作业、监督学生写作业，实际上已经成为学校教育的延伸。民俗文化教育要想取得突破性进展，双方应该在平等的交往过程中开展合作，从民俗文化自身出发，根据家庭教育、学校教育的特点创新合作方式。

首先，依托已有的家校合作组织机构开展合作。近年来，我国很多中小学大胆实践了家校联合会、家长志愿者、家长学校等先进的合作方式，取得了不少令人瞩目的成绩。在部分学校，这些合作方式已经趋于成熟，民俗文化教育家校合作可以尝试依托这些机构、组织进行。一是在家校联合会中设置分管民俗文化教育的部门，主要职能包括对民俗文化教育进行整体设计与规划；向家长、教师普及民俗文化知识，进行相关技能的培训，确保家长、教师队伍的整体素质；协调家校关系，保障合作的有序、高效进行；组织家校双方就学生的民俗文化学习成果展开讨论，彼此交流经验、心得体会。二是在家长学校中开展家校研讨会、交流会。家长和教师在民俗文化教育上的地位是平等的，他们都是教师，也都是学生。合作双方可以通过座谈会、研讨会等形式交流民俗文化在家庭、学校中的应用以及自己与民俗文化的故事，以拉近双方距离、消弭误解。三是组织民俗文化志愿者小组。鼓励和吸引家长以志愿者的身份走入学校，增进家长对学校的理解与支持，充分利用家长拥有的各种优质资源，为民俗文化教育工作服务。

其次，拓展民俗文化家校合作空间。传统家校合作主要发生在学校中，以家长参与学校教育工作为主，几乎没有学校参与家庭教育的情况。民俗文化的生活性要求民俗文化在家校合作中走出学校，走进社会和家庭。第一，家校合作开展民俗文化研学亲子游。以家庭为单位的研学亲子游由家长、教师共同带队，以参观、动手操作为活动方式。相比于以班级为单位组织的研学旅行，人数更少，实施起来更加灵活；家长和教师共同组织的活动更符合学生需要和兴趣；在开展过程中，家长、教师根据学生的要求结合实际生活对民俗文化进行讲解，更便于挖掘民俗文化在现代生活中的实用价值。第二，家校共同参与社区举办的民俗文化活动。每到春节、端午节等传统节日，各大社区都会举办各种民俗活动，这些活动与民众生活联系密切，节日气氛、生活气息非常浓厚，学生、家长、教师置身其中，不仅能接触民俗文化手工艺品制作，还能感受原汁原味的民俗文化氛围。

最后，扩大家校合作主体。以往的家校合作主体构成简单，以学生的父母、班主任为主，无形之中排斥了很多原本可以加以利用的优质资源，阻碍了民俗文化教育工作的开展。因此，扩大合作主体以加强优质资源的开发与利用应该是当前工作的重点。第一，扩大教师群体。在许多中小学的实践中，民俗文化被广泛融合进了体育课、美术课、音乐课等学科课程，这些课程的任课教师具备相关的专业知识，对学生的情况也最为了解，是理想的合作主体。第二，扩大家长群体。把家长群体扩大至热爱民俗文化，有着相关技能的学生的祖父母、旁系亲属。学生的祖父母们生活在"民俗文化圈"里，比年轻的父母更了解民俗文化，生活经历也更丰富，能结合自身经历和体悟向孩子们讲述民俗背后的故事以激发学生的兴趣。此外，从事相关工作、对民俗有着特殊感情的学生的旁系亲属也可以被发展为合作主体，为民俗文化教育工作提供便利。

二 民俗博物馆对传统民俗文化的传承

在西方，民俗博物馆产生之初是为了收集、整理、展示民俗。但在相当长的一段时间内，民俗经常被认为是对人类活动无用的产品，同时民俗博物馆也被认为是历史遗留物的储藏室。因此在萌芽时期，民俗博物馆没有得到应有的重视。

教育视野中的传统民俗文化传承

在中国，民俗博物馆的发展与民俗学的发展是同时进行的。早在20世纪初，人们就开始热衷于收集和展示民间器物。以清朝末期张謇为例，他在南通建立了南通博物苑，这个时期的南通博物苑已经开始征集、陈列各种民间器物，尤其在各种展览会上进行各种民间手工艺品的展示。此时对民间文物的征集只是在小范围内。直到五四运动以后，伴随着现代学术视野中民俗学的兴起，民间才开始更广泛地征集民间文物，这个时候才真正开始重视民间物质文化。

从1918年北京大学成立歌谣征集处开始，民俗博物馆渐渐发展成型。从1923年开始往后的五年间，北京大学、中山大学、厦门大学等纷纷设立民俗物品陈列室。只是当时设立的这些陈列室属于高校的内设机构，内部空间十分有限，不具有普及性。1937年荆三林先生首次提出要在中国建立民俗博物馆，呼吁设立"完全的民俗博物馆"，此类博物馆"是以民俗的材料而用博物馆性质组成的社会文化教育机关"，"可以输入文化知识，可以普及教育"。由此可见，此时建设民俗博物馆的重要目的是普及教育。

后期由于特殊历史原因，民俗博物馆的发展有所停滞，直到改革开放后的1980年，穆烜发文提出建立地方综合性博物馆或地志性博物馆，并建立专门的民俗博物馆收集保存民俗文物，此时民俗文物的范围从工艺美术扩展到民间娱乐、生产生活、交通、宗教迷信、社会组织等各方面。[①] 1985年，苏州民俗博物馆成立，此时中国才真正拥有了属于自己的第一个民俗博物馆。此后，全国开始出现各式各样的民俗博物馆，民俗博物馆逐渐发展成为中国博物馆体系中的专门类型，但大多是以苏州民俗博物馆为模型，基本复刻了苏州民俗博物馆的陈列方式：一个婚礼厅；一个拜寿厅。此外，由于缺少专门的民俗博物馆理论研究，当时的

---

① 关昕：《从生活日用到文物藏品——民俗器物博物馆化的话语表征与意指实践》，《中国博物馆》2014年第4期。

第八章　民俗文化传承的主要社会教育途径考察

博物馆界对民俗博物馆的地位和作用也都说不清楚。21世纪初，国家开始重视非物质文化遗产，同时非物质文化遗产发展到博物馆领域，研究多以非物质文化遗产与博物馆的关系为主。民俗的概念与21世纪提出的非物质文化遗产的概念相近，民俗文物的征集、展示与"非物质文化遗产"紧密联系在一起，民俗博物馆进入"非遗"时代。

(一) 民俗博物馆的民俗文化传承功能

民俗是一种传承之学，"重要的是文化本身——而非展品——会在时间的流逝中不断传播下去"①。那么博物馆所做的，就是通过民俗的物质载体开展记忆和经验的传承，让民众重新审视传统对于我们日常生活的价值，认识到寻常人生的意义。

无论是什么样的民俗文化，传承都是其存续和发展的前提。而民俗博物馆保护民俗文物的核心目的之一，也是促进民俗的传承。日本学者伊藤寿郎和森田恒在《博物馆概论》中写道："博物馆的基本任务可以划分为五种：搜集、保护、研究、解释和展出。它们构成了一个整体，就像一只手的五个手指一样，相互独立而又为共同的目标服务，如果失去了其中任何一项任务，它便毫无疑问是残疾的。"②借鉴日本学者的相关理论并加以深化，立足于民俗博物馆的实际，本书认为民俗博物馆在民俗文化传承方面的功能主要有以下四种。

第一，征集文物资料，奠定文化传承基础内容。民俗博物馆的首要功能就是征集与收藏民俗文物资料。具体来说包含三方面内容：其一是征集历史上出现过的与民众生活息息相关的器物；其二是征集至今民众日常生活中仍然在用的，在民间广为流传的器物。前者大多是早已失传

---

① 关昕：《从生活日用到文物藏品——民俗器物博物馆化的话语表征与意指实践》，《中国博物馆》2014年第4期。
② 中国农业博物馆考察组：《关于日本、韩国博物馆的启示和思考》，《中国博物馆》2003年第1期。

的、备受国家保护的文物，这也是除民俗博物馆外其他博物馆的收藏目标。与其他博物馆相比，民俗博物馆的收藏与征集范围更为宽泛，大到一处宅院，小到一根绣花针，都是其征集的目标。而后者主要集中在近代、现代，年代不会久远，这样的目标是其他博物馆所忽视的，却是民俗博物馆所重视的。除上述两种有形器物外，各种无形的礼仪、歌谣、民谚、方言、技艺、歌舞等，在民俗博物馆中同样备受重视。民俗博物馆通过征集这些文物资料来保存民俗文化的基本精神载体，并以此为依据解释和研究民俗文化的基本精神内涵。

第二，保护文化本体，延续文化发展脉络。保护民俗文化，一方面要保护其现存本体，另一方面要保护其延续发展的机制。对民俗文化传承机制的保护主要依靠人来延续，人身上所具备的知识、技艺、技能等无形民俗文物大多通过家族性、社会性、行业性等方式来传承。因此，对于后者的保护，"人"处于核心地位，这就是我们常说的传承人，这样的传承方式具有脆弱性、不稳定性、保守性等缺点，一旦传承人断代，其独有的民俗文化便受到影响，甚至可能走向消亡。由此来看，对于民俗文化现存本体的保护便显得尤为重要。现阶段对现存本体的保护主要依靠民俗博物馆来实现，民俗博物馆可以最大限度保护现有文物资料，延续民俗文化发展的脉络，并依靠专门的研究人员挖掘文化内涵，实现民俗文化的最优化传承。

第三，研究民俗实物，挖掘民俗文化内涵。钟敬文先生在《民俗学概论》中提到，"民俗历来都是物质文化和精神文化相结合的产物，要从民俗的物化表现中揭示出信仰心理"。所以，在物质层面认识和保护民俗文物的同时，要有意识地揭示民俗文物背后的文化内涵和价值。民俗博物馆所收藏的文物需要经过研究才得以向外界展示，民俗文物所蕴含的知识、传统、审美以及精神等内在的深层次价值是需要进行细致深入挖掘的。通过解读每件文物及其人文、艺术内涵，可以让观众有效地了解民俗文物的真正价值和文化信息，并促进民俗文化的传承。

第四，展示民俗知识，承担深层教育功能。民俗博物馆是一个地区民俗历史文化积淀的反映，集中体现了一个地区的政治、经济、文化发展等历史风貌，在普及科学知识、传播文化方面有着重要推动作用。民俗博物馆作为教育宣传机构，其重要功能之一便是展示文化，通过陈列民俗展品，并讲解相关知识来展示其蕴含的深层精神文化，承担起教育功能。《新世纪的博物馆》中谈到，"若典藏品是博物馆的心脏，教育则是博物馆的灵魂"。日本博物馆学家棚桥源太郎同样认为博物馆的核心功能是"诉诸于眼的教育"[①]。由此可见，博物馆的教育功能已经变得越来越受世人认可和重视。

(二) 当前民俗博物馆传承民俗文化的困局

当前的民俗博物馆，在挖掘、整理、恢复、弘扬、传承传统民俗文化方面的功能没有得到充分的发挥，究其原因，主要有以下方面。

第一，地理位置偏僻，人才资金匮乏。一方面，多数民俗博物馆地处城郊地区，地理位置偏僻，交通不便，只能依靠其他旅游景点辐射带动，但实际上很多旅游景点的辐射带动能力不强，对公众吸引力小，参观人数每况愈下。另一方面，部分民俗博物馆运营保障资金少，无法收藏到有特色、有影响力的藏品，更重要的是缺乏民俗学、博物馆学相关专业人才，无法设计出足够吸引人的、有特色的展馆，缺乏影响力，公众认同度低。同时博物馆工作人员对民俗的理解不到位，对民俗文化的传承缺乏热情，无法感染和带动更多人参与对民俗文化的保护和传承。

第二，展品分类混乱，地域性不强。部分民俗博物馆对自身定位不准确，对民俗的理解有偏差，在展示民俗相关资料、藏品时内容混杂，分类混乱。例如滨州惠民某民俗文化博物馆的展示内容包括民国时期各

---

① 崔瑞萍：《书院与博物馆教育——以北京民俗博物馆"东岳书院"为例》，《大庆师范学院学报》2014年第2期。

地的纸币、烟标；新中国成立后的粮票、布票等各种票据；家具（床、轿、木雕、石碾、猪槽、缝纫机、织布机）；毛主席语录、诗词、合影等，没有进行明显的分类，只是展品的集中展示。而民俗博物馆展品地域特色不明显现象具有普遍性，有特色的民俗博物馆占比重较小，大部分展馆主题不突出，展示内容无地域特色。同样以滨州惠民某民俗文化博物馆为例，虽然其定位是鲁北地区唯一展示鲁北民俗文化的博物馆，但其展品代表性不强，并不能充分体现鲁北地区的民俗特色。

第三，开放利用有限，宣传方式保守。根据调查，很多民俗博物馆伴随着重大节日的来临而开放，在非节假日、非周末时间，许多展馆大门紧闭，无法进行近距离参观。进入民俗博物馆参观的人群集中于教师和学生，其他社会群体对民俗博物馆的兴趣较低。其中学生参观大多也是由于学校布置作业，带着任务进行参观，通常形式化走过场，拍照而过。多数民俗博物馆地理位置不具有优势，宣传方式局限于张贴宣传单，没有利用新媒体等网络条件进行宣传，受众面狭小，社会民众无法及时了解民俗博物馆相关信息，从而参观人数少，民俗文化无法被全面了解，更遑论传承。

第四，建馆立场模糊，发展方向面向过去。现有民俗博物馆把注意力集中于保存及研究已有民俗文物，甚少思考如何从现有的民俗文物中提取文化精华，并将其传承下来，以一种面向未来的态度建设民俗博物馆。以杨家埠年画博物馆为例，杨家埠年画是国家级非物质文化遗产，杨家埠年画博物馆整个馆藏介绍了画乡风情、年画起源、历史成就等内容。年画内容展示非常详尽，类型也十分全面，但是大多停留在对各种年画的展示，极少能从这些年画中提取民俗文化深层内涵，形成深刻的文化思考。杨家埠的木版年画如何有效发挥现实价值，如何在新时代得到充分发扬，这是博物馆尚未涉及的。

（三）民俗博物馆传承民俗文化的优化建议

基于民俗博物馆上述问题的存在，本书从以下几个方面提出相应建议，以期博物馆在民俗文化的传承上能发挥更大的作用。

首先，活化民俗藏品展示方式，增设民俗体验活动展区。民俗博物馆是保存、展示、研究民俗文化的重要场所，通过此类博物馆的建设可以将民俗文化传承下去。但现存的博物馆缺少活力，对此可以从灵活性上入手，增设一些便于游客体验的具有趣味性和参与性的项目，使博物馆的民俗内容更加贴近民众生活。具体可通过以下三种方式来进行。第一，提高藏品陈列水平。作为一个博物馆，要有自己的镇馆之宝，要做出属于自己的特色，最重要的是有高质量的文物，文物要体现文化深度。因此要拓宽展品征集的渠道，广泛征集民俗文物，并聘请民俗专家及相关博物馆人才进行研究，展品陈列的方式和展区的主题划分应更明确。对于展品的内容应时常更新，做到既有本馆的特色展品镇馆，又有高水平的临时性借调展品专题展览。比如鲁北民俗博物馆的民俗展品应有体现鲁北特色的基本陈列，也可以包括各种专题展览，专题展览可时常换新，保持吸引力。第二，多维度动态展示。民俗博物馆可增设体验性展馆或提供一定场所进行现场表演，多维度动态展示民俗文化，使观众浸润于相应的文化情境，更易产生体验感。比如，年画博物馆可以在馆内设计一个进行年画刻版、印刷、上色整个过程的体验区，让参观者浸润于年画文化的情境中，同时可利用录像、LED 等现代化科技手段展示年画发展历史，让参观者从视觉、听觉、触觉多重感官感受民俗文化。以周村烧饼博物馆为例，在馆内有专门展区进行周村烧饼的现场制作，参观者亦可亲手体验制作烧饼的工艺，以这样的方式进行展示是值得学习和借鉴的。第三，增设展品周边销售区。2015 年，国务院颁布《博物馆条例》，鼓励博物馆挖掘藏品内涵，与文化创意、旅游等产业相结合，开发衍生产品，增强博物馆发展能力。博物馆文创产品以及围绕博物馆主题开展的文创服务会在很大程度上提升博物馆的知名度、社会影响力、群众精神文化需求、博物馆教育。据此，博物馆可以开发主题相关的文创产品销售区,但是要注意挖掘该主题展馆民俗文物的深层文化内涵,并将其体现在销售产品上。最重要的是更新开发理念,提升文化创意的技术水平,提高产品的服务质量。

其次,增强博物馆地域性,挖掘民俗文化深层内涵。民俗博物馆的建设与地址选择在很大程度上是由特定地域的民俗文化环境所决定的。不同的地域环境所形成的文化氛围自然有所不同。民俗博物馆通过收藏、陈列各种民俗文物来展现一个地区的民俗文化发展历史,以及其所在地域的独特文化特点。针对现有民俗博物馆地域性不强的问题,可以积极利用特定地域范围内典型的传统建筑来作为民俗博物馆的主体空间。因为传统建筑在建筑风格上会充分体现对当地地形地质和气候特点的适应性,在建筑材料上主要取材于当地的木质、石质等基本资源,是一个地区文化中相对固定、本土、原生态的展现。

再次,加强馆校深层联系,设计教育性主题活动。青少年是民俗文化传承发展的最坚实基础,因此要动员青少年了解民俗文化,民俗博物馆更要发挥其自身优势,积极为青少年提供学习的机会。第一,设计"线上—线下"民俗体验类活动。博物馆可发挥自身的优势,利用馆内的文物藏品,联系民俗传承人并结合现代信息技术资源为学生打造"第二课堂"。如潍坊市民俗博物馆为学生定制"民俗周周学""民俗文化进校园""我是小小传承人"等系列活动,利用其官方微博、微信公众号平台开展线上线下互动活动,为学生提供近距离接触民俗传承人的机会,通过交流、互动了解民俗知识,感受民俗文化,鼓励青少年将民俗技艺与自己的创意结合起来,设计出独具特色的民俗文创产品。第二,走出博物馆,让民俗文化进校园。博物馆可选派专门的民俗传承人进入校园授课,这样可以更真实有效地提升学生对传统民俗工艺的认识,同时也可以培养校内优秀教师,进行生动的教学设计、课程设计,增加活动的趣味性。第三,开展教育性专题讲座。博物馆可以邀请民俗专家开展民俗教育专题讲座，让专业人士用通俗的方式告诉学生：什么是民俗文化；为什么要保护、传承民俗文化；作为青少年应当怎样为民俗文化的传承作出自己的努力……从而培养青少年学生志愿者，让其在实践活动中感受民俗的魅力，通过口耳相传提升民俗文化在青少年学生中的影响力。

三 传统村落对民俗文化的传承

传统村落是民俗文化的发源地。传统村落中具有丰富的民俗文化内涵，具有民俗文化传承得天独厚的条件，是民俗文化传承发展的重要场所。对当前我国不同类型的传统村落调查发现，传统村落普遍存在着商业文化与民俗文化并轨，传承以节日为载体，以村落原住民为主要传承人的特点。

（一）传统村落传承民俗文化的价值意蕴

传统村落就是中华民族先民由采集与渔猎的游弋生产生活方式，进化到农耕文明定居生产生活方式的重要标志，是各民族在历史演变中，由"聚族而居"这一基本族群聚居模式发展起来的相对稳定的社会单元，是中国农村广阔地域上和历史渐变中一种实际存在的、历史最为悠久的时空坐标。[①] 传统村落是民俗文化的生长地，具有民俗文化传承的独特价值。从横向上看，传统村落是保存单个民俗文化事象的基本载体，具有民俗文化生存发展的完整空间；从纵向上看，传统村落是连接上下五千年中华民族优秀文化的桥梁，是民俗文化变迁的见证人。

第一，传统村落是民俗文化事象的基本载体。传统村落中蕴含的村落文化是丰富多彩的。这些村落文化至少包括以下七个方面的内容：建筑营造与堪舆规划；生产生活与经济模式；文化教育与道德教化；宗法

[①] 胡彬彬、吴灿：《中国传统村落文化概论》，中国社会科学出版社2018年版，第4页。

礼制与村落治理；民族民俗与宗教信仰；民间艺术与手工技能；生存空间与资源环境。① 村落文化是一种建立在广泛的民众基础之上的传承性文化，是最具有民间气息和民众情感的民俗文化。② 民俗文化既包括有形的民俗文化事象，也含有无形的民俗文化形态。传统村落是保存民俗文化事象的基本载体，承载着一个个饱含历史文化底蕴的器物。比如，具有独特工艺风格的历史建筑，体现农耕文明的农业用具，一门传承久远的绝佳手艺，厚重历史遗留的老物件，这些都是在传统村落中随处可见的民俗文化事象。彼此间独立的文化事象散落在传统村落的各个角落，共同组成了村落的整体风貌，但似乎各个文化事象之间又缺少某些联系，以致传统村落中的民俗文化丧失了本身的生命活力。传统村落对民俗文化事象的基本留存是必要的，但这并不代表传统村落只能发挥留存民俗文化事象的功能。除了留存基本的民俗文化事象，传统村落在唤醒民俗文化的生命力与活力方面更加任重道远，应使民俗文化在生活中变成一种生长的文化，而不仅仅是摆放在一边的静态物件。

第二，传统村落具有民俗文化生存发展的自然空间。民俗文化有其独特的生存生长环境。民俗文化的生存发展需要特定的文化氛围，即文化空间。"文化空间"，首先是一个文化的物理空间或自然空间，是有一个文化场所、文化物态的物理"场"；其次在这个"场"里有人类的文化建造或文化的认定，是一个文化场；再者，在这个自然场、文化场中，有人类的行为、时间观念、岁时传统或者人类本身的"在场"。③传统村落是村落原住民在生活中创造、享用并传承文化的地方。村落原住民在村落这个物理场中生活并建造了自己的文化场——民俗文化生存的文化空间。反过来，传统村落提供的文化空间渗透在村民生活的方方

---

① 胡彬彬、吴灿：《中国村落文化研究现状及发展趋势》，《科学社会主义》2014年第6期。
② 穆昭阳：《民众记忆与村落民俗传统传承》，《民俗研究》2012年第6期。
③ 向云驹：《论"文化空间"》，《中央民族大学学报》（哲学社会科学版）2008年第3期。

第八章　民俗文化传承的主要社会教育途径考察

面面，并滋润着民俗文化事象的保护与传承。民俗文化是在语境中进行传承的，单纯民俗文化事象的传承无法实现文化传承的全部意义。"文化语境"指说话人生活于其中的社会文化背景。传统村落中的民众拥有同样的社会文化背景，自然而然地使用同一种文化语境进行交流，在交流之中，民俗文化自然而然地传承发展。文化语境是民俗文化在传统村落中传承的一个重要特色。在 1925 年出版的《巫术、科学与宗教》一书中，马凌诺斯基以特洛布里安德岛土著居民的神话、故事、传说为例，明确地指出，"文本固然是十分重要的，但是离开了语境，故事也就没有了生命"[1]。传统村落中蕴含的文化空间与文化语境共同建构了民俗文化传承的自然空间，并提供了民俗文化传承的完整场域，使单个独立的民俗文化事象在生活的环境中有机地关联起来，并实现传承、生长。

　　第三，传统村落是民俗文化变迁的见证人。中华民族具有上下五千多年文明历史，厚重的历史积累沉淀出了中华民族的历史文化。民俗文化是民间文化的主要体现，是中华民族历史长河的缩影。传统村落存续千年，是连接过去与未来的桥梁，是民俗文化变迁的见证人。一方面，中国村落是中国历史上家国一体构建的重要载体与历史起点，是中华民族及其文化的根与魂。它与中华民族的历史文化唇齿相依，是中华民族文明发展史的"实证"，更是中华文明渊源的"活证"[2]。这是传统村落联系过去的历史证明。不同时期孕育了不同样态的民俗文化，一代代村民在传统村落中繁衍生息，透过民俗文化可以观测村民生活方式的变迁。另一方面，传统村落更是民俗文化在与现代文化的碰撞中更新、发展、面向未来的见证人。在新农村建设中，村落民俗文化受到城镇文化的冲击，传统的民俗文化受到一定影响。此外，村落居民在受到城镇文

---

[1] 刘晓春：《从"民俗"到"语境中的民俗"——中国民俗学研究的范式转换》，《民俗研究》2009 年第 2 期。
[2] 胡彬彬、邓昶：《中国村落的起源与早期发展》，《求索》2019 年第 1 期。

化熏染后而产生的对美好生活品质的追求，也会对一些不合时宜的陈旧的民俗文化进行改造。比如，有些村落为顺应新思想的号召，简化了不必要的烦琐的仪式礼仪，省时省力。这就使民俗文化在原有的基础上，融合新文化进行发展，从而创造出面向新时代、面向未来的民俗文化。由此可见，传统村落是民俗文化从源头发展到自我更新的见证人，是联系过去和未来的桥梁。

(二) 传统村落民俗文化传承的现实样态

村落是从古至今人们因血缘或地缘等联系而聚居的地方。经实地走访调研后发现，现存村落根据存在时间以及建造方式大致可以分为两种类型：一是自然延续村落；二是整体再造村落。自然延续村落是指具有较长真实历史积淀的村落，是古村落在一代又一代人的自然选择中，顽强生存，较好保存原住民完整生活方式并且尚有条件进行完整的村民日常活动的村落。一般情况下，这些村落地理位置较为偏远，居民建筑具有上百年历史，整体造型朴素，生态环境良好，比较宜居，具有较高的文物保存与历史研究的价值。整体再造村落是指依托某些地域特色民俗文化，以不同的主题，或不同的展演方式重新选址进行专业的规划设计、排列组合后建造而成的村落。一般这些村落的存在历史较短，多为五年左右，建筑以仿古为主，商业化气息浓厚，区位选址较为便利，相关配套设施全面，与现代社会联系较为紧密。这些不同类型的传统村落在传承民俗文化方面具有各自的具体内容和形式，同时也存在一些共性样态。

第一，村落民俗文化与商业文化并轨而行。民俗文化是村落居民在生产生活中创造、享受并传承的智慧，但是单纯的民俗文化的传承在当前村落中的境况堪危。村落民俗文化包括传统村落的原住民所创造、传承的一切有形的和无形的文化形态。有形的文化被创造出来之后，离开人类活动仍旧可以存在相当长的时间。它的消失与否，完全取决于物质

第八章　民俗文化传承的主要社会教育途径考察

载体的物理属性。相对来说，无形的文化，则完全以人的生产生活为载体，依赖人而存在，只要人消失了，这种文化也随即消失。① 城镇化使得传统村落急剧减少，村落原住民严重流失，人们乐于追求更舒适的生活，传统村落的生活吸引力大大降低，民俗文化的传承也陷入危机。在变动不居的时代潮流中，民俗文化与商业文化并轨成了民俗文化传承的主要方式。商业文化的生产性焕发了民俗文化的生命活力，带动了民俗文化在村落中的传承。传统村落的旅游业开发是商业文化与民俗文化并轨的一个重要体现。将民俗文化用实物创作、商业展演与实际体验等方式，在来往的游客群中进行传播。例如，潍坊的民俗文化当以风筝最为出名，在各大村落景区中常常见到各式各样的风筝物件——风筝年画、风筝玩具、风筝展品等，还有专门的风筝制作坊学习风筝的扎制工艺等体验项目。商业的发展增加了民俗文化的附加值，让民俗文化在传承文化的基础上产生经济价值，带动当地的经济发展，是一种双赢的举措。

第二，传统节日是民俗文化传承的重要载体。节日是一个民族（或国家）自我认同的重要文化符号。传统节日承载的是一个民族的传统价值观。② 在村落民俗文化的传承中，传统节日发挥着重要作用。节日以公共的时间和空间为基础，活动过程带有戏剧表演性质；它所追求和创造的，是集体的文化认同、公共的价值观念与和谐的社会环境。③ 传统节日是地域民俗文化的完整缩影。传统节日具有凝聚力与向心力，可以汇集各地村落的居民在固定的某一天为某个特定主题而庆祝。传统节日本身蕴含的大量民俗文化内容赋予了传统节日在民俗文化传承上的使

---

① 胡彬彬、吴灿：《中国传统村落文化概论》，中国社会科学出版社2018年版，第44页。
② 潘文焰、仲富兰：《我国传统节日文化的生产性保护路径研究》，《文化遗产》2014年第1期。
③ 关昕：《"文化空间：节日与社会生活的公共性"国际学术研讨会综述》，《民俗研究》2007年第2期。

命。而节日对以地缘或血缘为纽带联系起来的村民聚落而言，自古以来就是极其重要的仪式。在实地调研中发现，传统村落日常的人流量不稳定且较低。而在节日，来访人流量激增，相应地，村落中民俗文化表演也会因此拉开序幕，甚至有传统手艺人应邀而即兴表演，这都是一两个游客来访时难以享受的贵宾级待遇。由此看来，传统节日成为村落民俗文化集中传承展示的重要时间节点。

第三，村落原住民是村落民俗文化的主要传承人。村落民俗文化是对村落原住民长久以来的生活方式的反映。村落原住民是在村落中生活的主要群体，隐藏于居民生活方式中的民俗文化，在居民的日常生活中进行着"润物细无声"式的传承。此外，在整个民俗文化氛围中滋润成长起来的居民，对本村落的民俗文化有着更加亲切、自然的体验与文化自豪感，因而，村落原住民自然而然成为村落民俗文化的主要传承人。当前的村落景区化过程中，原住民依旧承担着重要责任。只有对本土文化发自内心地认同，才能在对外宣传中做到以情动人、以情感人。正是秉持这一原则，作为整体再造村落的位于深圳的锦绣中华与中国民俗文化村中的工作人员大部分是从全国各地的传统村落中雇请来的熟悉当地民俗文化的原住民。村落原住民自身就是当地村落文化的代表符号，村落原住民的相貌、举止行为以及地道的方言都是地域民俗文化的"活"的展现，有村落原住民的参与，锦绣中华等传统村落的建设变得更加地道，更具民俗风情。这样，才会给予游客更好的、全方位的文化体验。

（三）传统村落民俗文化的现代传承困境

传统村落因其存在天然的民俗文化语境成为民俗文化传承的"生态良田"，但在实地调研走访了一些传统村落后发现，理论研究与调研实践有一定差别，想象与现实也有些许间隙，政策与实施之间也有距离，当前传统村落的民俗文化传承仍然存在一些问题。

第八章　民俗文化传承的主要社会教育途径考察

首先，泥古的传承态度。当前全国各地对传统村落的保护措施多停留在村落保护的表象层面。大多数人认为，对传统村落中的古代物件原封不动地保存，就是对传统村落的保护。诚然传统村落的建筑与整体村貌是民俗的基本呈现形式，但依附于建筑、村貌等实体的民俗文化内涵更是意义深重，源远流长的。如，村落手艺人的手工技艺，村落原住民的精神信仰以及村落独特的祭祀礼节等都是民俗文化的重要组成部分。但是，村落民俗文化中不乏不合时宜的内容，一如礼节繁多的婚丧嫁娶仪式，再如劳民伤财的祭天、祭海典礼。对于不符合新时代中国特色社会主义新思想的内容，应予以改造，进行形式的转换，简化烦琐的、不必要的仪式，传承其精神内涵，或可进行融合新时代特征的现代化改造与解读。一味秉持对过去事物的原封不动的保存是粗浅的传承观念，在这种粗浅认识的指导下，村落民俗文化容易在保护上变得僵化，在传承上陷入误区。比如，在传统村落的保护政策中规定，未有国家许可，村民禁止对村落建筑有任何的修缮行为。该政策的初衷是保护村落的生态原貌，但在实际落实过程中，由于层级审批修缮资金、分派修缮人员等复杂程序，许多危在旦夕的村落房屋毁于一旦，村民眼睁睁地看着历史文化遗产永久消失却无能为力。这种刻板的保护态度导致了政策执行的僵化，政策执行的僵化使得对传统村落的保护机械被动，没有真正达到及时保护村落的目的，反而加剧了传统村落的消失，不利于民俗文化的传承。在正确的传承态度下，正确的认知才能指导正确的行为，进而真正做到民俗文化的保护传承。

其次，机械零散的传承内容。对传承内容的正确选择是传统村落发挥民俗文化传承功能的重要条件之一。在重要的民俗工艺的传承中，传承人容易忽略传承背后的精神内涵，而过多关注传承表面的形式化内容，导致传承活动的意义不符合民俗文化传承的初衷。比如，在潍坊杨家埠民俗文化大观园中，某学校组织学生开展以"民俗文化"为主题的研学旅行，经与园内风筝与木版年画的工艺传承者访谈发现，附近的中小学校常常带领学生来此开展学习制作风筝与年画的研学活动。当问其采取何种学习方式时，手艺人所提到的学习方式与学科课程的授课方式一般无二。手艺传承人不讲解传统技艺背后的价值意蕴，而是将风筝制作的一般操作程序与步骤告诉学生并提供工具帮助学生完成制作。简单流水线式的操作程序学习不能体现民俗文化传承的全部价值，体验活动不能等同于文化传承。传统村落对民俗文化的保护注重的多是对零散民俗事象的保护，比如，仅对某种手艺进行传承而不去探讨手艺背后的故事；或者是对某种风格建筑的单纯保护而不去追寻建筑背后的意义。这种单纯的对民俗文化事象的留存，是点式的留存。各种文化事象之间没有联系，空间定位零散，消解了原有文化事象赖以生存的文化空间，民俗文化事象就变成了一个个没有生命力的老物件，孤零零地在村落中伫立。无论是把传统建筑束之高阁，还是对简单的操作程序的学习，抑或是把承载民俗文化内涵的物件搁置留存，都会使民俗文化丧失生命活力，只有融入传统村落的场域，利用现有的自然传承空间，体会民俗文化的精神内涵，才能有效发挥村落在民俗文化传承中的作用。

最后，脱离生活的传承方式。传统村落中蕴含的民俗文化包括一切有形和无形的文化形态。无形的文化形态渗透在村落居民生活的方方面面。村落原住民是村落民俗文化的主要传承力量，也是一支致力于村落民俗文化传承的为数不多身体力行的传承队伍。自国家对传统村落实行保护政策以来，很多村落原住民被迫集体搬离原有村落的文化空间，迁至新址，进入陌生的、与乡村气息相异的、城市化气息浓厚的楼房中。在现代化新文化的冲击下，村民的生活丧失了原村落孕育的民俗文化空间，再辅以现代化文化快节奏的汇入，使村落原住民在村落无形民俗文化传承中的作用逐渐消解。脱离生活的民俗文化难以存活，对传统村落来说，缺少了原住民生活化的"活态"传承，村落原有的文化空间随之凋敝，村落民俗文化传承的活力也被抽离。被保护起来，束之高阁的传统村落难以再发挥其得天独厚的民俗文化传承作用。总而言之，村落民俗文化发源于村落原住民的日常生活，村落民俗文化在原住民日常生活的点滴中流淌。任何形式的脱离生活，都会使传统村落民俗文化的传承陷入困境。

(四) 传统村落传承民俗文化的发展方向

为了让传统村落充分发挥其生态博物馆的作用，民俗文化在传统村落中的传承就要克服不足，保留村落在传承民俗文化方面的特色和优势。

第一，回归生活的传承立场。民俗是一个国家或民族中广大民众所创造、享用和传承的生活文化，它来源于生活、扎根于生活。[1] 传统村落是民俗文化的孕育地。源于生活、归于生活是村落民俗文化的历史使命，确定基于回归生活的传承立场有助于民众认清民俗文化的本质，对民俗文化的来源与去向有明确的了解，能主动尝试在日常生活中进行民俗文化的传承。生活是村落与民俗文化共同的重要元素之一，重视生活元素，把握村落与民俗文化的本质特点和二者的相关性，才能更好地在民众的日常生活中做到民俗文化的真正的"活态"传承。一方面，村落具有村落居民生活的原始条件，村落景区化的同时可以提供生活条件，供游客进行深入的生活体验，实实在在地在村落中生活正是民俗文化传承的基本立场。另一方面，游客要有意识地把在村落中感受到的民俗文化贯穿于城市的日常生活中，秉持回归生活的传承立场，自觉地传承下去。

第二，现代化语境中的创新性解读。民俗文化的内容不仅存在于传

---

[1] 柯玲、邵荣：《民俗文化的现代德育价值与实践》，上海人民出版社2016年版，第103页。

统村落中，也存在于我们的日常生活中。传统村落中的民俗文化是更具特色、更加原汁原味的民间习俗。伽达默尔在解释学中对"传统"一词的理解是："传统并非仅仅是保存旧的东西，相反，传统是一个在历史中不断积淀、汰变、演化的过程。传统不可能靠一度存在过的东西的惯性去推动，它总是需要不断肯定新东西，不断接受新事物，不断产生新意义。"① 由于城镇化进程的加快，城乡差异拉大，民间习俗产生与传承的地域也发生了很大的转变。在现代化的大背景下，村落民俗文化在与现代城市文明的相互碰撞中产生新的火花，用现代化的理论解读传统的民俗文化别具风味。比如，民俗文化具有民族性。费孝通的中华民族多元一体理论是针对我国是个多民族国家的特殊民族性提出的，在当今社会就可以用来创新性地解读民俗文化。因为我国的民俗文化虽然呈现方式不同，存在地域有所差异，但是精神内核同整个民族共同精神的追求是一致的。现代化社会的快速发展要求民俗文化适应与以往传统村落具有不同文化空间的场域，由此应对民俗文化进行不同的、符合新时代的、专业性的创新性解读。传统村落可以在现代化背景下赋予民俗文化新的内涵，从而更新民俗文化，促使民俗文化找到一种能够满足村民追求高品质现代化生活的新方式。

第三，实践逻辑指导下的政府统筹规划。政府是传统村落保护政策的制定者，政府是弘扬民族文化精神的主力军。政府在传统村落的民俗文化传承问题上既是政策制定者，又是文化管理者，政府把握着民俗文化发展的总体方向。村落民俗文化传承的顶层设计需要政府依据实践逻辑来进行整体规划。为了使政策的制定符合真实的民俗文化在村落中传承的实践逻辑，首先，政府在制定相关保护政策法规时，应去实地调研，了解传统村落真实的状况；其次，要与村落居民进行深度访谈，了解其不同的生活需要；最后，要咨询相关民俗学专家的意见，结合村落

---

① 乐黛云、叶朗、倪培耕：《世界诗学大辞典》，春风文艺出版社1993年版，第84—85页。

实际情况，制定符合村落民俗文化传承实践逻辑的政策法规。传统村落对民俗文化的传承是在真实的居民生活中进行的，民俗文化的生长和人们的生活息息相关，只有遵循实践逻辑，传统村落对民俗文化的传承才能更加高效并符合实际。

第四，信息技术支持的多元传承方式。现代化信息技术的发展给村落民俗文化的传承方式提供了多元的可能。首先，创设多元的文化体验情境，利用 VR 空间虚拟技术创设虚拟的民俗文化空间，提升民俗的真实感与亲切感。民俗文化是在语境中传承的文化，民俗文化语境中的传承需要创设体验式的文化空间。有的传统村落被严重破坏，难以承担继续生活的功能，无法给人以真实的生活体验；而信息技术的发展给村落民俗文化的传承带来更多机会，利用影像资料等方式给人们提供了了解消失的民俗文化的途径。其次，开发多元互动模式，在情感的体验下更深入地了解民俗。体验是单方面的接受，互动是双向的理解，在互动中能更好地接受民俗文化的感染。最后，发挥原住民的影响力，用当下流行的自媒体进行原住民生活幸福感、满意度的宣传。

结语 让优秀传统民俗文化成为现实生活

传统民俗文化的传承，既是一个历久弥新的理性认识问题，又是一项具有极强时代性的实践工程。对传统民俗文化传承的研究，既要从理论上剖析其形成发展的根本属性和演变规律，明确民俗文化传承的基本观念和立场；又要立足特定社会背景，探讨满足具体时代发展需求的民俗文化内容及形式，并寻求行之有效的实践路径与策略。本研究立足我国新型城镇化发展的时代背景，从分析传统民俗文化与教育的内在逻辑关联出发，在深入挖掘传统民俗文化所蕴含的现代教育价值的基础上，集中探讨了优秀传统民俗文化通过教育途径进行有效传承的机制、策略和具体方法。当前，从学校教育到社会教育的各领域，都越来越重视民俗文化教育，积极推进民俗文化的传承工作，也取得了诸多成效和成功经验。但在这一过程中，仍然存在一些认识上的误区和做法上的偏颇，要深入做好这项工作，还需要做一些澄清。

一 传承传统民俗文化需要把握其时代发展性

民俗是在民众的生产生活发展过程中，基于某些物质的或精神的需求，经过长时间的不断探索、逐步尝试，而形成并不断延续的生活文化。民俗从其形成之日起，就是历史性与时代性的统一体。"建立在生活文化基础上的民俗就其本质而言既是稳定的，又是变异的，即它是

结语　让优秀传统民俗文化成为现实生活

'生活形态'的。也就是说，民俗与人一样有着'生、老、病、死'的过程，而这个过程是与创造它的人群的生活紧密相连的，这是民俗自身发展的客观规律。民俗因为是老百姓长年的生活习惯积累，因而是稳定的；而生活本身的流动性又决定了民俗的变异性，民俗在相对稳定的前提下总是在不断更新着。这两个特性是辩证统一的，矛盾的特性统一在生活文化这个动态的实体中。"①

　　一种民俗，在其形成过程中，往往会逐渐固化出模式化的行为程序和特定的物化形态。这些行为程序和物化形态是特定时期、特定物质条件下的产物，也是一种民俗最直观可见的部分。而正因为其直观可见，在全国上下重视传承和复兴优秀传统民俗文化的社会背景下，从对非物质文化遗产的保护，到对传统民俗文物的挖掘，再到对民俗手工艺人（包括非物质文化遗产传承人的认证）的重视，无不把这些物化形态和行为程序作为传承复兴民俗文化的抓手和着力点。在考察和调研学校教育传承民俗文化的现实情况时，也发现同样的情况：学校给学生传授的民俗文化内容，主要是民俗文化的物化遗留物及其制作技艺，并且在传授过程中，会强调体现或反映这些直观可见民俗内容的传统性，如泥塑、雕刻、曲艺等尽可能重现过去原汁原味的选材用料、主题风格及制作工艺，以免造成传统民俗的"变形、变味"等异化现象。然而，这些注重外化形态民俗内容原汁原味呈现的认识和做法，具有一种泥古，甚至复古的倾向，容易与当今民众的现实生活脱离，成为当今民众眼中的"异文化"。在学校情境中，则会使民俗内容与学生实际经验脱节，导致优秀的民俗文化不易被学生理解和认同。

　　因此，要有效传承传统民俗文化，需要树立民俗文化的时代发展观。任何民俗，都是既在历史长河中萌芽、发展、形成和延续，也随着

---

①　李本亮、万黄婷：《全球化视野下民俗的意义与价值》，《江西社会科学》2004年第12期。

时代变迁而不断被评判、选择、调整和扬弃的。"民俗文化的活动形式比其意义更富有传承力。许多民俗活动的原始意义或原有功能已隐性化,而隐藏到民俗的深层结构中了,有的意义和功能或许早已消失,但其表层结构之一的民俗活动形式却流传下来,并衍生出新的文化意义,产生新的功能。"而且,"民俗的文化结构本身是一种开放性的动态结构,它自身处于不断的运动当中,民俗意义的变迁与民俗形式的变迁也通常处于异构状态,旧的民俗形式被赋予新的民俗意义而传承下来,是民俗文化变迁的普遍方式"①。我们要在当今时代传承优秀的传统民俗文化,就要以当今时代的标准去评判和选择传统民俗文化,根据当今时代的需要去调整和创新传统民俗文化。当然,这并不意味着我们不需要深入考察和掌握民俗文化在过去时期产生发展的特定内涵和特点,这种考察和分析仍然是必要的,但不应拘泥和停留于民俗文化的过去,而应该在此基础上,清晰梳理其在当今时代的消极或积极意义,从而明确对其进行扬弃、调整或创新性再造的内容和方向,使其为当今时代所用。

二 传承民俗文化的核心是传承特定价值观念

一种民俗,作为其历史性的印迹,除了外显的物化形式和行为表现外,还包含着特定时期和地域范围内社会的政治、经济制度特点和民众的思想意识、精神信仰与思维习惯。如中国传统的剪纸民俗,除了精美的作品和精巧的技艺之外,为什么剪纸,在什么情境下剪纸,如何确定剪纸的内容和形式,剪纸者在剪纸活动中的心理体验如何,剪纸所承载的情感表达和希望寄托是什么,等等,都是剪纸民俗文化的有机构成部分。在这里面,隐藏着民众在特定社会政治、经济背景下的生活追求和精神信仰,反映了民众认识自然、认识世界的基本观念,体现着民众为人处世的思维特点。所以,了解剪纸文化,只关注作品的精美和技艺的

---

① 张桥贵:《论民俗文化的社会功能与变迁》,《思想战线》1989年第5期。

巧妙是远远不够的，剪纸者设计的内容多变的图案在不同情境中承载的不同情感以及为其带来的不同精神慰藉，才是民俗文化真正的丰富内涵和活力价值之源。"非物质文化事象的本质基础在于它的价值，即在于人同这一文化的关系。脱离了核心价值判断的文化事象只能是徒有其表而内无神韵的玩偶，现在遍布各地的各种急功近利的伪'文化'景观难道还不足以使我们警醒吗？"①

可以说，价值观念是民俗活动的固有内蕴。认识到这一点，在当今探讨传统民俗文化的传承问题，需要做好三方面的工作。其一，了解一种民俗文化，必须立体多维地进行考察。不仅要作为局外观察者站在当今立场欣赏和感叹民俗文化遗留物或精巧或质朴的物化形态和制作过程，还应用历史的眼光透视支撑这种民俗文化存在发展的社会背景和价值追求。其二，民俗文化是一种在特定环境中观念与行为合二为一的整体存在。正所谓"橘生淮南则为橘，生于淮北则为枳"，要使一种曾经存在于过去的民俗文化复活于当今时代，每一个提倡者都应该以当事人的身份审视评判这样的民俗文化在个体的今日生活中是否有存在的现实意义和价值，以及当今社会是否有其存在和发展的土壤。其三，当经过审慎地评判，确定一种传统民俗内隐的价值观念与当今时代发展的价值取向相契合，而成为传承和复兴的对象后，人们应该从这种民俗的内在价值观念入手，结合当今人们的生活特点和需求，灵活调整和创新这种民俗的外化形式。换句话说，传承民俗，从根本上说，是一种价值和精神的传承。因为，物质可以消亡，而精神则可以世代流传。而且，恰恰是精神的延续性，才是一个民族、一个国家傲然屹立于世界之林的标志。

---

① 刘魁立：《非物质文化遗产及其保护的整体性原则》，《广西师范学院学报》（哲学社会科学版）2004年第10期。

三 服务当今生活是传承传统民俗文化的根本

正如人们普遍认同的那样，生活性是民俗文化的根本属性。甚至在一定意义上，民俗文化就是特定时期特定区域的民众日常生产生活的样子。优秀的传统民俗文化，无不是先民们在创造自己丰足的物质生活和安适的精神生活的过程中逐步积淀形成的经验做法和价值观念。而传承优秀传统民俗文化，实质是基于当今民众生活中存在的不足或问题，而虚心向先民取经学习。

由此，传承传统民俗文化的根本在于服务当今生活。然而，当前很多的民俗文化保护和传承工作，正走在背离民俗文化传承宗旨的道路上。如为了保护具有良好民俗文化特色的村落，而把本来生活于村落中的村民迁走，结果导致本来具有鲜活生命力的民俗迅速脱离生活实际，成为孤立、冷清的摆设，即使有少数参观者乘兴而来，也往往只能走马观花，根本无法真正感受和体验民俗给人们实际生活带来的或便捷，或安适，或愉悦的价值和意义。再比如很多学校在传承民俗文化方面的做法，多把民俗教育局限于特定时段的课堂活动，追求学生民俗活动的表演性或民俗作品的完美性，把民俗传承教育窄化为知识、技能的传授，极少考虑这些民俗文化如何与学生的实际生活关联和融合的问题。这些做法不仅无助于人们对民俗文化的深刻理解，更无法实现民俗文化的真正传承。

要改变这种情况，应在先进的民俗观基础上，以服务当今民众生活为宗旨，使优秀传统民俗文化在当前民众日常生活中焕发出新的生命力。我国的民俗学研究，经历了一个从"文史性的遗留物研究"到"公民日常生活的文化科学研究"的理论转向，[①] 这种强调民众日常生

[①] 高丙中：《中国民俗学的新时代：开创公民日常生活的文化科学》，《民俗研究》2015年第1期。

活价值的民俗观，在理论上延展了民俗学研究的视野和领域，在实践上赋予了传统民俗以生命活力。对于民俗而言，不能脱离情境谈理解，也不能无视生活论传承，其价值是在具体生活情境中被认可和体现的。过去的事件不能和活生生的现实隔离而保存其意义，民俗的真正起点总是某种现在的情景和它的问题。只有抓住服务当今民众生活这一根本，民俗传承的内容选择和路径把握才具有真正的现实意义。

参考文献

一 著作类

［德］恩斯特·卡西尔：《人论》，甘阳译，上海译文出版社2004年版。

［法］爱弥儿·涂尔干：《道德教育》，陈光金、沈杰、朱谐汉译，上海人民出版社2001年版。

［法］H. 孟德拉斯：《农民的终结》，李培林译，中国社会科学出版社1991年版。

［法］皮埃尔·布迪厄、［美］华德康：《实践与反思：反思社会学导引》，李猛、李康译，中央编译出版社2004年版。

［美］维克多·特纳：《戏剧、场景及隐喻：人类社会的象征性行为》，刘珩译，民族出版社2007年版。

［美］约翰·R. 霍尔、［美］玛丽·乔·尼兹：《文化：社会学的视野》，周晓红、徐彬译，商务印书馆2002年版。

［美］罗伯特·芮德菲尔德：《农民社会与文化》，王莹译，中国社会科学出版社2013年版。

［美］克拉克·威斯勒：《人与文化》，钱岗南、傅志强译，商务印书馆2004年版。

［美］乔纳森·H. 特纳：《人类情感——社会学的理论》，孙俊才、文军译，东方出版社2009年版。

参考文献

［美］E. 希尔斯：《论传统》，傅铿、吕乐译，上海人民出版社 1991 年版。

［美］R. E. 帕克、［美］E. N. 伯吉斯、［美］R. D. 麦肯齐：《城市社会学》，宋俊岭、吴建华、王登斌译，华夏出版社 1987 年版。

［美］扬·哈罗德·布鲁范德：《美国民俗学概论》，李扬译，上海文艺出版社 2011 年版。

［美］费正清：《中国：传统与变迁》，张沛、张源、顾思兼译，吉林出版集团有限责任公司 2013 年版。

［美］埃里希·弗罗姆：《逃避自由》，刘林海译，国际文化出版公司 2007 年版。

Robert Redfield, *Peasant Society and Culture：An Anthropological Approach to Civilization*, University of Chicago Press, 1956.

《马克思恩格斯全集》第 1 卷，人民出版社 1972 年版。

陈华文：《民俗文化学》，浙江工商大学出版社 2014 年版。

陈勤建：《中国民俗学》，华东师范大学出版社 2007 年版。

董晓萍：《钟敬文教育及文化文存》，南海出版公司 1992 年版。

费孝通：《乡土中国》，江苏文艺出版社 2011 年版。

高丙中：《民俗文化与民俗生活》，中国社会科学出版社 1994 年版。

高丙中：《中国民俗概论》，北京大学出版社 2009 年版。

龚鹏程：《中国传统文化十五讲》，北京大学出版社 2006 年版。

胡晓风等：《陶行知教育文集》，四川教育出版社 2007 年版。

胡彬彬、吴灿：《中国传统村落文化概论》，中国社会科学出版社 2018 年版。

姜平：《学校课程开发》，首都师范大学出版社 2006 年版。

柯玲、邵荣：《民俗文化的现代德育价值与实践》，上海人民出版社 2016 年版。

林惠祥：《林惠祥人类学论著》，福建人民出版社1982年版。

汝信、陆学艺、李培林：《社会蓝皮书：2012年中国社会形势分析与预测》，社会科学文献出版社2012年版。

梁鸿：《中国在梁庄》，中信出版社2014年版。

梁漱溟：《东西文化及其哲学》，商务印书馆1999年版。

乐黛云、叶朗、倪培耕：《世界诗学大辞典》，春风文艺出版社1993年版。

李庆真：《变迁中的乡村知识群体与乡村社会》，光明日报出版社2010年版。

蓝吉富、刘增贵：《中国人的精神生活与礼俗》，黄山书社2012年版。

摩罗：《中国的疼痛——国民性批判与文化政治学困境》，复旦大学出版社2011年版。

马健：《文化规制论》，上海交通大学出版社2016年版。

钱穆：《民族与文化》，九州出版社2012年版。

钱民辉：《多元文化与现代性教育之关系研究》，民族出版社2008年版。

容中奎：《传统与现代的交锋——百年中国乡村教育变迁的实践表达》，浙江大学出版社2010年版。

檀传宝：《德育原理》，北京师范大学出版社2007年版。

陶立璠：《民俗学概论》，中央民族学院出版社1987年版。

王文宝：《中国民俗学史》，巴蜀书社1995年版。

乌丙安：《中国民俗学》，辽宁大学出版社1985年版。

王道俊、王汉澜：《教育学》，人民教育出版社1989年版。

王娟：《民俗学概论》，北京大学出版社2002年版。

辛秋水：《传统文化与现代文明相对接——新乡村建设的理论与实践》，合肥工业大学出版社2010年版。

许明、花建：《文化发展论》，北京大学出版社2005年版。

杨晓东、刘锋、李昂：《文化驱动新型城镇化：北京定福庄发展模式研究》，中国工业出版社2014年版。

颜湘君：《21世纪多元化视角中的中国民俗文化》，光明日报出版社2010年版。

叶涛：《中国民俗》，中国社会出版社2006年版。

姚杰：《艺术概论》，中国传媒大学出版社2015年版。

中国国家统计局编：《中国统计年鉴（2002）》，中国统计出版社2002年版。

钟敬文：《民俗学概论》，上海文艺出版社1998年版。

钟敬文：《民俗文化学——梗概与兴起》，中华书局1986年版。

周星：《国家与民俗》，中国社会科学出版社2011年版。

赵世瑜：《〈泰山香社研究〉所作"序言"》，上海古籍出版社2009年版。

赵祥麟、王承绪：《杜威教育名篇》，教育科学出版社2006年版。

郑杭生：《社会学概论新修》，中国人民大学出版社1994年版。

张岱年、方克立：《中国文化概论》，北京师范大学出版社2004年版。

张惠芬：《中国古代教化史》，山西教育出版社2009年版。

二　期刊类

毕芳芳、王立萍、邢静：《校本课程〈最美是家乡〉》，《中国信息技术教育》2013年第11期。

曹红玲、戴锐：《民俗文化的精神结构及其思想道德教育价值》，《贵州民族研究》2017年第6期。

陈文胜：《城镇化进程中的乡村变局与评判》，《武汉大学学报》（人文科学版）2017年第1期。

蔡瑞林、陈万明：《城镇化进程中文化的断裂与传承》，《中州学刊》

2014年第11期。

财政部教科文司、华中师范大学组成的全国农村文化联合调研课题组：《中国农村文化建设的现状分析与战略思考》，《华中师范大学学报》（人文社会科学版）2007年第7期。

崔如斌、徐荣祥：《外出流动对农村青年生活方式的影响——以C村若干青年农民为例》，《青年研究》2003年第11期。

崔瑞萍：《书院与博物馆教育——以北京民俗博物馆"东岳书院"为例》，《大庆师范学院学报》2014年第2期。

陈光裕：《"文化"就蕴含于民俗与历史之中——听〈浓郁的民俗文化〉一课有感》，《历史教学》（上半月刊）2014年第9期。

陈勤建：《民俗——日常情景中的中国人的精神生活》，《民俗研究》2007年第9期。

段学慧：《城镇化进程中的"农村病"——一个值得重视的研究课题》，《经济学动态》2015年第9期。

高丙中：《民俗生活：民俗学的研究对象和学术取向》，《民俗研究》1991年第3期。

高丙中：《中国传统节日与民族精神》，《前进论坛》2005年第2期。

高原：《民俗保护的"术"与"道"——"后文明"视野下的民俗保护》，《西北民族大学学报》（哲学社会科学版）2013年第6期。

桂胜、腾跃：《乡村振兴视野下传统村落民俗文化的传承模式》，《华南师范大学学报》（社会科学版）2019年第1期。

桂胜、卢安宁：《现代传媒对民俗传承的影响》，《湖北社会科学》2008年第7期。

高丙中：《中国民俗学的新时代：开创公民日常生活的文化科学》，《民俗研究》2015年第1期。

宫留记：《布迪厄的社会实践理论》，《理论探讨》2008年第6期。

关昕：《从生活日用到文物藏品——民俗器物博物馆化的话语表征与意指实践》，《中国博物馆》2014 年第 4 期。

关昕：《"文化空间：节日与社会生活的公共性"国际学术研讨会综述》，《民俗研究》2007 年第 2 期。

黄晓珍：《乡风民俗：传统闽西北乡村的非制度化教育》，《中共福建省委党校学报》2017 年第 5 期。

黄藤：《学校教育基本功能新探》，《教育研究》2006 年第 10 期。

黄福艳：《部编版初中语文教材中的民俗文化资源及开发利用》，《文学教育》（上）2020 年第 9 期。

胡彬彬、吴灿：《中国村落文化研究现状及发展趋势》，《科学社会主义》2014 年第 6 期。

姜又春：《民俗传承论》，《青海民族研究》2012 年第 3 期。

柯玲：《遗产保护 根在教育——学校教育中民俗课程的设置与构想》，《民间文化论坛》2007 年第 2 期。

李令永：《学校的文化功能》，《教育理论与实践》2010 年第 4 期。

刘丙元：《文化重建：有效学校的改革取向》，《教育学术月刊》2009 年第 3 期。

李本亮、万黄婷：《全球化视野下民俗的意义与价值》，《江西社会科学》2004 年第 12 期。

李小玲：《民俗文化视域下的爱国主义教育》，《求实》2012 年第 12 期。

刘爱华：《城镇化语境下的"乡愁"安放与民俗文化保护》，《民俗研究》2016 年第 6 期。

刘铁梁：《箬山渔村的家族文化》，《民间文化论坛》2006 年第 2 期。

刘铁梁：《礼俗互动：国家与社会之间的政治文化运作》，《民俗研究》2016 年第 6 期。

刘魁立：《从人的本质看非物质文化遗产》，《江西社会科学》2005 年

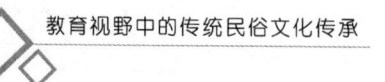

第1期。

李荣启：《民俗类非遗在当代的保护与传承》，《艺术百家》2018年第6期。

刘畅：《新媒体对非物质文化遗产传承的影响》，《社会科学家》2018年第5期。

刘铁芳：《乡村教育的问题与出路》，《读书》2001年第12期。

刘晓春：《从"民俗"到"语境中的民俗"》，《民俗研究》2009年第2期。

雷鸣强：《教育的万能、无能、本能——对教育功能、价值认识的反思》，《南京师大学报》（社会科学版）1996年第2期。

李春美、金淑英：《依托民俗文化开发校本课程——谈民族学校校本课程开发如何体现学校特色》，《中国民族教育》2007年第11期。

李本亮、万黄婷：《全球化视野下民俗的意义与价值》，《江西社会科学》2004年第12期。

刘魁立：《非物质文化遗产及其保护的整体性原则》，《广西师范学院学报》（哲学社会科学版）2004年第10期。

马知遥：《非遗保护中的悖论和解决之道》，《山东社会科学》2010年第3期。

马利云：《〈端午的鸭蛋〉教学设计》，《文学教育》（上）2014年第8期。

穆昭阳：《民众记忆与村落民俗传统传承》，《民俗研究》2012年第6期。

潘文焰、仲富兰：《我国传统节日文化的生产性保护路径研究》，《文化遗产》2014年第1期。

孙朝晖：《论民俗文化传承的思想政治教育价值及其实现》，《学校党建与思想教育》2016年第5期。

单霁翔：《民俗博物馆建设与非物质遗产保护》，《民俗研究》2014年第 2 期。

帅伟、钱卿：《中国民俗艺术的传承及政府支持》，《民族艺术研究》2013 年第 4 期。

石中英：《教育民俗：概念、特征与功能》，《教育理论与实践》1999 年第 5 期。

石人炳：《国外学校布局调整的研究及其启示》，《比较教育研究》2004 年第 12 期。

宋雷鸣：《论大传统和小传统概念的时间意义》，《广西民族大学学报》（哲学社会科学版）2010 年第 2 期。

石峰岗：《论校园文化及其优化》，《高等教育研究》1989 年第 1 期。

唐鹏：《民风民俗与当代青少年的养成教育》，《广西民族学院学报》（哲学社会科学版）1995 年第 1 期（增刊）。

王杰文：《"阿尔及利亚影像"中的民俗与政治——布迪厄民俗知识体系资本化与其学术创业的内在关联》，《民俗研究》2014 年第 5 期。

吴承忠：《浅析鄂西土家族民俗文化的旅游价值》，《旅游学刊》1997 年第 2 期。

王晓丽：《从文化人类学的角度讨论民俗》，《中国社会科学院研究生院学报》2005 年第 4 期。

吴刚平：《课程资源的理论构想》，《教育研究》2001 年第 9 期。

王坤庆：《教师专业发展的境界：形成教师个人的教育哲学》，《高等教育研究》2011 年第 5 期。

伍德勤、李军：《合肥地区中小学开发地方民俗教育课程的思考》，《合肥学院学报》（社会科学版）2011 年第 1 期。

王万里：《〈民俗文化地理〉校本课程的开发实践》，《地理教学》2008 年第 2 期。

吴正彪：《民族文化知识进课堂与发挥学校教育在保护和传承非物质文

化遗产中的作用》，《民族教育研究》2008 年第 6 期。

乌丙安：《民间小戏浅论》，《戏剧艺术》1981 年第 1 期。

薛群慧：《民俗旅游村：活态文化保护与开发的一种载体》，《思想战线》2007 年第 3 期。

徐继存：《学校的社会责任与使命》，《西北师大学报》（社会科学版）2012 年第 6 期。

许钢伟、杨树喆：《"民俗"——一个处于历史过程阐释中的概念》，《铜仁学院学报》2011 年第 1 期。

徐莉：《论教师发展文化场及其构成》，《西南大学学报》（社会科学版）2008 年第 1 期。

向云驹：《论"文化空间"》，《中央民族大学学报》（哲学社会科学版）2008 年第 3 期。

岳咏逸：《传说、庙会与地方社会的互构：对河北 C 村娘娘庙会的民俗志研究》，《思想战线》2005 年第 3 期。

阎云翔：《欧美民俗学略说》，《北京师范大学学报》（社会科学版）1997 年第 6 期。

杨天平：《学科概念的沿演与指谓》，《大学教育科学》2004 年第 1 期。

赵霞：《传统乡村文化的秩序危机与价值重建》，《中国农村观察》2011 年第 3 期。

张铭远：《从大视野看中国民俗学未来 30 年的挑战与机遇》，《山东社会科学》2011 年第 1 期。

张铭远：《大力开发民俗文化旅游业》，《民俗研究》1991 年第 3 期。

仲富兰：《民俗文化约论》，《复旦学报》（社会科学版）1987 年第 3 期。

郑新胜：《论民俗的审美价值》，《湖北民族学院学报》（哲学社会科学版）2015 年第 2 期。

钟声宏：《民俗文化环境保护与民俗旅游的可持续发展》，《广西民族研究》2000 年第 1 期。

赵庆来：《学校教育功能的泛化及反思》，《教育科学论坛》2011 年第 10 期。

张珍娟：《群文阅读之民俗意义探究》，《中学语文教学》2019 年第 8 期。

郑雪松：《中小学非物质文化遗产校本课程开发》，《课程·教材·教法》2017 年第 1 期。

中国农业博物馆考察组：《关于日本、韩国博物馆的启示和思考》，《中国博物馆》2003 年第 1 期。

张桥贵：《论民俗文化的社会功能与变迁》，《思想战线》1989 年第 5 期。

邹兢：《挖掘乡土资源　开发美术课程》，《新课程研究》（基础教育）2010 年第 2 期。

[美] 罗斯玛丽·列维·朱姆沃尔特、尹虎彬：《口头传承研究方法纵谈》，《民族文学研究》2000 年第 1 期（增刊）。

Abrahams Roger, "The Past in The Presence: An Overview of Folkloristics in The Late 20th Century", *Folklore Processed: Essays in Honnr of Lauri Honko, Reimund Kvideland*, Suomalaisen Kirjallisuuden, 1992.

Buchmann M., "The Use of Research Knowledge in Teacher Education and Teaching", *American Journal of Education*, 1983, 92 (4): 421.

后　　记

本书是我所主持的国家社科基金项目"新型城镇化进程中传统民俗文化的教育传承研究"的研究成果。该项目研究思路和研究方案的确定，得到山东省教育科学研究院李文军教授，山东师范大学张文新教授、万光侠教授的悉心指导。我的导师徐继存教授，从项目的最初选题到结题，给予了全方位的指导和鼓励。曲阜师范大学的徐瑞教授，在选择科学合理的研究方法、联系具体的调研单位等方面提供了大力支持和帮助。

在项目研究中，我们深入基础教育学校，从校园环境、课程建设、教学实践、主题活动等方面全面感受学校民俗文化教育的气息；我们走进社区，参与社区文化活动，走访民间艺人，观察民众生活，领会民俗文化的丰富样态；我们调研民俗古村落和博物馆，去触摸民俗文化变迁的脉络……感谢接受我们实地考察调研的学校的校长、老师和同学们，感谢接受我们访谈的曲阜市教育局、潍坊市教育局、安徽省凤阳县文化馆等部门的领导和专家，感谢为我们提供博物馆运行信息的安庆市博物馆、凤阳县博物馆、蚌埠市博物馆、潍坊市博物馆、潍坊杨家埠风筝博物馆和年画博物馆、周村民俗展览馆的工作人员，也感谢接受我们随机访谈的诸多文化古村的村民朋友。他们从不同视角和层面对民俗文化的思考与践行，本身就是推动优秀民俗文化保护与传承的重要力量。他们

后 记

真诚的交流与表达，在为我们提供丰富的宝贵研究资料的同时，也为我们注入更多心理能量。

这个项目开展的过程，与其说是在进行项目研究，不如说是项目在带动我们团队的成长和发展。这项研究拓宽了我们的研究视野和研究领域，为我们提供了超越课程与教学论学科和学校教育系统去感受和思考教育与文化的机会，强化了我们审视教育问题的社会文化意识。这项研究还促成了团队的假期研学模式、"无实践不科研"的研究范式。在这一过程中，山东师范大学路书红教授，安徽师范大学王爱菊教授、王婷副教授，以及已经从山东师范大学毕业的宗彪、于淑娟、姜慧、苗玉亭、魏同玉、郭方涛、明菲菲、王婷、崔少琳、张帆、侯梦娇、武敏玉、刘宪伟、袁亚飞、徐广华、赵洪迪同学，在读的魏亚丽、孙靖、史芸、曹若鹏同学，都曾一路相伴同行，为本研究贡献了各自的智慧和力量。回首这一历程，一路风雨一路歌，理论与实践、教学与科研、学习与生活无缝对接，都融合为人生的宝贵阅历。

这个项目虽然在国家规定的时间期限内顺利结题，但是研究实践远没有结束。文化与教育各自的内涵都极其复杂、广博与深厚，二者之间的关系更是如此。随着研究的深入，拓展的维度和层次越来越多元，需要进一步探讨的内容也越来越多。也正因如此，回望这本书，总有未完成的感觉。感谢中国社会科学出版社王衡老师的耐心等待和温情关怀，让我下决心为这项研究画一个阶段性的句号。受自己能力所限，已有的思考必然存在诸多欠缺，面向未来，期待有更多同行者，共走桐花万里丹山路。

孙宽宁

2021 年 11 月 28 日